균형 있고 매력적인 방식으로, 저자들은 고대 철학적 논의 및 이러한 논쟁과 바울 사이의 관련성을 다채롭게 그려 낸다. 각 장들은 주요 철학자들의 도덕적 사유에 대한 설명을 실제적으로 제공하고, 또 바울이 말하는 복음의 메시지가 내세나 친구 관계, 고통과 같은 고대의 주제들에 미쳤던 영향을 강조한다. 이 유용한 자료는 모든 목회자의 서가에 비치되어 있어야만 한다.
—린 H. 코힉(Lynn H. Cohick), 덴버신학교 학장

우리 모두는 바울이 고대 세계의 철학의 거장들 사이에 자리 잡고 있다는 것을 안다. 그러나 이제, 조이 닷슨과 데이비드 브리오네스 덕분에 우리는 마침내 그 이유를 알 수 있게 됐다. 세계적인 학자들이 쓴 이 에세이 시리즈는 바울이 신앙, 희망, 고통, 윤리학, 편지 쓰기, 은혜, 노예 제도와 같은 주제들에 대해 고대의 지적인 거물들과 어떻게 어울렸는지를 보여 준다. 우리는 바울이 그리스-로마의 전문가들과 어떤 점에서 유사하고, 또 어떤 점에서 다른지를 볼 수 있으며, 또 바울의 사유가 고대 세계와 어떻게 맞물리며 도전했는지를 이해할 수 있다. 이는 바울 연구에서 거의 방치됐던 영역에 대한 충격적인 연구다.
—마이클 F. 버드(Michael F. Bird), 멜버른리들리대학교 학술처장 겸 신학과 교수

바울을 읽는 독자들은 바울의 문화적 맥락 안에서 바울서신을 해석하는 일이 어렵고도 중요하다는 것을 잘 안다. 그리고 이 맥락은 종종 우리와 다른 믿음과 신념, 그리고 관행에 따라 특징지어지는 것들 중 하나다. 이 좋은 에세이 모음집은 바울서신을 해석하기 위해 헬레니즘과 로마 철학으로부터의 모든 종류의 흥미로운 비교 자료를 제시함으로써 바울을 읽는 독자들에게 서비스를 제공한다. 바울과 바울 시대의 위대한 철학자들을 비교함으로써, 독자들은 친구 관계, 선물 주기, 노예 제도, 고통, 내세 등에 대한 바울의 이해를 보다 명료하게 할 수 있다. 더 나아가, 각 에세이들은 쉽게 소화될 수 있으며, 추가적인 학습과 연구의 기회를 제공한다.
—조슈아 W. 지프(Joshua W. Jipp), 트리니티복음주의신학교 신약학 부교수

바울과 철학의 거장들:
그리스-로마 맥락에서 바울 읽기

조셉 R. 닷슨, 데이비드 E. 브리오네스 엮음

존 M. G. 바클레이 추천 서문

정제기 옮김

바울과 철학의 거장들:
그리스-로마 맥락에서 바울 읽기

엮음   조셉 R. 닷슨, 데이비드 E. 브리오네스
추천 서문   존 M. G. 바클레이
옮김   정제기
편집   김덕원, 이찬혁, 박진

발행처   감은사
발행인   이영욱
전화   070-8614-2206
팩스   050-7091-2206
주소   서울특별시 강동구 암사동 아리수로 66, 401호
이메일   editor@gameun.co.kr

종이책
초판발행   2024.07.31.
ISBN   9791193155530
정가   22,000원

전자책
초판발행   2024.07.31.
ISBN   9791193155547
정가   16,800원

Paul and the Giants of Philosophy:
Reading the Apostle in Greco-Roman Context

Edited by Joseph R. Dodson & David E. Briones

Foreword by John M. G. Barclay

| 일러두기 |

- 각 페이지 하단에 있는 작은 숫자는 원서 페이지입니다. 색인 참조 시 원서 페이지를 찾으시면
됩니다.
- 긴 형태의 역자 주는 미주로 321쪽부터 실어 놓았습니다.

Originally published in English under the title: *Paul and the Giants of Philosophy*

Copyright ©2019 by Joseph R. Dodson and David E. Briones, Published by InterVarsity Press,
430 Plaza Drive, Downers Grove, IL 60559, USA. www.ivpress.com.

All rights reserved. License arranged through rMaeng2, Seoul, Republic of Korea.

이 한국어판의 저작권은 알맹2를 통하여 InterVarsity Press와 독점 계약한 감은사에 있습니다.
신 저작권법에 의하여 한국 내에서 보호받는 저작물이므로 무단 전재와 무단 복제를 금합니다.

헤일리 에이다 브리오네스(HAILEY AIDA BRIONES)와
에이단 폴 닷슨(AIDAN PAUL DODSON)을 위하여

충분함이 결코 부족하지 않기를,
그리스도께서 언제나 넘치도록 충분한 분이시기를.

| 목차 |

추천 서문

존 M. G. 바클레이

바울은 대화를 좋아했다. 바울의 편지는 그가 교회에서 새로운 신자들과 시작했었던 대화들을 계속한다. 이 편지를 쓰는 과정에서 바울은 문제의 핵심에 도달하기 위해 종종 속사포처럼 쏟아지는 질문과 답변으로 가상의 대화를 구성한다. 그리고 이 편지들 배후에서 그리고 너머에서 우리는 바울이 마주했던 사람들, 이를테면 동료들, 기독교로 개종한 사람들, 유대인들, 그리스인들, 로마인들, 동료 나그네들, 동료 장인들, 손님들과 가게 주인들, 도시의 치안 판사들, 동료 죄수들, 기타 등등 더 많은 사람들과 무수히 많은 대화를 나누었음을 상상해 볼 수 있다. 사도행전에서 누가는 바울이 가는 곳마다 격렬하게 대화를 나누는 모습을 그려 내며, 때로는 광범위한 철학적 교육을 받은 사람들과도 대화를 나누었다. 물론, 바울은 유대인이었지만 유대교가 완전히 폐쇄적이지는 않았다. 유대인들은 이미 수 세기 동안 그리스어로 말했고, 그리스어를 읽었으며, 그리스식으로 사유했다. 심지어 유대인의 그리스어 교육에서조차도 학생들은 바울 시대의 모든 사람들이 정통했던 후기 헬레니즘 문화를 형성하는 중심 주제와 범주를 깨달을 수 있었다. 바울은 대화를 위해 공통된 토대를 찾고, 자신의 상황에 문화적으로 적응하며, 다양한 청중들에게 자신의 언어를 적용하면서 "모든 사람에게 모든 모습"(고전 9:22)으로 다가갔다. 바울의 생각은 몹시 유연하고 융통성이 있었는데, 특히 그가 선언했던 '기쁜 소식'(good news)이 실제로 '기쁘게'(good) 받아들여질 수 있도록 하기 위해서였다.

이 책의 풍성하고 다양한 장들은 외향적이고 수다스러운 사도를 위해 새롭고 의미 있는 대화를 창조한다. 우리는 바울의 교육이 그리스와 초기 로마 철학의 거장들과 맺는 직접적인 문헌적 교류로 얼마나 확장됐는지 알지 못하지만, 그것이 요점은 아니다. 어기서 창조된 대화들은 바울이 아리스토텔레스, 키케로, 에픽테토스 혹은 세네카의 글을 읽었다고 상정하지 않는다. 이들 사이에 직접적인 접촉이 없다 하더라도 비교는 잘 이루어질 수 있다. 이 장들의 목적은 바울이 이러저러한 철학적 견해들을 알았음을 증명하는 데 있지 않다. (비록 바울이 실제로 그러한 철학적 견해들을 알았음을 증명하는 일이 확실히 가능하다 하더라도 말이다.) 그보다도 이 장들의 목적은 바울이 자신에게 매우 중요했던 많은 주제에 대해 깊이 생각했듯이, 그런 주제에 대해 깊게 생각했던 문화적 맥락의 다른 사람들과 대화하게끔 하는 데 있다. 모든 비교가 가치 있게 되기 위해서는 몇몇 유사점 및 대화를 흥미롭게 만들기 위한 몇몇 공통점이 요구된다. 그러나 종종 드러나는 것은 차이에 대한 인식이며, 그런 차이에 대해 주의 깊게 생각하는 것은 대화의 표면 아래에서 작동하는 근본적인 가정과 깊은 문화적 내러티브를 드러내 준다. 바울은 고통, 친구 관계, 노예 제도, 공동체의 도움, 선물에 대해 어떻게 생각했는가? 우리가 동일한 주제들에 대해 사유했으며, 때로는 유사한 결론을, 때로는 놀랄 만큼 다른 결론을 도출했던 다른 사람들과 함께 바울을 나란히 살펴볼 때, 우리는 무엇이 바울의 사유를 형성했는지, 또한 왜 바울의 생각이 그렇게 작동했는지에 관한 더 나은 이해를 얻을 수 있다. 마치 우리가 다른 사람들과 논쟁을 벌일 때 우리 자신의 견해와 가정들을 보다 명료하게 하듯이, 바울을 다양한 대화 상대와 논의하도록 하는 일은 우리가 이전에는 결코 깨닫지 못했던 것들을 수면 위로 끌어올리도록 도와준다.

각 장의 저자들은 모두 우리가 관심을 두는 주제들에 대해 심도 있는 연구를 직접 수행했다. 동시에 이들은 자신의 학식을 가볍게 두르고서, 각 장들을 읽기 쉽도록 만드는 부드러운 손길로 우리를 그 주제 속으로 끌어들인다. 이런 흥미롭고 다양한 대화가 가득한 이 공간으로 우리를 인도해 준 각 장의 저자들과 편집자들에게 감사드린다. 혹여 한 주제가 당신에게 썩 흥미롭지 않다 하더라도, 또 다른 주제에는 흥미를 느낄 것이라고 나는 확신한다. 여기서 당신은 한 번도 읽어 보지 못한 저자와 텍스트를 소개받을 것이다. 어쩌면 일부는 당신이 이전에는 전혀 들어 보지 못했을 수도 있다. 이는 과거에 한 번도 가 본 적 없는 나라를 여행하고, 또 그들이 생각하고 말하는 다양한 방식을 살펴보는 것과 같이 흥미진진한 일이다. 나는 이 책이 더 많은 학생들로 하여금 매혹적인 텍스트와 눈부신 아이디어가 가득한 고대의 철학적이고 종교적인 사유의 위대한 세계로 모험을 떠나게끔 하는 결과를 낳기를 희망한다. 당신은 어쩌면 이 책을 읽은 후에 에픽테토스의 번역본을 선택하거나 세네카의 편지나 논문 중 하나를 읽고, 그 저작들이 얼마나 매력적이고 흥미로운지를 알게 될 것이다.

그러나 동시에 만약 당신이 나와 같은 사람이라면, 비교적인 관점에서 바울을 보지 않았다면 결코 떠올리지 못했을, 바울에 대한 많은 새로운 통찰들을 발견하게 될 것이다. 나 스스로도 이 책을 읽으면서, '나는 한 번도 이렇게 생각해 본 적이 없다' 혹은 '나는 이전에는 그런 식으로 본 적이 결코 없었다'는 생각을 여러 차례 했다. 놀라움과 흥미를 느낄 준비를 하라. 그리고 그러한 반응을 통해 나는 당신이 수 세기에 걸쳐 자신의 도발적인 논의에 반응하도록 계속해서 우리를 초대하는 바울을, 즉 쉴 새 없이 대화하는 대화 상대자인 바울을 더 명료하고, 더 깊게, 더 탁월하게 이해하게 되기를 바란다.

편집자 서문

조셉 R. 닷슨

『바울과 하나님의 신실하심』(*Paul and the Faithfulness of God*; CH북스, 2015 역간)에서 N. T. 라이트(N. T. Wright)는 학자들이 바울과 철학의 미묘한 관계에 대해 더 주목할 필요가 있다고, 그리고 사도 바울과 철학자들의 상호작용이 단순히 대립적이라는 진부한 개념을 넘어설 필요가 있다고 결론짓는다. 바울 신학은 분명히 그의 복음과 일치하지 않는 어떤 철학과 다소간 충돌하기는 하지만, 라이트에 따르면, 사도 바울은—"마치 [성경을 제외한] 다른 모든 책들을 버릴 수 있는 것처럼"—철학자들의 저작들을 완전히 무시하거나 전적으로 거부하지는 않았다. 그렇다면 라이트가 추론하듯이 더 많은 학자들은 "바울이 복잡한 비-유대 세계에 개입한 여러 노선과 단계"를 추적하고, 계획하며, 평가할 필요가 있다.[1]

---

1. N. T. Wright, *Paul and the Faithfulness of God* (Minneapolis: Fortress,

라이트가 이 책을 2013년에 출간한 이후 많은 학자가 그 작업을 수행했으며, 여기서 우리의 목표는 그들의 연구들 중 일부를 독자들에게 소개하는 데 있다. 우리는 이후에 나올 장들이 독자가 성경과 바울 신학을 더 잘 이해하는 데 도움을 주어, 주님을 향한 사랑이 모든 지식과 통찰로 풍부해지고, 오늘날 우리의 세계에서 복음을 선포할 준비를 더 잘 갖추는 데 도움이 되길 바란다. 또한 학계에서 연구를 지속할 계획이 있는 독자라면 고대의 철학의 거장들과 나란히 사도 바울을 (추적하고, 계획하며, 평가하기 위해) 더 깊이 탐구하는 노력에 참여하고 싶은 영감을 얻을지도 모르겠다.

이러한 목표를 달성하기 위해, 우리는 신대원생과 학부생을 비롯하여 이 주제에 관심이 있는 일반 성도들을 대상으로 바울과 그리스-로마 철학자들에 대한 비교 연구를 저술하고자 다양한 신학자들로 구성된 국제적인 필진들을 섭외했다. 우리는 이 과제를 수행하면서 정말 즐거운 시간을 보냈다. 이는 특히 매우 탁월한 원고를 작성해 준 기고자들과 IVP 아카데미 팀 덕분이었다. 인내심 있고 친절한 편집자 안나 기싱(Anna Gissing)에게 진정으로 감사를 전한다. 또한, 이 글을 출간할 수 있도록 우리를 도와 상당한 행정적 지원을 아끼지 않은 우리의 옛 제자 애덤 존스(Adam Jones), 닉 퀸(Nick Quinn), 나다니엘 크로풋(Nathaniel Crofutt)에게도 감사를 전한다.

마지막으로 데이브는 이 책을 그의 작은 공주님 헤일리 에이

2013), 1:1407.

다 브리오네스(Hailey Aida Briones)에게 헌정했다. 데이비드는 자신의 딸이 믿음, 소망, 사랑이라는 기독교의 덕을 드러내는 경건한 여성으로 자라기를 기도하고 있다. 나는 이 책을 내 아들 에이단 폴 '치토' 닷슨(Aidan Paul "Cheetoh" Dodson)에게 헌정하고 싶다. 나는 아들의 삶 곳곳에서 하나님의 손길을 보며, 하나님께서 만지시는 모든 것에서 신성한 불이 타오르기를 기도한다.

조셉 R. 닷슨

성십자가의 날

덴버에서

약어표

SBJT	*The Southern Baptist Journal of Theology*
SBLDS	Society of Biblical Literature Dissertation Series
SBLTT	Society of Biblical Literature Texts and Translations
SNTW	Studies of the New Testament and Its World
THNTC	Two Horizons New Testament Commentary
TynBul	*Tyndale Bulletin*
WUNT	Wissenschaftliche Untersuchungen zum Neuen Testament
ZNW	*Zeitschrift für die neutestamentliche Wissenschaft und die Kunde der älteren Kirche*

서론

데이비드 E. 브리오네스

모든 사람은 저마다의 맥락을 가지고 있다. 우리는 진공 상태에 존재할 수 없다. 불가피하게 우리 모두는 일상에서 작동하는 사회적, 역사적, 정치적, 종교적, 철학적 요인들에 의해 형성된다. 단순히, 9/11 테러, 보스턴 마라톤의 폭탄 테러, 샌디 훅 총기난사 사건이 미국이라는 국가를 어떻게 형성했는지 생각해 보라. 그런 비극들보다는 덜 끔찍하지만 철학적 사상 역시도 우리를 주조해 내는 힘이 있다. 우리가 그것을 깨닫든지, 깨닫지 못하든지 말이다. 서구 사회의 개인주의가 어떻게 교회를 잘못 형성하게끔 했는지 생각해 보라. 개인주의적 철학 사상은 우리가 고속도로 위에서 지나가며 보게 되는 광고판 내지 SNS에서 보게 되는 해시태그와 같다. "Be-YOU-tiful"("아름다운"이라는 뜻의 beautiful이라는 단어를 be-you-tiful로 바꿔 씀으로써, 너 자신이 될 때 가장 아름답게 된다는 것을 의미함—역주).

1

"My mind. My body. My choice"(내 마음, 내 몸, 내 선택). "No Regrets"(후회는 없다). "Think different"(다르게 생각해). "Image is everything"(이미지가 모든 것이다). 이 간결한 말들은 미묘하지만 강력한 메시지며, 더 깊은 종교적 또는 철학적 반성으로 거슬러 올라갈 수 있다(이들 중 많은 경우는 고대 세계로부터 와서 재포장된 것들이다). 그것들은 우리가 생각하고, 느끼고, 행동하는 방식을 형성 또는 왜곡하는 힘을 가지고 있다. 사상은 노래, 책, 교실, 유튜브 동영상, 강단 등 어디에서 나왔든 상관없이 우리를 형성해 낸다. 때로 사상은 미묘하게, 감지되지도 않은 채 우리를 형성해 낸다. 그러나 대부분의 경우 사상은 우리의 허락을 필요로 한다. 우리는 사상이 우리의 사고와 삶을 형성하게끔 할 것인지 선택한다. 이것은 맥락화된 삶(contextualized life)에서 중요한 부분이다. 말하자면, 이는 사상과의 대화이든지, 아니면 사상과의 대결이다. 우리는 무엇을 받아들이는가? 우리는 무엇을 거부하는가? 그리고 어째서 그러한가? 그러면 우리는 어떻게 살아야 하는가?

바울의 삶 역시 맥락화됐다. 단지 바울의 맥락은 1세기 그리스-로마 사회였으며, 세계는 소크라테스나 플라톤, 아리스토텔레스, 키케로, 세네카, 에픽테토스와 같은 철학의 거장들에 의해 전파된 종교적·철학적 사상으로 가득했을 뿐이다. 이러한 거장들 모두가 기원후 1세기에 살지는 않았지만, 이들은 고대 세계에 자신의 흔적을 남겼다. 인간성, 삶, 죽음, 공동체, 신성한 존재자에 대한 이들의 통찰과 설명은 후대의 추종자들에 의해 확대됐다. 아마 우

리가 근대 철학에 대해 지니고 있는 개념과는 대조적으로, 이 고
대 철학자들은 상아탑 사상을 장려하지 않았다. 이들의 사상은 삶
이라는 현장에 접근하는 방식이었다. 이들의 철학은 가르쳐졌고,
또 포착됐다. 우리는 그들의 철학이 선포되는 것을 들었고, 설명되
는 것을 보았다. 그들의 철학은 삶의 방식이자 신조이기도 했다.
철학을 가르치는 교사들과 추종자들은 바울이 그리스-로마의 도
로 위를 지나갈 때 마주치는 살아 있는 광고판과 같았다. "Eat,
Drink, and Be Merry!"(먹고, 마시고, 즐겨라!"). "Everything Is
Permissible"(모든 것이 가능하다). "The Unexamined Life Is Not
Worth Living"(반성하지 않는 삶은 살 가치가 없다). "*Carpe Diem*"(현재를
즐겨라). 이것이 바울이 살아가고, 섬기며, 배우고, 사랑하며, 가르
치고, 마주 보았던 세계였다. 이곳은 바울이 사람들을 형성하기도
하고 왜곡하기도 하는 강력한 사상들과 대결을 펼쳤던 장소였으
며, 또한 하나님을 따르는 사람들의 정신과 마음 그리고 삶을 찾
아, 유일한 참된 철학인 예수 그리스도의 복음에 대한 충성을 확
보하려고 노력한 장소이기도 했다. 바울의 삶과 사역은 맥락화됐
으며, 그리스-로마의 철학적 배경은 바울이 당대의 철학의 거장들
과 함께 대화를 나누는 자리를 마련해 주었다.

　그런데 바울은 이 책에서 논의된 철학의 어떤 거장들과도 실
제로 대화를 나누거나 토론을 한 적이 없다. (적어도 우리가 아는 한은
그렇다. 바울과 세네카가 주고받은 서신이 들어 있다고 알려진 편지가 있지만 위
조된 것으로 밝혀졌다.) 틀림없이 바울은 스토아주의나 에피쿠로스주

의와 같은 철학적 집단들과 그 집단들의 가르침에 대해 알고 있었으며(행 17:18-20), 바울서신과 그 철학자들의 저작들 사이에서 발견되는 유사점에 근거해 볼 때 아마도 그는 다른 철학적 사상들에 노출됐을 것이다. 하지만 그렇다고 해서 바울이 그 철학자들의 저작을 읽었다거나 광장에서 철학자들과 정기적으로 논쟁했다고 가정할 수는 없다. 몇몇 학자들은 바울과 고대 철학자들 사이에서 발견되는 막대한 양의 공통된 단어들, 문장들, 개념들을 발견하여 목록을 만들고, 그로부터 근거 없는 결론을 도출함으로써 바울과 고대 그리스 철학자들 사이에 너무 많은 유사점을 상정한다—결국 그 학자들의 작업에 '병행구절광증'(parallelomania)이라는 딱지가 붙을 정도로 말이다. 피상적인 유사성에 초점을 맞추는 대신에, 다음에 따라 나올 페이지에서 우리는 바울과 철학의 거장들 간의 대화를 설정하기를 선호한다.

그러나 첫째로, 바울이 고대 철학자들과 실제로 대화한 적이 없는데도, 바울을 고대 철학자들과 대화하게 하는 것은 무엇을 의미하는가? 이는 우리가 대화를 창조한다는 의미다. 이 책의 각 장의 기고자는 인터뷰를 위해 서로 다른 두 명의 게스트를 초대하는 팟캐스트 진행자와 같다. 이들은 그들의 관점을 비교하기 위해 특정 주제들에 대한 물음을 바울과 고대 철학자(또는 철학자들)에게 던질 것이다. 마찬가지로, 우리의 목표는 각자의 철학적 혹은 신학적 세계관 안에서 그들의 저작을 읽고, 대화식 비교를 통해 그들이 무엇을 가르쳤으며, 어떻게 살았는지에 대한 우리의 이해를 선명

하고 명료하게 하여, 양측의 입장을 자비로우면서도 비판적으로
평가하는 데 있다.

아마 우리는 "왜 내가 바울과 비-기독교인 철학자들을 비교해
야 하는가?"라고 자문할지도 모른다. 이는 아주 적절한 질문이다.
그러나 대답은 간단하다. 비교는 (어떤 사실을) 명료하게 해 준다. 실
제로 우리는 이 비교를 통한 명료성을 내내 경험한다. 우리가 친
구들에게 어디에서 식사하고 싶은지를 물어볼 때, 보통은 선택하
기 이전에 비교할 수 있는 여러 선택지들이 존재한다. 우리가 어
떤 학교나 신대원에 진학할지를 고민할 때, 최종 결정을 내리기
전에 보통 각각의 장단점을 비교할 것이다. 우리는 집에 갈 때 고
속도로나 일반도로 중 어느 길로 갈지를 비교한다. 그 외에도 다
른 수많은 예가 주어질 수 있다.

중요한 것은 비교가 명료성을 제공해 준다는 점이다. 그러나
그렇다고 해서 비교가 동일성을 요구한다는 뜻은 아니다. 우리는
수백 가지의 피상적인 유사성만을 과도하게 나열하는 병행구절광
인(parallelomaniacs) 같은 학자가 되기를 바라지 않는다. 그런 학자들
은 종종 바울과 고대 철학자들 사이에 있는 언어적 혹은 개념적
유사성이 각자가 단어, 구절, 또는 개념들을 정확히 동일한 방식으
로 이해했음을 의미한다고—즉 이들이 같은 단어를 사용했을 때
동일한 것을 의미했다고—가정한다. 분명히 이것은 옳지 않다. 같
은 단어를 사용하지만 서로 다른 의미를 지닐 수 있다는 것은 누
구나 알고 있다. 영국인 친구와 '바지'(pants)에 대해 대화해 보면

알 수 있다(pants는 미국에서는 주로 "바지"의 의미로 쓰이지만 영국에서는 "속옷"의 의미로 사용된다—역주). 다른 모든 대화들과 마찬가지로, 대화와 관련된 당사자들은 어떤 것에 대해서는 서로 동의하겠지만, 또 다른 어떤 것에 대해서는 동의하지 않을 것이다. 그들의 생각은 하나로 통합되기도 하고 갈라지기도 하는데, 특히 근본적으로 차이가 있는 두 당사자에 대해 논할 때는 더욱 그렇다. 이러한 근본적인 차이들을 무시하는 이들은 유사점을 발견하는 것이 곧 동일성을 발견하는 것이라고 가정한다. 이는 매우 좋지 않은 역사 연구 방식이다. 기독교가 이교도적 철학과 분명히 다르다는 것을 이해하는 데에는 많은 노력이 필요하지 않다. 하지만 반대로 그 극단 역시도 틀렸다. 많은 학자들은 기독교와 고대 철학자들 간에 근본적인 차이가 있으므로, 기독교와 고대 철학을 결코 비교해서는 안 된다고 가정한다. 이 책의 접근 방식은 두 진자 운동이 중심에 서 있다.

비교는 절대적인 동일성 혹은 차이성이 아니라 명료성을 제공한다. 예를 들어, 윤리학적 주제를 놓고 바울과 아리스토텔레스를 비교한다고 해서 이들이 동일한 결론을 내렸다거나 동일한 신학적/철학적 토대 내에서 작업했다고 가정할 수 없다. 그러나 어느 누구도 공통분모나 유사성이 없다고 순진하게 가정할 수도 없다. 좋은 역사적, 신학적, 철학적 작업은 동일성뿐 아니라 차이성까지도 설명해 내야만 하며, 이 둘을 균형 있게 다루어야만 한다.

이렇게 비판적으로 나란히 놓는 작업은 바울과 철학자들에 대한 우리의 이해를 보다 선명하게 하는 데 도움을 준다. 우리는 에픽테토스의 철학적 사상이 어떤 특정 차원에서는 바울신학과 공명한다는 것을, 그리고 바울의 신학적 사상도 어떤 특정 차원에서는 에픽테토스의 철학과 공명한다는 것을 안다. 그러나 이러한 유사한 공명은 가장 근본적인 차원에서는 이루어질 수 없다. 바울과 에픽테토스는 한 꼬투리 안에 들어 있는 두 완두콩이 **아니다**. 이들은 같은 신을 믿지도 않았고, 예배하지도 않았으며, 또한 같은 신을 위해 살지도 않았다. 만만찮은 차이점들이 많다. 그러나 만약 우리가 단지 차이점만으로 그들을 정의한다면, 우리는 그들을 비교할 때 생겨나는 특별한 질문들을—즉, 우리의 바울 이해를 선명하고 세련되게 만드는 그 질문들을—놓치게 될 것이다.

　　진리 주장(truth claim: 종교에서 신념 체계가 참이라고 주장하는 것이다. 신념 체계가 참이라는 주장이 존재한다고 해서 그 주장이 참이라는 결론이 나오는 것은 아니다—편주)만을 따로 떼어 내 믿는 것은 쉽다. 사람들은 항상 그렇게 한다. 그러나 매우 다른 관점을 가진 사람이 우리의 입장에 동의하지 않을 때, 그것은 우리가 무엇을 믿는지, 그리고 우리가 그것을 왜 믿는지, 그리고 우리가 왜 그들이 믿는 것을 믿지 않는지를 알도록 강요한다. 비교도 마찬가지다. 한 철학자가 내세에 대한 자신의 관점을 이야기할 때, 그리고 바울은 그와는 완전히 다른 관점을 이야기할 때, 우리는 더 높은 차원의 질문을 하게 된다. 플라톤이 자신의 내세관을 분명하게 단언한 이유는 정확히 무엇인가? 바울이 플라톤과 동일한 내세관을 내세우지 않는 이유는

무엇인가? 그들의 폭넓은 철학적 또는 신학적 관심은 그들의 주
장에서 어떤 역할을 하는가? 비교 연구를 통해 우리는 성경을 부
지런히 연구하고, 철학자(들)를 너그러운 마음으로 면밀히 검토하
며, 그 사안과 관련하여 충분한 정보에 입각한 결론을 내릴 수 있
다. 그리고 그 과정은 값을 매길 수 없을 만큼 중요하다.

우리는 이 책을 통해 독자들이 바울 연구에 있어서의 비교 작
업을 들여다볼 수 있기를 바란다. 이는 최근에 신약학자들 사이에
서 급증하는 작업이다. 지난 10-20여 년간 1세기 또는 1세기 어간
의 다른 영향력 있는 사상가들과 바울을 비교하는 몇몇 박사학위
논문이 출판됐다. 여기서 우리는 독자들의 식욕만 돋우려 한다. 각
장은 모든 내용을 철저히 다루기보다는 소개 차원으로 쓰였다. 그
리고 이 장들은 일반적으로 한 명 또는 그 이상의 철학의 거장들
과 바울을 비교하는 대화형 패턴을 따랐다. 각각의 관점은 유사점
과 차이점을 규정하기 이전에 주어질 것이다. 각 장의 목표는 독
자들로 하여금 비교하는 행위를 접하게 하고, 그리스-로마의 철학
적 맥락에서 바울에 대한 이해를 조명하며, 비-기독교 철학자들의
분명한 견해를 소개하는 데 있다. 각 장의 마지막에는 1차 자료와
2차 자료의 목록을 기입해 놓았다. 우리는 학생들이 후속 연구를
위해 이런 자료들을 찾아내기를 장려한다. 그런 자료들에 덧붙여,
우리는 다루는 내용과 관련해 더 깊은 참여를 유도하기 위해 토론
질문을 덧붙였다. 바울 연구에서, 특히 비교 연구라는 세계에 처음
으로 입문하는 이 여행이 학생들에게 사유의 세계들을 비교하는

것의 가치를 깨닫게 하는 데 도움이 되기를 바란다. 비록 그 세계들이 서로 멀리 떨어져 있더라도 말이다.

신약학에서 모든 비교가 도움이 되거나 통찰을 가져다주는 것은 아니지만, 우리는 이 책의 많은 대화가 바울을 조명해 주고 그를 이해하는 데 유익이 되기를 바란다. 그러나 독자는 이 대화들이 결어(final word)가 아니라 첫마디(first word)로 의도됐음을 주목해야만 한다. 각 장에서 다루는 사안이 실제로 통찰 있는 첫마디인지 여부는 독자의 재량에 달려 있겠지만, 최소한 그렇게 만드는 것이 우리의 목표다.

그렇다면 이제, 우리가 사도 바울과 대화를 나누도록 인도할 철학의 거장들을 소개하고자 한다. 토론이 진행될 직사각형 테이블이 있는 카페를 상상해 보라. 직사각형의 네 변은 네 개의 사상학파를 나타낸다. 이 '학파들'은 공식적으로 설립된 기관이 아니지만, 합의된 리더를 가진, 같은 생각을 지닌 철학자들의 그룹이다. 이들은 본질적으로 고대의 당파를 형성했다. 혹은 더 나은 비유가 있다면, 철학 클럽(philosophy club)이라고 불러도 좋을 것이다. 이 학파들은 그들의 학파의 이름을 정하고, 고대 아테네의 특정 장소에서 정기적으로 모임을 가졌다. 스토아학파는 회랑, 즉 **스토아**에서 모였고(스토아주의), 에피쿠로스학파는 **정원**에서 모였으며(에피쿠로스주의), 아카데미아학파는 성벽 바로 바깥이나 올리브 나무 숲 사이에서(아카데미학파), '주변을 걸어 다니는 습관이 있는' 철학자들(소요학파: 아리스토텔레스와 함께 산책하면서 강론했던 제자들의 한 학파—역주)은 **리케이온**(*Lyceum*: 아리스토텔레스가 설립한 아테네의 철학 학원—역주)에서 모였다. 그들은 모두 현실에 대한 하나의 올바른 견해가 있고, 참된 윤리는 그 올바른 견해에 기초하며, 참된 논리가 그 올바른 견해를 드러낼 것이라는 데 동의했다. 그러나 이러한 근본 원칙에 대체로 동의한 것 이외에, 물리학, 논리학, 윤리학에 대한 구체적인 가르침에서는 다른 길을 걸어갔다. 이 네 학파는 (당파 또는 클럽처럼) 고유한 개성과 철학적 사상을 가지고 있다. 토론 테이블에 있는 각 사람은 이 학파 중 하나에 속해 있다: 스토아주의(아라투스, 에픽테토스, 세네카), 에피쿠로스주의(필로데모스), 아카데미 학파(플라톤, 키케로, 플루타르코스) 그리고 소요학파(아리스토텔레스). 이제 곧 바울은 의자에 앉아 이 철학자들과 토론을 시작할 것이다. 하지만 시작하기 전에, 이 철학자들이 누군지를 살펴보자. 책을 읽으면서 이 등장인물들을 참조하기를 권한다.

<철학자들에 대한 개괄>

아라투스 (주전 약 310-240년)	그리스의 교훈 시인(didactic poet). 그는 「현상」이라고 불리는 6보격(hexameter: 시의 한 행[verse]에 여섯 개의 음보가 포함된 형식—편주) 시를 저술했는데, 이 시는 그리스-로마 세계에서 매우 유명해졌다. 바울은 아라투스를 사도행전 17장에서 인용했다.
아리스토텔레스 (주전 383-322년)	플라톤의 문하에서 공부했다. '소요학파'라고 불리는 철학 학파를 세웠다. 기독교 신학자들에게 가장 큰 영향력을 미치는 철학자들 중 하나다. 그의 저작들 중 가장 유의미한 저서로는 『니코마코스 윤리학』, 『에우데모스 윤리학』, 『수사학』, 『정치학』이 있다.

키케로 (주전 106-43년)	탁월한 웅변가이자, 철학 교육을 잘 받았던 로마의 정치가. 그는 생애의 마지막에 그리스 철학의 주요 주제들에 초점을 맞춘 철학 저작 시리즈를 저술했다. 학문적으로 회의론자였던 키케로는 어떤 문제에 대해 양쪽의 견해 모두를 주장하지만, 둘 중 어느 하나를 채택하는 것은 자제하며, 이를 최선의 선택이라고 생각한다. 세네카의 가장 주요한 저서로는 『최고선악론』, 『국가론』, 『투스쿨룸 대화』, 『의무에 관하여』가 있다.
에픽테토스 (주후 약 50-120년)	이전에는 노예였으나, 후에 스토아 철학자가 됐다. 스토아 철학자 무소니우스 루푸스 문하에서 공부했다. 제자였던 아리아노스가 에픽테토스의 가르침을 네 권의 책(『담화집』)과 한 권의 안내서(『편람』)로 기록했다. 가장 실천적인 태도의 철학자들 중 한 명이다. 그는 이론적 논증보다는 주로 윤리학에 관심을 가졌다.
필로데모스 (주전 약 110-40/35년)	에피쿠로스 철학자. 그의 저서 대부분은 베수비오산 폭발로 인해 파괴된 헤르쿨라네움의 한 별장에서 발굴됐다. 지나치게 격식을 따지는 산문체의 단편으로 이루어져 있어 안락의자의 철학자(안락의자에 앉아 지나치게 이론에만 몰두하는 철학자—역주)가 접근하기는 어렵지만, 그의 저술은 여러 주제들에 대한 에피쿠로스적 관점의 중요한 자료로 남아 있다.
플라톤 (주전 약 429-347년)	소크라테스의 문하에서 공부했으며, 아리스토텔레스를 가르쳤다. 아테네에 '아카데미'라고 불리는 철학 학교를 세웠다. 플라톤은 대화와 변증법적 형식의 철학적 견해를 장려한 최초의 철학자였다. 아리스토텔레스 철학과 더불어 플라톤 철학은 기독교 신학 전통과 더 넓은 서구 세계에 큰 영향을 미쳤다.
플루타르코스 (주후 약 45-120년)	위대한 그리스-로마인들의 삶에 대한 저작과 에세이 외에도 많은 철학적 저작들을 저술했다. '중기 플라톤주의'라고 불리는 입장에 속한다. 스토아주의와 에피쿠로스주의에 매우 비판적이기는 했지만, 그의 저작들은 두 철학 학파에 대한 많은 통찰들을 제공한다.
세네카 (주전 약 4-주후 65년)	스토아 철학자. 종국에는 세네카가 자살하도록 만든 네로 황제의 가정교사였다. 에픽테토스와 같이 세네카는 철학의 실천적인 이점에 매우 집중했다. 세네카는 대부분의 다른 철학자들보다 더 이해하기 쉬운 방식으로 스토아적인 도덕 이론을 제시하는 몇몇의 철학 에세이들과 편지들을 썼다.

제1장
"나를 죽이지 못하는 것은 나를 더욱 강하게 만든다":
고통에 대한 바울과 에픽테토스의 입장

도로테아 H. 베르치만(Dorothea H. Bertschmann)

어느 누구도 고통을 좋아하지 않는다. 우리는 온갖 힘을 다해 고난, 질병, 상실을 피하려고 한다. 아마도, '행복 추구'에 많은 에너지를 투자하는 선진 서구 사회에서는 더욱 그러할 것이다. 그러나 고통은 없어지지 않는다. 고통 바깥에서 좋은 것을 획득할 방법이 있는가? 고통은 실제로 나를 더 강하게 만들거나, 혹은 입에는 쓰지만 건강에는 좋은 약처럼 더 나은 사람으로 만들 수 있는가? 이 장에서 나는 '고통이 우리를 더 윤리적인 사람으로 변화시키는 수단이 될 수 있는가?' 하는 질문에 대해, 사도 바울과 스토아 철학자 에픽테토스가 제공하는 답변을 살펴볼 것이다.

에픽테토스

에픽테토스의 가르침

에픽테토스의 열렬한 제자들이 배우고자 했던 것은 무엇인가? 그것은 행복, 즉 지고한 행복(eudaimonia)의역주1 추구였다. 단, 스토아 철학자들의 '행복' 개념은 우리가 통상적으로 사용하는 개념과는 매우 다르다. 스토아 철학자들에게 있어서의 행복이라는 말은 '인간의 번영'(human flourishing), 즉 자기 자신이 가능한 한 최고의 단계에 오르는 것이라고 번역되는 것이 가장 좋다. 그리고 이 행복은 결국, 인간 존재자가 자기 본성에 따라 온전히 살아갈 때 나타난다. 그런데 인간의 본성이란 무엇인가? 인간의 가장 큰 특징은 우리가 이성적인 존재자라는 사실이다. 우리는 우리에게 일어나는 일과 약간의 거리를 두고 살 수 있다. 그리고 우리는 그 일들을 평가하고 판단할 수 있다. 정확히 이것이 에픽테토스의 마음을 사로잡았다. 에픽테토스에 따르면, 인간 존재자는 **프로하이레시스**(prohairesis)의 이성적 능력을 지니고 있다. **프로하이레시스**는 '자유로운 선택 의지'(volition)라고 번역될 수 있는, '선택-이전'(pre-choice)의 능력이다.역주2 이 **프로하이레시스**의 능력은 우리 안에 내재한 하나의 거대한 평가 기관과 같다. 우리의 감각은 외부의 인상(印象)에 끊임없이 영향을 받지만 감각을 적절하게 평가하고, 또 감각에 대해 참된 판단을 내리는 것은 나의 '이성의' 일이다.

이것은 매우 간단하게 들리지만, 실제로는 우리가 전적으로

주의를 기울여야 하며 또한 평생에 걸친 실천이 필요한 어려운 과업이다. 어떤 사람이 우리에게 꿈의 직업을 제안한다고 가정해 보자. 이는 분명 기뻐할 만한 일이다. 그러나 에픽테토스는, 올바르게 이해한다면, 그 놀라운 직업 제안이 우리의 행복에 아무런 영향을 미치지 않는다고 말한다. 그 제안을 거절할 이유는 없지만, 그러나 우리는 그 제안을 '좋은' 것으로 평가해서는 안 된다. 그것은 '무차별적인'(indifferent) 것으로 분류되어야 한다.^{역주3} 만약 우리가, 그 직업이 행복을 가져다줄 것이라고 생각한다면 우리는 그것을 위해 분투하고 애쓸 것이며 내면의 평화를 완전히 잃어버리게 될 것이다. 더 심각한 것은 그 직업을 확실하게 얻는 일이 우리의 능력에 달려 있지 않다는 점이다. 따라서 우리는 자신의 통제 바깥에 있는 어떤 것에 우리의 행복을 두고 있는 셈이다. 이것이 핵심 문제다.

에픽테토스는 모든 외적인 것들, 이를테면 직장이나 집, 부, 명예, 건강, 혹은 사랑하는 사람과의 관계와 같은 것들은 '무차별적인' 것으로 간주해야만 한다고, 그리고 우리는 이러한 것들을 욕망해서는 안 되고 회피해서도 안 된다고 가르친다. 왜냐하면 그런 외적인 것들은 우리의 통제 바깥에 있기 때문이다. 게다가 그 외적인 것들은 우리가 그것들을 얻거나 잃는다고 해도 '실제의 나'에게는 조금도 영향을 미치지 않는다. 외적인 것들은 우리의 행복을 위해 어떤 것도 하지 않는다. 심지어 우리의 몸조차도 우리가 통제할 수 없는 외적인 것에 속한다. 그렇다면 우리의 행복에 기

여하는 것은 무엇**인가**? 에픽테토스에 따르면 행복한 사람이 되는
것은 바로 유덕한 사람이 되는 것이다. 그러나 이는 우리가 길 가
던 할머니를 위해 무거운 쇼핑백을 들어 준 후 기분이 좋아지는
것과는 다른 종류의 행복을 의미한다.

  에픽테토스는 윤리적 선에 대해 말하면서 '덕'을 이야기한다.
덕이란 그리스어로 단순히 '탁월함'을 의미한다. 도덕적 탁월성을
실현하는 사람, 그리고 가능한 한 최고의 '나'에 이르는 사람은 진
정으로 번영하고 그런 의미에서 행복하다. 가장 기본적인 차원에
서, 또다시 덕은 인간의 이성적 본성과 조화롭게 살아가는 것을
의미한다. 이는 **프로하이레시스**가 감각적인 인상과 그에 따른 본
능적인 반응에 주의를 기울인다는 것을 의미한다. 누군가가 우리
를 때렸는가? 그것은 중요하지 않다. 누군가가 우리를 칭송했는
가? 그것도 중요하지 않다. 우리가 복권에 당첨됐는가? 상관없다.
우리가 집을 잃었는가? 우리의 번영에 어떤 영향도 미치지 않는
다. 더 나아가 **프로하이레시스**는 겸손함, 친절함, 인내심과 같은
불변하는 윤리적 특성들인 덕을 키우는 것을 말한다. 그리고 그런
덕을 가진 사람으로 성장하는 것만이 중요하다. 이것은 상황이 어
떻든지 간에 어느 누구도 우리로부터 **빼앗을** 수 없는 것이다. 만
약 우리가 이러한 좋은 것들을 바란다면 어느 누구도 우리의 성취
를 방해할 수 없다. 우리는 완전히 자유로운 사람이다. 이것은 궁
극적으로 이성적인 인간 존재자에 대한 보상이다. 곧, 우리는 우리
스스로를 완전히 통제하고 있다. 우리는 본성과 조화를 이루며 살

고 있으며, 궁극적으로는 신과 조화를 이루며 살고 있다. 우리는 차분하고, 고요하며, 두려움을 모르며, 완전히 평화롭다.

에픽테토스와 고통

누군가가 우리에게 일자리를 제안하거나 우리에게 결혼하자고 말했을 때 본능적인 반응을 자제하는 것과, 자녀나 사랑하는 사람이 죽어 가거나 동료가 우리를 괴롭힐 때 차분함과 평화로움을 유지하는 것은 전혀 다른 문제다. 그러나 에픽테토스에 따르면 이것은 사람이 분명 지향해야 할 바다. 즐거운 사건이 고통스러운 사건만큼 **프로하이레시스**에 의해 면밀하게 조사되고 판단되어야 한다는 사실을 아는 것은 중요하다. 그러나 분명 '스토아적 태도' 같은 금언은 끔찍한 환경에서 더 인상적이다. 에픽테토스는 우리가 '고통'이라고 부르는 것을 어떻게 생각했는가? 에픽테토스는 고통을 도구로 보았는가? 아니면 우리를 더 강한 사람, 더 나은 사람이 되도록 돕는 일종의 쓴 약으로 보았는가?

에픽테토스는 분명 온갖 종류의 고난에 대해 잘 알고 있었다. 그는 노예의 무력함을 경험했으며 자유를 얻은 후에도 검소하게 살았다. 그는 도미티아누스 황제에 의해 로마에서 추방됐기 때문에 권력자들의 변덕스러운 본성에 익숙했다. 또한 그는 여행의 위험성에 대해서도 종종 언급했다. 그리고 그는 권력자들이 가했던 끔찍한 형벌에 대해, 그리고 극심한 열병으로부터 오는 극심한 괴로움에 대해 말한다.

에픽테토스가 고통을 다룰 때 우리는 그에게서 사유의 한 가지 형태를 반복적으로 발견하게 된다. 그것은 운동선수 은유다. 에픽테토스는 종종 삶을 운동 경기에서 벌어지는 경쟁, 즉 **아곤**(agōn)으로 비유한다.^{역주4} 고난과 고통은 다음에 나오는 레슬링 선수의 역할을 한다.

> 남자라는 존재를 보여 주는 것은 역경이다. 따라서 역경이 닥쳤을 때, 신이 당신을 육체를 단련하게 해 주는 트레이너와 같은, 강인하고 젊은 남자와 짝지어 주셨다는 것을 기억하라. 이는 무엇을 위한 것인가? 누군가는 당신이 올림픽에서 승리하도록 하기 위해서라고 말하지만, 그것은 땀 없이는 불가능하다. 내 생각에는 운동선수가 젊은 남자와 대련하듯이 당신이 기꺼이 그 역경을 활용한다면, 당신이 겪고 있는 것보다 더 멋진 역경을 겪는 사람은 없을 것이다. (『담화집』 1.24.1-2)

이 경기에서 운동선수들은 땀을 흘리고 톱밥 위에서 구르며 엄격한 식단을 유지하고 고통스러운 마사지를 견뎌 낸다(3.5.3-5; 3.22.52). 여기서 활동적이고 긴장된 언어가 두드러지며 스토아 철학의 차분함과는 충돌하는 것처럼 보인다. 이는 '고통 없이는 얻는 것도 없다'(no pain, no gain)는 속담과 매우 유사하게 들린다.

그러나 사람들에게서 최선의 것을 이끌어 내기 위해 고통이 필요한 것일까? 만약 우리가 위의 인용구를 다시 면밀하게 살펴보면, 우리는 그렇지 않다는 것을 알 수 있다. 땀, 운동, 단식은 외적인 고난의 상징이 아니라 평생 이성적인 판단을 행사하는 것에 대한 은유다. 고통스러운 상실이나 두려운 폭풍이 내 안에서 최선의 것을 이끌어 내는 것이 아니다. 그와는 반대로 그것들은 내 안의 최악의 모습을 이끌어 내어 자연적으로 슬픔이나 두려움으로 반응하게 만들면서 진정한 '이성적인 나'를 배신하게끔 할 위험한 잠재력을 가지고 있다! 고난과 끔찍한 상황 그 자체로는 의미가 없다. 하지만 최고 지점에 도달하기 위해서 야심 찬 스토아 철학자는 자신의 **프로하이레시스**를 규칙적으로 훈련해야만 한다. 스토아 철학자는 가장 엄격한 훈련으로 외부의 인상을 검토하고 판단해야 한다―이는 올림픽 게임에서 우승하기를 원하는 운동선수의 훈련과 다르지 않다. 중요한 것은 피나는 노력과 고된 훈련처럼 느껴질 수 있는 이 정신의 수양이다. 그러나 이러한 정신적 분투는 동전의 한쪽 면에 불과하며, 다른 한쪽 면에는 완전한 평온함이 있다.

> 그런 외부의 인상에 반하여 자신을 수양하는 사람은 훈련 중인 진정한 선수다. 불행한 자여, 계속 정진하라. 네 인상에 휩쓸리지 말아라! 투쟁은 위대하고, 과업은 신성하며, 그 상급은 왕국, 자유, 평정심, 평화다. (『담화집』 2.18.27-28)

어떤 면에서, 야심 찬 철학자는 고통은 아무것도 아니라는 것을 이해하는 지점에 도달해야 한다. 에픽테토스는 고통을 가리키고 수동성과 무기력을 포함하는, 매우 효과적인 그리스어 단어인 **파스케인**(paschein)을 사용하기를 피한다. 그 대신 그는 고난 및 주위 사정과 동의어가 될 수 있는 단어들을 선택했다. 진정한 스토아 철학자는 고통을 겪지 않는데, 즉 그는 고난이 자신에게 닥치도록 두지 않는다. 우리가 고통이라고 부르는 것은 실제로는 운동선수가 근육을 키우기 위해 웨이트를 사용하는 것처럼 단지 성장의 기회로 삼을 수 있는 특정한 상황일 뿐이다. 그러나 여기에는 단순히 '최고의 나'로 성장하는 것 그 이상의 의미가 있다.

에픽테토스는 종종 운동선수들이 마침내 관중들의 환호를 받으며 경기장에 뛰어들어 가 자신의 기량을 뽐내는 '위대한 날'에 대해 이야기한다. 또한 잘 훈련된 철학자는 타인의 유익을 위해 자신의 덕이라는 근육을 '과시'한다. 그는 인간 존재의 이성에 대한 살아 있는 증거이며 사람을 정확히 그렇게 만든 신의 선함에 대한 산 증인이다(참조, 『담화집』 3.24.114).

에픽테토스에게 있어서 궁극의 경기(contest)는 죽음이다. 그리고 궁극적인 스토아 학파의 덕은 두려움 없이 죽을 수 있는 것이다. 그런 점에서 소크라테스는 완전히 평온하게 죽음으로 나아갔던 위대한 승리자다. 매일의 고난 가운데서 이성적 판단을 실행하는 일은 신을 증거하기 위해, 극적인 고난이나 죽음 속에서도 강인함을 유지하도록 부름을 받을 때를 위해 훈련하는 일이다. 어떻게 잘 살 것인가를 배움으로써 어떻게 잘 죽을 것인지를 연습하는

셈이다. 에픽테토스에게는 내세에 대한 희망이 없다. 그러나 에픽
테토스는 죽음이 마치 꿈의 직장을 얻거나 잃는 것과 마찬가지로
무차별적인 것이라고 주장한다. 결국, 죽음에 영향을 받는 것은 우
리의 육신일 뿐이다.

바울

바울과 고통

바울은 에픽테토스와 매우 다른 세계관을 가지고 있었다. 바울은
진정하고도 이성적인 '나'를 실현하는 행복을 추구하라고 설교하
지 않고, 믿는 모든 사람을 위한 구원을 설교한다(롬 1:16). 이 구원
은 죄와 그 결과에서 벗어나게 해 주며 '그리스도 안'이라는 새로
운 맥락에 인간을 세운다. 영의 능력 안에서 이러한 인간은 윤리
적으로도 잘 번영하는 일에 실패할 수 없을 것이다. 선한 태도와
악한 태도에 대한 바울의 목록은 미덕과 악덕에 관한 철학적 목록
과 쉽게 비교될 수 있음이 종종 지적되어 왔다(예, 갈 5:16-26). 그러
나 바울은 어떻게 고통과 윤리적 선함을 연결했는가? 이 물음에
대해 대답하기 위해 우리는 먼저 고통 전반에 대한 바울의 태도를
검토해야만 한다.

　바울은 크게 두 가지 방식으로 고통을 언급한다. 빈번한 사례
들 중 하나는 바울이 변증적인 맥락에서 고통을 이야기한 경우다.

이는 고린도후서 11:23-33과 같이 고린도인들에게 보낸 바울의 편지들에서 가장 두드러지게 나타난다. 거기에서 바울은 투옥, 채찍질, 매질, 난파, 위험한 여행, 목마름, 굶주림, 헐벗음과 같은 온갖 종류의 역경을 열거한다(또한 고전 4:9-13과 고후 6:4-10도 보라). 바울은 에픽테토스와 매우 유사한 것들을 언급하지만 스토아 철학자들과는 달리, 자신이 겪은 것은 그리스도를 섬기면서 직접 박해받거나 이방인의 사도로서의 사명과 관련하여 겪은 고난이라고 주장한다.

역설적으로 바울은 자신의 고통과 그로 인한 약함을 '자랑'한다. 이는 바울이 그 모든 것을 견디기 충분한 사람이었기 때문이 아니라 바울에게 있어서 구원이 십자가와 밀접하게 결부되어 있었으며 십자가에 못 박히신 주의 사도가 "예수의 죽음"을 자신의 몸에 짊어짐은 당연한 일이기 때문이다(고후 4:10; 참조, 갈 6:17과 고후 1:5). 바울은 자신을 변호해야 한다는 압박 속에서 그런 사유들을 발전시키지만, 다른 곳에서는 훨씬 더 비논쟁적이고 친밀한 어조로 말한다. 실제로 바울은 자신이 가장 약할 때 하나님의 은혜를 가장 충만하게 경험했다. 고린도후서 12:10에서 이렇게 이야기한다: "내가 약할 때마다 나는 강합니다."[1] 게다가 빌립보 교회를 향해 쓴 편지에서 바울은 "그의 고통에 참여하는 것"을 알고 또 부활의 능력과 희망에 둘러싸여 그리스도의 죽음을 본받게 되기를 원한다고 신중히 말한다(빌 3:10). 그 후 바울은 고통을 자신의 사역

---

1.   이 장에서 모든 성경 인용문은 NRSV를 따랐다.

의 본질적인 부분으로, 그리고 심지어 그의 메시지의 적절한 표현
으로 받아들인다. 고통은 오히려 그리스도와의 교제를 더욱 깊게
만들어 준다.

　그러나 이는 고통이 무언가에 유익하다는 것을 의미하는가?
고통은 사람들을 구원에 더 가까이 데려다주는가?

　이 질문은 고통에 관한 바울의 발언의 두 번째 범주, 곧 회심한
이들에 관한 이야기로 우리를 안내한다. 바울은 신자들이 겪는 고
통에 대해 말하면서 논쟁적인 어조라기보다는 격려하는 어조로
이야기한다. 예컨대, 바울은 빌립보인들이 그리스도를 위한 고통
을 선물로 이해해야 한다고 확신한다(빌 1:29). 그럼에도 바울은 여
러 곳에서 긴장한 모습을 드러낸다. 바울은 복음을 위한 고통이
회심한 이들에게 불안하고 혼란스럽게 다가올 수 있음을 매우 잘
알고 있다—그들은 결국 복음의 메시지에 응답했다!

　데살로니가전서에서 바울은 신생 교회에게 "이러한 박해에 흔
들리지" 말라고 권면한다(살전 3:3). 왜냐하면 고난은 항상 처음부
터 그리스도인의 경험의 일부였기 때문이다(살전 1:6). 고난은 예언
됐으며(살전 3:4), 다른 곳의 그리스도인들이 함께 겪어야 할 운명이
다(살전 2:14). 바울이 자주 사용하는 단어는 **틀립시스**(thlipsis: 개역개
정에서는 주로 '환난'으로 번역—편주)인데, 이는 "압박"과 "포위"의 의미
를 함축하고 있다. 바울은 젊은 회심자들이, 그들이 경험하는 사회
적 압박과 어쩌면 경제적 압박에 굴복할 수도 있다는 사실을 잘
알고 있다. 바울은 고통을 좋은 것으로 칭송하지는 않으면서도 타

락하고 어두운 세상에서 피할 수 없는 경험으로 본다. 현 시대는 비록 멸망으로 치닫고 있지만 하나님의 선택을 받은 사람들을 향해 마지막으로 채찍질을 가하고 있다. 빌립보서 1:28에서 바울은 다음과 같이 쓴다: "그들[믿지 않는 외부인]에게 이것은 멸망의 증거이지만 여러분에게는 구원의 증거이기도 합니다." 바울은 이렇게 말하면서 고통을 선택받은 이들에 대한 표식으로 보는 광범위한 종말론적 세계관에 참여한다. 선택받은 이들이 겪는 고통은 극심하지만 단지 일시적인 것에 불과하며(고후 4:17), 새 생명을 예고하는 산고(살전 5:3)와 마찬가지로 새로운 삶의 특질로 안내한다. 그러므로 고통은 결코 구원의 약속을 무효화하는 것이 아니다. 이는 의롭고도 선택받은 이들의 고통이며 곧 끝날 고통이다.

그러나 고통이 실제로 우리를 더 강하고 더 나은 사람으로 만들어 주는 도구 또는 '약'이 될 수 있는가? 바울이 고난을 에픽테토스가 덕으로 여긴 것과 명시적으로 연결한 하나의 구절이 있다. 이제 그 구절을 살펴보도록 하자.

고통과 덕: 로마서 5:3-5

바울은 이 구절에서 한 문장의 마지막 요소가 그다음 문장의 첫 번째 요소가 되도록 일종의 연쇄 문장을 형성한다. 1세기에 잘 알려진 이 수사학적 장치는 매우 밀도 있는 텍스트를 만들어 낸다. 이 구절을 읽어 보자.

우리는 환난[*thlipseis*] 중에도 자랑하는데, 환난이 인내를, 인내가 성품[character: 문자적으로는, "승인됨"]을, 성품은 희망을 낳는다는 것을 알기 때문입니다. 그러나 희망이 부끄럽게 하지 아니함은 하나님의 사랑이 우리에게 주신 성령을 통해 우리 마음에 부어졌기 때문입니다. (저자의 사역)

로마서 5장에서 바울은 그리스도 안에서 죽음과 정죄에 대한 죄의 통치가 어떻게 끝나는지, 그 결과 어떻게 하나님과의 평화와 "하나님의 영광에 참여하고자 하는 희망"이 풍성해졌는지 설명하기 시작한다. 로마서의 전반부에서(예, 롬 3:27) 인간의 자랑이 전적으로 금지됐지만, 이제 신자들이 그 희망을 자랑하는 일은 정당하다. 이 구절에서 바울은 "예, 좋습니다. 그렇지만 고통은 어떻습니까?"라고 말하는 비판적인 대담자를 상정하는 것처럼 보인다. 왜냐하면 바울은 즉각적으로 고통을 자랑하는 일에 관한 곤혹스러운 문장을 덧붙이고 있기 때문이다.

고통을 자랑하는 이유는 고통(또는 '압박'. 이 단어 역시 *thlipseis*다)이 참음 또는 인내를 낳기 때문이다. 인내에 해당하는 그리스어 단어 **휘포모네**(*hypomonē*)는 "아래에 머무르다"(remaining under)로 번역될 수 있다. 로마의 신자들은 믿음을 포기하고 박해와 고통을 피하고 싶은 유혹에도 불구하고, 또는 고통으로 인해 실망하여 믿음을 조용히 내버리려는 유혹에도 불구하고, 고통 아래에 남아 인내를 보여 준다. 바울이 염두에 두고 있는 환난이 무엇인지, 그리고 환난이 정확히 어떻게 인내를 만들어 내는지 우리에게 말해 주지 않는다. 인내는 자동으로 생기는 어떤 것이 아니라 인간의 활동과 노력을 필요로 한다. 여기에서 바울은 본질적으로 격려하는 어조로 다음과 같이 말한다: "고통이 여러분 안에서 최고의 것을, 즉 굳건한 인내를 이끌어 내기 때문에 고통을 자랑합시다." 굳건하게 서 있는 사람들은 결국, 스스로를 '승인된' 사람으로 보여 줄 것이다. 바울은 귀금속이 '진짜'임을 보여 주는 불 은유를 염두에 두었을 수도 있다. "시험"과 "승인" 모두를 의미하는 단어 **도키마조**(*dokimazō*)가 종종 그런 맥락에서 사용된다(참조, 잠 17:3; 히 12:5-11; 약 1:12; 벧전 1:7). 그러나 이 불은 시험(testing)인가? 아니면, 연단(refining)인가? 바울이 다른 곳에서 이 단어군을 사용하는 방식은 연단의 과정보다는 시험과 그에 따른 승인을 염두에 두고 있음을 암시한다(참조, 고후 8장에서 바울이 사용한 *dokimazō*). 고통은 우리가 진짜인지 아닌지를 드러내는 '스트레스 테스트'(stress test: 점점 더 격렬한 운동을 하는 동안 심박수를 모니터링하여 심혈관 능력을 측정하는 테스트—편주)라고 부를 수 있을 것이다. 그리고 만약 우리가 진정한 신자로서 고통받고 있다는 것을 안다면 이는 희망의 근거로 충분하다. 이것이 바로 환난을 인내해야 하지만 결국에는 무죄임을 입증받고 보상받게 될 의로운 사람들이 가진 희망이다. (바울은 유대교의 순교자 신학과 유사한 세계관을 가지고 있었다.)

바울은 여기에 그치지 않는다. 바울은 압박스러운 고통이 신자들에게서 최고의 것을 이끌어 내며, 그 결과 신자들의 자질과 정당한 희망을 보장해 준다는 것을 보여 주었다. 그러나 희망에는 더 깊은 이유가 있다. 그 이유는 바로 그리스도 안에서 보여 주셨고 신자들의 마음속에 부어 주신 하나님의 사랑이다. 이 본문 직후에 바울은 우리가 아직 죄인이었을 때 그리스도께서 우리를 위해 죽으셨다는 사실을 통해 하나님께서 자신의 사랑을 우리에게 증명하셨다는 사실을 분명히 밝힌다(롬 5:8). 하나님의 현재 사랑은 그분의 과거 행적에 분명히 자리 잡고 있다. 이것은 막연한 낙관론을 넘어서는, 변함없는 희망의 근거다. 지금, 하나님의 사랑은 하나님의 선물로서 그분의 영과 더불어 신자들의 마음속에 부어 졌다. 하나님의 사랑은 말 그대로 신자들의 가장 깊은 곳에 이르러 신자들의 일부가 된다.

그래서 실제로 연쇄 반응과 같은 일이 벌어진다. 즉, 고통은 신자들에게서 최고의 것, 곧 인내를 이끌어 내며, 이 인내는 다시 그들이 진정성이 있다는 것과 따라서 희망에 대한 정당한 권리를 가지고 있음을 보여 준다. 그러나 고통과 관련한 인간의 이런 연쇄 반응은 신성한 사랑이라는 훨씬 더 큰 그림 안에 있다. '영광의 희망'을 신자들에게 확실한 현실로 만들어 주는 것은 이 사랑뿐이다. 그리고 인내를 신자들에게 가치 있는 일로 만들어 주는 것도 바로 이 사랑이다.

바울은 고통을 가리켜 하나님의 쓰디쓴 약이라고 생각하지 않았으며, 그보다도 성도들을 더 강인하고 더 나은 사람으로 성장시키기 위해 처방된 건전한 약이라고 생각했음을 우리는 알 수 있

다. 이것은 놀라운 일인데, 왜냐하면 바울의 세계에서는 그런 맥락
에서 고통을 이해하는 개념, 곧 고통은 하나님이 아버지로서 자녀
를 억제하고 교정하기 위한 훈육이라는 개념이 이미 **있었기** 때문
이다(히 12:3-11). 그러나 바울은 고통을 그렇게 이해하지 않았다. 신
자들이 탄식하며 눈물 흘리는 고통은 준엄한 판사가 구형하는 처
벌도 아니며 엄격한 아버지의 자애로운 훈육도 아니다. 고통은 그
저 혼란한 세계의 일부로서 신의 사랑을 거스르는 존재일 뿐이다.
그러나 비록 고통이 그 자체로는 선하지 않지만 하나님께서는 이
미 고통을 구원의 목표 아래로 확고히 끌어당기셨다.

결론: 고통에 대한 바울과 에픽테토스의 입장

바울에게도 에픽테토스에게도, 윤리적 성장을 위해서는 고통이
필요하지 않다. 오히려 그 반대로, 고통스럽고 가혹한 환경은 우리
를 인간 이하의 존재가 되게 할 수도 있다. 고통스럽고 가혹한 상
황은 진정한 자신의 모습에 대한 진실을 저버리게끔 할 수 있다.
에픽테토스에게 있어서 인간 조건에 대한 가장 깊은 진실은 인간
존재자가 이성적 존재이기 때문에 자유로울 수 있다는 것이다. 그
런 위험에 대응하기 위해 에픽테토스는 이성적 능력을 훈련하는
매우 명료하면서도 평생에 걸친 프로그램을 처방한다. 이 훈련 프
로그램은 고되고 힘든 과업일 수 있지만, 평정심, 평화, 자유를 선

물할 것이다. 그 목표는 고통이라는 것이, 나의 번영에 관한 한, 실제로 아무것도 아님을 깨닫는 데 있다.

바울의 경우, 그리스도 안에 있는 인간 존재에 대한 가장 깊은 진리는 그가 하나님께 사랑받고 있으며 따라서 꺼지지 않을 희망을 가지고 있다는 것이다. 바울이 보여 준 고통에 대처하는 방법에 대한 성찰은 에픽테토스보다는 덜 체계적이다. 어느 정도 인내하고 '인증'(provedness)과 희망을 지속적으로 확실시하는 것이 전체 계획의 일부다. 그러나 이 계획은 희망에 실체를 부여하는 하나님의 사랑이라는 가장 깊은 실재에 의해 유지되고 힘을 얻는다. 고통은 바울의 세계에서 매우 실제적이지만 희망으로 인해 작아져서 그 날카로움과 힘을 잃게 된다.

에픽테토스의 확신은 인류에게 주어진 **프로하이레시스**라는 신의 선물에 뿌리를 두고 있다. 바울의 확신은 하나님의 사랑에 뿌리내리고 있는데, 이는 과거에는 하나님의 아들을 보내심으로써 계시된 사랑이며 현재에는 영의 선물을 통해 신자의 가장 깊은 내면에 자리 잡고 있는 사랑이다. 에픽테토스는 신에게 힘을 공급받는 영적인 자족을 가르치며, 바울은 사랑, 진리, 희망의 관계 안에서 자아가 신적으로 재구성되는 것을 말한다.

이러한 매력적이고 깊이 있는 사상가들에게 고통은, 비록 직접적인 악은 아니지만, 사람들의 '진정한 나'를 활성화하는 잠재력을 가지고 있다. 인간성을 왜곡하고 파괴하려던 것이 결국 인간을 더욱 인간답게 만드는 데 도움을 준다는 것이다. 두 사상가 모

두가 확신에 찬 목소리로 말하는 것은 놀라운 일이 아니다: "마주
하라." 에픽테토스는 이렇게 말한다. "어떤 고난이건 마주하라. 선
한 사람은 그 고난을 금으로 변화시킬 것이다"(『담화집』 2.2.35;
3.20.12).

그리고 "이것은 선한 사람이 참여하는 유일한 경기다. 즉, 도덕
적 영역에 속한 것들과 관련된 경기다. 그렇다면 선한 사람이 어
떻게 무적이 되지 않을 수 있겠는가?"(3.6.7.).

반면에 바울은 고통의 문제에 대해, 삶과 죽음을 포괄하는 넓
은 세계에서 우리를 하나님의 사랑과 분리시킬 만한 것이 있는지
를 수사학적으로 묻는다. 유일하게 적절한 대답은 다음과 같은 숭
고한 찬양이다: "우리를 사랑하시는 이로 말미암아 우리가 넉넉히
이기느니라"(롬 8:37).

에픽테토스와 바울의 유사점과 차이점

에픽테토스	바울
윤리적 성장을 위해서는 고통이 필요하지 않다.	윤리적 성장을 위해서는 고통이 필요하지 않다.
고통은 사람들을 자신의 이성적 판단 너머로 떠나게끔 할 수 있다.	고통은, 특히 핍박은, 그리스도인의 믿음을 지치게 하거나, 심지어 신앙을 버리게끔 할 수 있다.
야심 찬 철학자에게 고통은 사람들의 이성적 판단을 훈련하고 강화할 수 있는 기회다.	고통은 '자랑할' 기회다. 왜냐하면 고통은 믿는 자들의 삶에서 인내와 궁극적인 희망을 만들어 낼 것이기 때문이다.

이 훈련은 때때로 힘든 훈련처럼 느껴질 수 있지만, 그러나 완전한 평온으로 이어진다.	고통은 참음과 인내로 받아들여야 한다. 이 인내로 인해 희망이 더 커질 것이다.
철학적인 사람에게는 고통이 없다. 외적 환경은 철학적인 사람의 핵심에 영향을 미칠 수 없다.	고통은 현실적이며, 믿는 자들에게 영향을 미친다. 고통은 부정되는 것이 아니다. 오히려 고통은 영원히 극복될 것이라는 영광에 대한 희망으로 인해 상대적으로 작아진다.
철학자는 궁극적으로 죽음 앞에서 평온함을 보여 주기 위해 훈련한다. 이것은 이성적 존재자로서 자신을 창조했던 신에 대한 가장 큰 증거가 될 것이다.	과거에 하나님께서는 믿는 자들을 위해 그리스도의 죽음으로 자신의 사랑을 보이셨으며, 이로써 매우 견고한 희망의 토대를 주셨다. 이 사랑은 믿는 자들의 마음에 존재하고, 인내와 희망을 위한 모든 노력에 든든한 뒷받침이 되어 주며, 또 힘을 불어넣어 준다.

더 읽을거리

1차 자료

Epictetus, *The Discourses as reported by Arrian, the Manual, and Fragments, with an English translation.* Translated by W. A. Oldfather. LCL. London: Heinemann, 1926-1928.

―――――. *Enchiridion.* Translated by George Long. Dover Thrift Editions. New York: Dover Publications, 2004.

2차 자료

Barclay, John M. G. "Security and Self-Sufficiency: A Comparison of Paul and Epictetus." *ExAud* 24 (2008): 60-72.

Beker, J. C. *Suffering and Hope: The Biblical Vision and the Human Predicament.* Grand Rapids: Eerdmans, 1987.

Eastman, Susan Grove. *Paul and the Person: Reframing Paul's Anthropology.* Grand Rapids: Eerdmans, 2017.

Engberg-Pedersen, Troels. "Paul, Virtues and Vices." In *Paul in the Greco-Roman World*, edited by J. Paul Sampley, 608-33. Harrisburg, PA: Trinity Press, 2003.

Harvey, A. E. *Renewal through Suffering: A Study of 2 Corinthians.* SNTW. Edinburgh: T&T Clark, 1996.

Jervis, L. A. *At the Heart of the Gospel: Suffering in the Earliest Christian Message.* Grand Rapids: Eerdmans, 2007.

Long, A. A. *Epictetus: A Stoic and Socratic Guide to Life.* Oxford: Oxford University Press, 2002.

Rowe, K. *One True Life: The Stoics and Early Christians as Rival Traditions.* New Haven, CT: Yale University Press, 2016.

Sauvé Meyer, Susan. *Ancient Ethics: A Critical Introduction.* New York: Routledge, 2008.

Tabb, B. J. *Suffering in Ancient Worldview. Luke, Seneca and 4*

Maccabees in Dialogue. London: T&T Clark, 2017.

토론 질문

1. 에픽테토스의 **프로하이레시스** 개념은 기독교인의 삶에서 역할을 가지는가?

2. 바울과 에픽테토스가 죽음과 덕을 바라보는 방식 사이에는 어떤 유사점과 차이점이 있는가?

3. 하나님의 사랑에 대한 바울의 확신은 어떤 점에서 에픽테토스의 **프로하이레시스** 개념을 더 나은 것으로 만드는가?

4. 바울과 에픽테토스에게서 하나님은 고통에 어떻게 관여하시는가?

제2장
테라피 세션:
약한 자의 돌봄에 관한 바울과 필로데모스의 관점

저스틴 레이드 앨리슨(Justin Reid Allison)

한번은 에피쿠로스가 이렇게 썼다: "젊을 때 철학하기를 미루거나 나이가 들어서 철학 하는 데 지쳐서는 안 됩니다. 영혼의 건강을 추구하는 데에는 나이가 적거나 많은 것이 중요하지 않기 때문입니다."[1] 영혼의 건강은 고대 그리스와 로마 철학자들에게 지속적인 관심사였다. 영혼이 건강하지 않으면 인간의 삶이 번영할 수 없기 때문이다. 특히 플라톤 이후로 철학자들은 자신의 철학이 영혼을 위한 최고의 처치법을 제공한다는 것을 보여 주기 위해 경쟁했다. 바울 시대에는 수 세기에 걸친 철학적 전통이 미숙한 학생들을 정서적, 정신적 질병에서 건강으로 인도했다.

---

1. Epicurus, *Letter to Menoeceus* 122, trans. A. A. Long and D. N. Sedley, in *The Hellenistic Philosophers* (Cambridge: Cambridge University Press, 1987), 1:154.

이와 유사하게 바울서신 전체에는 파괴적인 삶의 방식에 대항하고 복음을 믿는 사람들의 성장을 촉진하기 위한 관심사가 나타난다. 하나님을 믿는 믿음은 행위, 욕망, 신에 대한 개념, 자기와 타자에 대한 개념, 종교적 충성심, 사회적 소속감과 관련하여 개인의 급진적인 변화를 동반한다(롬 6장; 고전 6:9-11; 12:2; 갈 2:20; 골 3:5-11을 보라). 믿음으로 나아갔을 때가 이미 결정적인 변화의 순간이지만, 이 변화는 죄와 어둠의 권세, 악한 욕망, 감정, 그릇된 생각과의 지속적인 싸움으로 남아 있다(예, 고전 3:1-4; 10:1-22; 갈 5:16-21). 바울은 갈라디아에 있는 "자녀들"에게 "너희 안에서 그리스도가 형성될 때까지 나는 또다시 출산의 고통을 겪는다"(갈 4:19)라고 썼다.[2] 바울은 고린도에 있는 "그리스도 안의 어린아이들"(고전 3:1)에게 어린아이들처럼 생각하지 말고 "어른들"(고전 14:20)처럼 생각하라고 충고했다. 바울은 신자들이 모여 예배를 드릴 때 "서로를 세워 주십시오"라고 거듭 요청했다(롬 14-15장; 고전 12-14장; 살전 5:11-22).

바울 시대의 철학자들은 다양한 환자들의 필요에 맞게 영혼을 치료하는 방법을 논하곤 했다. 특히 도덕적 병약함으로 인해 해를 입기 쉬워서 치료 과정을 복잡하게 만드는 '약한' 학생들이 그 대상이었다. 유사하게, 고린도전서 8:1-11:1에서 바울은 자신의 취약함을 공유하지 않는 다른 사람들에 비해 '연약하고', '세워짐'이 필요한 신자들에게 주목했다. 언뜻 보기에, 바울의 목회적 관심은 '약한 자'를 돌보는 데 집중했던 철학자들의 관심과 유사해 보인

---

2.   성경 본문의 모든 번역은 달리 명시되지 않는 한 NIV를 따른다.

다.

약한 자에 대한 이와 같은 공통된 관심과 관련하여 우리는 이 장에서 다음의 두 가지 물음을 살펴보고자 한다. 첫째, 고린도전서 8:1-11:1에서 약한 자를 세워 주라는 바울의 지시는 그와 비슷한 고대 철학자들의 지침과 어떻게 비교될 수 있는가? 둘째, 이 비교는 약한 자를 세워 주라는 바울의 비전에 대한 우리의 이해를 어떻게 풍성하게 해 주는가?

이 비교의 핵심 목적은 약한 자들을 세우라는 바울의 비전을 새롭고 풍성한 관점에서 들여다보는 데 있다. 이 비교를 통해 얻을 수 있는 관점은 '약한 자를 세워 주는 일'과 관련한 현대 기독교인들의 사유에 유익하다(예를 들어, 바울의 논의가 미국 복음주의 기독교계의 음주 문제나 중국 기독교계의 조상 숭배에 어떤 영향을 미치는지를 생각해 볼 수 있을 것이다). 그러나 현대적 적용은 이 장의 주요 주제가 아니다.

우리는 고린도전서 8:1-11:1을 에피쿠로스주의 철학자인 필로데모스에 의해 저술된 『솔직한 비평에 관하여』(PHerc. 1471)라는 논고의 주요 구절들과 비교할 것이다. 이 저술은 특히 두 가지 이유로 유용하다. 첫째, 여기서 필로데모스는 약한 학생들을 돌보는 방법에 대해 상세히 논한다. 둘째, 필로데모스는 바울이 고린도전서 8:1-11:1에서 강조한 것처럼 철학 공동체의 모든 구성원들이 서로를 돌보는 일에 참여해야만 한다고 강조한다. 따라서 이 비교는 각각의 공동체에서 유사한 문제에 관한 지침을 제공하는 일에 관심이 있었던, 역사적-문화적으로 가까이 있었던 두 사상가를 한자리에 모으게 해 준다.

필로데모스의 다른 철학 저작들과 마찬가지로 『솔직한 비평에 관하여』는 베수비오산이 주후 79년 나폴리만에서 폭발했을 때 유일하게 보존된 고대 세계의 도서관에서 발견됐다. 『솔직한 비평에 관하여』의 원문은 불탄 나머지 부분적으로 드문드문 남아 있으며, 남은 읽을 수 있는 부분들도 명확한 맥락이 없는 경우가 많다(그래서 여기서 사용된 인용 참조점은 단편 또는 열 번호를 가리킨다). 이 저작은 다른 사람들이 영혼의 건강과 최고의 삶으로 성장하도록 돕기 위해 에피쿠로스적인 우정에서 '솔직한 비평' 또는 '솔직한 말'을 사용하는 것에 대한 논의를 제공한다.

우리는 먼저 약한 자를 치료하는 것에 관한 필로데모스의 관점을 살펴볼 것이다. 그다음에는 바울로 되돌아가서 바울과 필로데모스 사이의 중요한 유사점과 차이점을 파악한 후, 바울과 필로데모스를 비교함으로써 얻을 수 있는 풍성한 관점을 바탕으로 약한 자를 세우려는 바울의 전략을 간략하게 조망해 볼 것이다.

약한 자의 교정에 대한 필로데모스의 관점

교정에 대한 필로데모스의 관점을 이해하기 위해서는 에피쿠로스 철학을 살펴보면서 인간의 문제와 해결책에 대한 에피쿠로스적 분석을 이해할 필요가 있다. 에피쿠로스 학파에 따르면 최고의 삶은 가장 행복한 삶이다. 일반적인 오해와는 달리, 에피쿠로스주의자들은 무분별한 쾌락주의자가 아니었다. 에피쿠로스주의자들은 행복에는 한계가 있다고 생각했고, 최고의 행복은 **아타락시아**(ataraxia), 즉 고통의 완전한 부재에서 온다고 생각했다. 에피쿠로스학파의 이론에 따르면, 인간의 문제는 고통의 문제다. 모든 사람은 잘못된 믿음, 제한 없는 욕망, 통제할 수 없는 감정 혹은 해로운 행위로 인해 생겨난 고통의 상이한 형식 때문에 고통받는다. 에피쿠로스주의자들은 시간이 지남에 따라 우리의 영혼이 잘못된 생각으로 향하는 확고한 경향성을 발전시키고, 그 결과 자신과 타인에게 고통을 야기하는 쪽으로 발전한다고 믿었다.[역주5]

에피쿠로스는 고통을 치료하기 위한 다음의 '네 가지 치료법'을 제안했다. "(1) 신은 두려움을 주지 않는다. (2) 죽음은 걱정거리를 주지 않는다. (3) 선은 쉽게 얻을 수 있다. (4) 악은 쉽게 견딜 수 있다."[3] 이 해결법은 에피쿠로스적 치료법의 핵심이다. 그리고 에피쿠로스 철학의 전 체계가 이 치료법의 주장을 정교화하고 뒷받침했다. 죽음은 두려워할 것이 아니다. 왜냐하면 내세가 없는 것처럼 우리는 죽음을 경험할 수 없기 때문이다. 우리가 죽을 때 우리 영혼의 원자는 소멸되며 우리는 존재하기를 중단한다. 신들에 대

---

3. Long and Sedley, *The Hellenistic Philosophers*, 1:156에서 번역했다. 이것은 *PHerc.* 1005 5열에서 필로데모스에 의해 인용된 치료의 형식이다. (A. Angeli의 비평판에 따라 번호를 매겼다: A. Angeli, *Filodemo: Agli Amici di Scuola*, La Scuola di Epicuro 7 [Naples: Bibliopolis, 1988]을 따랐다.)

해서는 두려워할 필요가 없다. 왜냐하면 신들은 인간 세계에 관여하지 않기 때문이다.

가장 행복한 삶을 성취하는 일은 단지 에피쿠로스적인 믿음을 암기하는 정도의 문제가 아니다. 가장 행복한 삶을 성취하는 것은 자신의 심리적 경향성을 바르게 알고, 감정을 올바르게 느끼며, 지혜롭게 욕망을 추구하는 등 고결하고 건강한 성품으로 바꾸는 고된 과정을 포함한다. 이런 변화는 에피쿠로스적 삶을 추구하는 친구들의 끊임없는 도움으로 가장 자연스럽게 일어났다. 이 틀을 염두에 두고 우리는 솔직한 비평, 특히 약한 학생들을 위한 솔직한 비평을 통해 필로데모스의 교정에 관한 논의를 조망할 것이다.

솔직한 비평(*parrēsia*)은 철학적 신념을 통해 다른 사람이 자신의 생각, 감정, 욕망 등에서 고통의 원인을 확인하고 제거하도록 돕는 도구다(『솔직한 비평에 관하여』 9a열; 78단을 보라).[4] 솔직한 비평은 주로 에피쿠로스주의자들이 자신의 철학 치료법을 전달하는 수단이었다. 모든 솔직한 비평은 특정 개인의 필요 및 개인의 성품에 맞아야 한다. 보통, 솔직한 비평은 구체적인 지침과 함께 칭찬과 질책이 함께 포함되어 있다(이는 『솔직한 비평에 관하여』 전체에서 논의됐다. 특히, 7단; 10단; 21a-24b열을 보라).

솔직한 비평으로 타인을 대하는 것은 에피쿠로스적 삶에서 개

---

4. 필로데모스는 "질책하고"(『분노에 관하여』 19열), "교정하고" (19열), "꾸짖고" (『솔직한 비평에 관하여』 36단), "대우하고"(79단), "구제하는"(36단) 것과 같이 다양한 방식으로 솔직한 담화의 사용을 서술한다.

인적 성숙을 요구했다. 필로데모스는 일반적으로 더 성숙한 사람이 덜 성숙한 사람을 대한다고 간주했는데, 이는 미성숙한 사람은 자기 자신을 대할 능력이 없기 때문이다. 교사들은 덜 성숙한 사람에 대해 가장 큰 책임을 지고 있었고 학생들은 그렇게 할 수 있을 정도로 충분히 성숙해졌을 때 그 책임을 나누어 졌다(36단; 79단; 필로데모스, 『분노에 관하여』 19열). 친구들이 정기적으로 솔직한 비평의 상호작용(reciprocal exercise)을 통해 고통스러운 악덕으로부터 "서로를 구하는 일"은 이상적이었다(36단). 그러나 솔직한 비평은 종종 잘못될 수 있었으며, 필로데모스는 불가피하게 발생하는 문제, 곧 일반적으로 주는 사람이나 받는 사람의 미성숙으로 인해 발생하는 문제에 대해 길게 논의한다.

　비평을 받는 이상적인 수용자는 도움을 구했고, 비평에 따라 자신의 행동을 고치는 일을 긍정적으로 받아들였으며, 성숙해지기 위해 자신을 진보시키는 한 걸음을 내딛었다(예, 44단; 49단; 1b-2a열; 3b열; 10b열을 보라). 따라서 솔직한 비평이 성공하기 위해서는 비평자와 수용자 모두가 적극적으로 참여해야 하며 또한 둘 사이에 우호적인 관계가 유지되어야 했다.

　'약한' 학생들은 미성숙한 자들이었다. 특히 피해를 입는 일에 취약하고, 교정을 받아 개선되고자 분투하는 학생들이었다. 그들은 철학에 대한 헌신이 불안정했을지도 모른다. 몇몇 학생들은 또한 부드러운 손길을 필요로 했다는 점에서 "예민"(7단)했는데, 왜냐하면 그 학생들은 혹독한 비평으로부터 오는 압박 때문에 무너질 것이었기 때문이다. 『솔직한 비평에 관하여』 59단에서는 이렇게 서술하고 있다.

> 그러나 그[미숙한 학생]는 철학을 기피하고, 간혹 지혜자를 증오할 때도 있으며, 때로 복종하면서도 유익을 얻지 못할 때도 있습니다. 그[선생]가 유익을 얻을 것이라 생각한 때에도 말입니다. 그리고 제가 말하건대 이런 일들은 여러 가지 이유로 일어날 것입니다. 왜냐하면 그들은 약하거나 솔직함으로 인해 치료할 수 없게 되었기 때문입니다. …5

약한 학생들을 위해 필로데모스는 다정하면서도 적응할 수 있도록 돕는 접근을 옹호했다. 예를 들면, 이 접근은 작은 잘못들을 용서하기(4단; 20단; 35단), "가장 친애하는"(dearest), "가장 사랑스러운"(sweetest)과 같은 식의 수식어를 사용하기(14단), 수용자가 발전하지 않은 것에 대해 언급하지 않기(33단), 수용자의 모든 잘못을 한 번에 비판하지 않기(70단; 78/80N단), 수용자의 좋은 자질을 칭찬하고 그러한 자질에 따라 행동하도록 격려하기(68단) 등을 포함한다. 교사들은 도움이 필요한 학생들을 헌신적으로 또 친절하게 대해야 한다(44단; 80단; 3b열). 만약 치료가 실패한다면, 교사들은 계속해서 다시 시도해야만 한다(63-64단; 69단). 만약 교사들이 치료

---

5. David Konstan et al., eds., *Philodemus: On Frank Criticism*, SBLTT 43 (Atlanta: Scholars Press, 1998), 67.

과정 중에 미성숙한 학생들에게 모욕을 당한다면 참고 인내해야 한다(70-71단). 교사들은 치료에 무관심한 사람들을 직면했을 때, "끈덕지게 사람들을 그들 스스로에 대한 사랑으로 길들여야" 한다(86단 2-5열).[6] 약한 자를 치료하기 위한 적응성 있고 점진적인 과정은 약한 자의 궁극적인 건강과 미성숙한 상태에서의 성장을 목표로 했다. 약한 자가 미성숙한 상태로 남아 있도록 허용하는 것은 일시적이다. 왜냐하면 교사는 약한 학생을 사랑하며, 그의 구원, 즉 그 사람의 고통으로부터의 완전한 자유를 추구했기 때문이다.

약한 자를 대하는 것에 관한 바울의 관점

필로데모스의 접근 방식은 바울의 접근 방식과 어떻게 비교될 수 있는가? 내가 주장하듯이, 바울과 필로데모스는 약한 자에 대한 목회적 돌봄과 관련하여 유사점과 차이점 모두를 보여 준다. 필로데모스와 마찬가지로 바울은 신자들의 연약한 도덕적 성품을 위험으로부터 보호해야 한다는 우려에서 사랑으로 연약한 사람에게 순응하도록 권면했다. 그러나 필로데모스와는 달리 (그리고 고전 8:1-11:1에 대한 일반적인 해석에 반하여) 바울은, 이 돌봄을 더 성숙한 신자들이 미성숙하고 약한 이들을 약함에서 벗어나게 하여 자족적인

---

6. 번역은 Konstan et al., *Philodemus: On Frank Criticism*, 89을 따랐다.

성숙으로 이끄는 심리학적 치료의 형식으로 생각하지 않았다. 오히려 바울은 질적으로 다른 방식으로 약한 자들을 세우는 일을 생각했다.

필로데모스의 치료와 비교적인 관점에서 바울의 해결책을 해석하기 전에, 먼저 고린도전서 8:1-11:1에서 제시된 문제의 간략한 개요를 살펴보는 것이 필요하다.

고린도전서 8:1-11:1에 대한 조망

이 장들은 이전에 이교도 희생 제물로 바쳐졌던 음식을 먹는 것과 관련하여 고린도 교회 신자들이 어떻게 관계를 맺어야 하는지에 관한 것이다. 몇몇 신자들은 이 음식을 자유롭고 공공연하게 먹었다(고전 8:9-10; 10:25-29). 이들은 모든 것의 창조자이자 주님이신 하나님에 대한 지식을 근거로 삼았던 것 같다(8:4-6). 그러나 다른 신자들도 하나님을 주님으로 아는 지식은 비슷했지만 우상의 음식을 먹을 때에는 그 지식을 같은 방식으로 사용하지 않았다(8:7).

이러한 '약한' 성도들에게 있어서 우상의 음식을 먹는 것은 그들이 우상 숭배에 대한 습관화된 '약한 의식'을 갖고 있었기 때문에 필연적으로 우상 신을 향한 종교적 행위로서 먹는 것이었다. 이들의 '의식'은 기본적으로 자신의 행동에 대한 자기-자각이었다. 그들의 의식은 그들이 행동할 때 하나님에 대한 도덕적 책임을 회고적으로 감시했다(예, 롬 2:15; 9:1; 고전 4:4; 고후 1:12을 보라). 만일 그들이 우상의 음식을 먹는 다른 사람들을 볼 경우, 그리고 그것과 동일하게 먹으라고 압력을 받는 경우, 이교의 신들을 예배하는 우상 숭배 행위라는 의식을 가지고서 음식을 먹는 것을 피할 수 없었다. 다른 사람들은 그렇게 이해하지 않았더라도 말이다. 그들은 먹음으로써 하나님에 대한 우상 숭배를 저질렀고, "멸망하고" 또한 "죄에 빠지게" 됐다(고전 8:11, 13). 이런 음식 섭취는 유일신에 대한 기독교적 헌신을 약화시켰다. 하나님이나 우상 음식에 대한 추가적인 지식이 이들의 약한 의식을 즉각적으로 바꿀 수는 없었다. 바꿀 수 있었다면, 바울은 그런 지식을 제공하려고 했을 것이다. 그보다도 바울은 다른 사람들이 약한 자들을 사랑으로 세워주어야 한다고, 그런 행동을 계속함으로써 약한 이들을 '망가뜨리도록' 놔두어서는 안 된다고 권면했다(고전 8:8-13; 10:23-11:1).

필로데모스와 바울의 유사점

고린도전서 8:1-11:1에서 약한 자를 세우라는 바울의 지침은 우리가 필로데모스에게서 발견한 것과 어떤 점에서 유사한가? 나는 여기에서 우리의 목적과 관련된 네 가지 유사점에 주목하려 한다.

첫째, 바울은 신자 개개인의 (지식과 의식을 포함하되 거기에 국한되지 않는) 도덕적 삶에 관심을 가졌다. 각 신자의 신앙의 안녕은 이 도덕적 삶의 모습과 밀접한 관계가 있었다. 약한 자들은 우상의 음식 섭취와 관련하여 다른 사람들과 같은 지식이나 의식을 가지고 있지 않았기에, 피해에 더 취약할 수밖에 없었다(고전 8:7-13). 바울은 고린도전서 8:1-11:1에서 필로데모스와 같은 어휘를 사용하여 믿는 자들을 "약한"(asthenēs) 사람으로 묘사한다(위의 『솔직한 비평에 관하여』 59단을 보라). 다른 신자들은 약한 자들과 같은 취약함을 가지고 있지는 않았지만, 그들의 지식과 무감각한 의식이, 자신의 행동에든 약한 신자의 행동에든 간에, 우상 숭배 행위에 둔감해지지 않도록 조심해야 했다(고전 10:14-21).

둘째, 바울은 약한 자들에 대한 동정심을 보여 주었고 그들을 공동체에서 제외하거나 배제하지 않았다. 약한 자들은 "그리스도가 그들을 위해 죽으신"(고전 8:11) 형제자매로서 대우를 받았다. 바울은 다른 사람들이 약한 자들을 돌보도록 이끌기 위해 자신의 약한 자 돌봄 모델을 활용했다(고전 9:19-23; 10:31-11:1).

셋째, 바울은 약한 자를 돌볼 책임이 일반적으로 공동체의 다른 구성원들에게 있다고 가정했다. 이 책임은 바울이나 다른 주요한 인물들에게만 국한되는 것은 아니었다(고전 8:9-13, 10:23-11:1).

넷째, 바울이 약한 자들을 세우고자 했던 중요한 수단은 (1) 사랑(고전 8:1을 보라)과 (2) 약한 신자의 상황에 대한 적응이었다. 바울에게 있어서 적응은 신전에서 제공되는 우상 음식(고전 8:10)과 또 약한 자들이 있는 식사 자리에서 음식의 제의적 기원이 밝혀진, 우상의 음식을 금하는 것을 포함한다(고전 10:23-11:1; 또한 9:19-23의 바울의 적응 모델도 보라).

이러한 유사점은 바울과 필로데모스 사이의 비교의 타당성을 뒷받침하는 데 도움이 된다. 그러나 한 가지 더 가능한 유사성을 고려하는 것이 중요하다. 몇몇 학자들은 바울과 필로데모스 모두가 적응 치료(adaptive therapy)를 통해 약한 자들을 약함에서 벗어나게 하는 것을 목표로 삼았다고 주장할 것이다. 이 견해는 조금 더 설명할 필요가 있다. 앞으로 살펴보겠지만, 이런 관점의 공유 여부는 약한 자들을 세우려는 바울의 비전을 이해하는 데 매우 중요하다.

이 관점에 따르면 고린도전서 8:1-11:1이 설명하는 약한 자를 세워 주는 과정은 우리가 필로데모스에게서 보았던 것과 같이 솔직한 비평을 통해 미성숙한 사람을 성숙함으로 이끄는 것과 본질적으로 동일하다. 바울은 보다 성숙한 사람들(지식을 지닌 사람들)이 복음에 근거한 이성적이고 교정적인 설득을 통해 약한 성도들의 지식과 의식을 세워 주려고 했다. 필로데모스가 덜 성숙한 이들의 약함을 참아 주고 그들을 점진적으로 개선해 나가기를 원했던 것처럼, 바울은 약한 자들을 위한 장기적인 적응 치료를 옹호했으며, 결국 모든 성숙한 신자들이 우상의 음식에 대해 가져야 하는 지식과 의식을 약한 자들이 얻을 수 있도록 했다.

많은 사람들이 이 장들을 특별히 필로데모스를 염두에 두고 해석하지는 않지만, 학자들은 일반적으로 약한 자를 세우는 일이 이 장들의 핵심이라는 데 동의한다. 그런 해석을 지지하기 위해 학자들은 '약한'이라는 표현에 내재한 비판 및 (필로데모스에게 마치 약한 자는 미성숙하고 지식이 부족한 것처럼) 지식의 결여로 인한 미성숙함을 지적한다. 만약 바울이 의식과 우상 음식 간의 관계를 고려하지 않고 신자들에게 시장에서 산 우상 음식을 먹으라고 명령했다거나 주인의 식탁에 차려진 우상 음식을 먹으라고 명령했다면 (고전 10:25-27), 이것은 약한 자들이 점차 더 음식에 익숙해지도록 돕고, 그 결과로 지식과 의식에서 성숙하게 했을 것이라고 주장하는 사람들도 있다. 또한 어떤 사람들은 (고전 10:28-29에서와 같은) 약한 자들을 위한 공개적인 금욕은 시간이 지남에 따라 그들을 부끄럽게 만들어 미성숙을 버리게끔 했을 것이라고 주장한다.

바울이 약한 자를 세운다는 것, 즉 약한 자가 약함에서 벗어나 성장하도록 설득한다는 것이 이런 의미였을까? 언뜻 보자면 그렇다고 대답할 수도 있다. 그러나 나는 이 지점에서 바울과 필로데모스가 상당히 다르다고 주장하는 바이며, 특히 둘 사이에 나타나는 다른 차이점들을 고려할 때 더욱 그러하다.

필로데모스와 바울의 차이점

논의할 수 있는 다른 차이점들 중에서, 특히 바울이 약한 자를 세운다는 것이 무엇을 의미했는지에 초점을 맞추는 데 중요한 사항은 다음과 같다.

첫째, 바울은 우상의 음식에 대한 개인의 지식과 의식의 차이가 각자가 하나님 앞에 서는 것과 무관함을 말한다. 그에 반해서 필로데모스는 이러한 차이가 지식에 근거하고 있다는 점에서 도덕적 성숙이나 미성숙에서 비롯됐다고 생각했을 것이다. 바울은 우상들과 우상 음식이 아무것도 아니라는 지식인들의 신학적 입장을 부분적으로 긍정했다(고전 8:4-6; 또한 고전 10:19, 25-26을 보라). 하지만 고린도전서 8:8에서 바울은 우상의 음식을 먹는 것이 하나님과 관계 맺는 일과 관련이 없다고 간주했다: "음식은 우리를 하나님께 가까이 인도하지 않습니다. 우리는 먹지 않는다고 해서 더 나쁠 것이 없고, 먹는다고 해서 더 좋을 것도 없습니다." 다시 말해, 바울에게는 우상 음식을 먹는 것과 우상 음식을 금하는 것 사이에 내재되어 있는 신학적 차이가 없었다. 어떤 상황에서 우상 음식을 먹는 것이 죄악의 행위일 수 있음은 사실이었다(이를테면, 약한 의식을 가지고서 먹는 것, 약한 자들로 하여금 죄를 짓게 할 때 먹는 것, 이교도 신에 대한 숭배 행위의 일부로서 먹는 것[고전 10:14-22을 보라]). 그러나 그 음식을 먹는 행동 자체는 죄도 아니었고 유익한 것도 아니었다. 하나님 앞에 서 있는 신자에게 우상 음식을 먹어도 된다는 지식과 의식이 있는지 없는지는 본질적으로 중요한 차이가 없었기 때문이다.

다른 경우에 바울은 신자로서의 성장의 일부로서 지식의 성장을 기꺼이 장려했다(예, 고전 12:8; 14:19, 31). 게다가 바울은 필로데모스와 이 과정에 대해 다른 이해를 가지고 있었음에도 불구하고 다른 사람들을 성숙으로 인도하기 위해 신랄한 비평을 사용하곤 했다(또한 바울이 고후 3:12; 7:4; 빌 1:20; 몬 8절에서 '솔직한 말'과 같은 단어인 **파레시아**[*parrēsia*]를 사용했다는 점을 주목하라). 그러나 고린도전서 8:1-11:1에서는 하나님에 대한 지식이나 약한 자들을 위한 우상 음식에 대한 지식의 증가가 목표인 것 같지는 않다.

두 번째 차이점은 약한 자들을 세우는 신자들이 약한 자들보다 믿음이 더 성숙한 것은 아니라는 점이다. 그에 반해 필로데모스는 약한 자를 대하는 사람들이 도덕적으로 더 성숙하다고 생각할 것이다(그렇지 않으면 그렇게 주장할 이유가 없다). 바울은 지식 있는 사람들이 약한 자들을 향한 파괴적인 행동으로 "그리스도를 대적하여" 죄를 짓고 있다고 책망한다(고전 8:12). 약한 자들에 대한 사랑의 부족은 그들의 지식이 진정하지 않음을 의미하며 따라서 그들이 미성숙하다는 것을 보여 준다(고전 8:2-3을 보라). 약한 자들은 다른 사람들에 비해 지식과 의식에 한계가 있었지만 바울은 이런 한계를 믿음의 미성숙함과 분명하게 연결하지는 않았다. 그보다도 바울은 그런 제한과 하나님을 믿는 믿음의 연관성을 최소화했다(고전 8:8). 우상의 음식을 먹거나 피하는 일은 신자의 성숙과는 관련이 없었다.

셋째, 따라서 이 경우에 바울의 목표는 모든 신사들이 우상의 음식에 대한 개인적인 지식과 의식에 있어 '성숙한' 상태에 도달하게 하는 것이 아니었다. 반면에 필로데모스는 구원을 지식, 감정, 이성 등 특정한 도덕적 품성을 지닌 상태에 도달하는 것이라고 생각한다. 필로데모스는 바울처럼 도덕적 취약성과 관련된 지식의 차이가 도덕적 성숙함과 무관하다고 주장할 수 없었다. 그러나 바울에게 있어 약한 자를 세워 주는 일은 우상 음식에 대한 한두 가지 지식과 의식에 기초한 치료법을 가지고 약한 자들을 회복하는 일을 의미하지 않았다.

바울과 필로데모스 사이의 이러한 차이점은 바울이 약한 자를 세워 주는 일을 어떻게 이해했는지를 결정적으로 보여 준다. 이러한 차이점들을 인정함으로써 우리는 필로데모스의 철학적 치료처럼 약한 자들을 세워 주는 일이 미성숙함을 교정하는 것과 관련된다는 해석으로부터 벗어나게 된다. 바울에게 있어서 약한 자들을 세워 주는 것이란 그들의 연약함을 치료해 주는 것이 아니다. 왜냐하면 그는 연약함이 하나님을 향한 성숙한 신앙과 본질적으로 관련이 있다고 생각하지 않았기 때문이다. 바울은 이 경우에 대해 다른 이해를 가지고 있었는데, 그것은 약한 자들의 지식을 증가시키거나 시간이 지남에 따라 세련된 비평-치료법(critique-therapy)을 가지고 그들의 의식을 치유하는 것이 아니었다. 이 부정(앞서 필로데모스와 바울 간의 차이점 비교에서 바울은 "그렇지 않았다"라고 언급된 부분—편주)의 결과를 통해 우리는 바울이 의미했던 바에 더 가까이 다가갈 수 있다.

위에서 확인했던 유사점들은 여전히 유효하다. 바울은 약한 성도들의 건강과 구원을 염려하고 있다. 바울은 필로데모스처럼 상냥하게 그리고 적응력 있게 약한 성도들에게 접근한다. 그러나 그는 '건강', '성숙', '구원'이 무엇을 수반하는지에 대해 다른 개념을 가지고 있으며, 구원에 있어서 다른 사람이 수행하는 역할에 대해서도 다른 개념을 가지고 있다. **비교해 보면 바울은 특정 심리 상태와 인간 지식의 성취에 가치를 두지 않으며, 신자의 심리 상태가 어떠하든지 간에 하나님에 대한 충성에 더 많은 가치를 둔다. 약한 자를 세우는 일은 그들의 심리적 한계를 뛰어넘기보다**

약함 속에서 하나님에 대한 신실함을 유지하는 것과 더 관련이 있다. 지면 관계상 이 주제를 자세히 다루기는 어렵지만, 이하에서 우리는 바울이 약한 자를 세운다는 것이 무엇을 의미하는지 더 깊이 생각해 보려 한다.

약한 자들을 세우는 일에 대한 바울의 비전

약한 자들이 직면한 문제는 압력에 굴복하여 우상 숭배의 행위로 우상의 음식을 먹는 것이었다. 바울은 약한 자들의 지식과 의식을 고쳐시킴으로써 자족하게 하고 자유롭게 먹거나 압박에 저항할 수 있도록 하려 한 것이 아니라 해를 끼치는 외부 환경을 제거하거나 완화하려고 노력했다. 특히 문제가 됐던 것은 약한 이들이 있는 곳에서 우상의 음식을 먹는 다른 신자들로 인한 압박이었다. 그러므로 약한 자를 세우는 것은 무엇보다도 먼저 해로운 환경을 제거함으로써 약한 사람들의 하나님에 대한 믿음을 보호하는 것을 의미한다. 신자들은 약한 자들에게 문제가 되는 음식 먹기를 삼가고 복음에 기초한 사랑과 희생의 관계(그들을 위해 그리스도가 죽은 것처럼 약한 이들을 형제로 대우하는 것, 고전 8:11) 안에서 그들을 도와야 했다. 간단히 말해서 약한 자들을 세운다는 것은 그들로 하여금 우상 숭배에 빠지지 않도록 하는 것을 의미했다.

그러나 바울은 이를 넘어 약한 신자들의 하나님에 대한 믿음에 기여하기 위해 새로운 도움을 생각했다. 이 단락의 결론에서 바울은 약한 자들을 돕는 궁극적인 이유를 다음과 같이 서술한다. **"그것은, 내가 내 이로움을 구하지 않고, 많은 사람의 이로움을 추구하여, 그들이 구원을 받게 하려는 것입니다"**(고전 10:33 새번역; 또한 고전 9:19-22을 보라). 약한 자들을 구원에 이르도록 돌보는 데 있어서 본받아야 했던 궁극적인 모델은 바울이 아니라 그리스도였다(고전 11:1). 바울은 성도들이 약한 자들에게 맞추어 주는 것을 하나님에 의한 궁극적인 구원과 연결함으로써 하나님 자신이 다른 신자들과의 관계를 통해 약한 자들을 구원하시기 위하여 일하신다고 주장했다.

약한 신자가 다른 사람의 도움을 받아 하나님의 구원을 경험하는 것은 연약한 신자들에게 복음이 의미하는 바의 일부였다. 그들은 다른 사람들의 도움을 통해 다가올 주의 날을 기대하며 책망받을 것이 없는 자로서 보호를 받았다(고전 1:8). 다른 사람들의 도움이 없다면 약한 신자들은 그리스도의 몸을 통해 그들을 구원하려는 하나님의 목적으로부터 분리될 것이다(또한 고전 12:7, 12-27을 보라). 바울은 약한 자들만을 위한 별도의 모임을 만들려고 한 것이 아니다! 약한 자들은 우상 숭배로부터 구원받기 위해 하나님의 필연적인 개입으로서 다른 사람들의 지원을 받을 것이다. 약한 자들은 다른 성도에게 더 많이 의지함으로써 우상 숭배에 대항하고 하나님에 대한 믿음을 경주할 것이다. 약한 자의 구원은 개인의 자기-충분성(self-sufficiency)이라는 인지적이고 심리적인 상태를 성취하는 데에서 오는 것이 아니다. 오히려 구원은 그들의 자기-**불충분성**(self-insufficiency) 가운데 타인에 대한 의존을 통해 하나님을 신뢰하는 것에서 비롯된다.

약한 자들의 믿음은 다른 사람들을 의지하는 새로운 방식으로, 그리고 결국에는 하나님을 의지하는 새로운 방식으로 작동한다는 점에서 발전했다. 이 의존성을 받아들이는 일은 미성숙함이 아니라 믿음의 성숙함을 증거하는 것이었다. 이런 의존성은 우상 숭배에 반하여 하나님에 대한 그들의 헌신을 강화해 주었고, 고린도의 다른 신자들을 통한 하나님의 약한 자 구원 사역에 대한 그들의 믿음을 적절하게 권고했다.

이 장에서 우리는 바울과 필로데모스가 유사한 질문과 문제에 대해 그들 각자의 목소리로 말하도록 하면서 유사점과 차이점을 나란히 분석했다. 바울과 필로데모스는 사랑으로 약한 자들을 돌보는 일에, 또 그들의 환경에 적응하는 일에 관심을 가졌다. 바울은 필로데모스와 마찬가지로 신자 개인의 도덕적 삶이 매우 중요하다는 것과 신자의 도덕적 품성이 서로 다를 때 나타나는 문제들에 대해 알고 있었다. 그러나 비교를 통해 알 수 있듯이 바울은 필로데모스와는 달리 우상 음식에 대한 약한 자들의 지식과 의식을 발전시킴으로써 그들을 치료할 생각을 하지 않았다. 그 대신 다른 신자들은 약한 자들에게 해로운 상황들을 완화하기 위한 관계적 도움을 제공함으로써, 우상 숭배에 반하여 하나님을 믿는 믿음을 강화시킴으로써, 다른 신자들을 통한 하나님의 약한 자 구원 사역을 믿도록 인도함으로써 연약한 신자들의 믿음을 세워야 한다.

필로데모스와 바울의 유사점과 차이점

필로데모스	바울
약한 자는 돌봄 제공자와 비교했을 때 인지적, 심리적으로 미성숙했다.	약한 자를 세우는 역할을 가졌던 다른 신자들과는 달리, 약한 자는 지식과 의식이 상대적으로 제한되어 있기는 했지만, 그렇다고 해서 믿음이 덜 성숙한 것은 아니었다.
약한 자는 인간의 지식과 심리학의 완전한 모델을 성취하기 위해 에피쿠로스 철학에 기초한 적응적인 솔직한 비평이 필요하다.	약한 자는 교정을 통해 특정한 지식과 의식의 상태에 도달하는 것이 아니라, 그들의 약함 가운데 하나님께 충실하기 위해 다른 사람들의 도움을 받아 세워진다.
약한 자는 교정을 통해 성숙해짐으로써 더 스스로 충분(self-sufficient)하게 되고 다른 사람들을 덜 의지하게 된다.	자신이 다른 사람을 의지하고 있으며, 결국에는 하나님을 의지하고 있다는 사실을 약한 자가 용인한다면 이는 성숙한 믿음을 증거하는 것이다.

더 읽을거리

1차 자료

Babbitt, Frank Cole, trans. *Plutarch: Moralia*. Vol. 1. LCL 197. Cambridge, MA: Harvard University Press, 1927.

Bailey, Cyril, ed. *Epicurus: The Extant Remains with Short Critical Apparatus, Translation and Notes*. Oxford: Oxford University

Press, 1926.

Basore, John W., trans. *Seneca: Moral Essays*. Vol. 2. LCL 254. Cambridge, MA: Harvard University Press, 1932.

Grummere, Richard M., trans. *Seneca: Epistles*. 3 Vols. LCL 75-77. Cambridge, MA: Harvard University Press, 1917-1925.

Indelli, Giovanni, and Voula Tsouna-McKirahan, eds. *Philodemus: On Choices and Avoidances*. La Scuola di Epicuro 15. Naples: Bibliopolis, 1995.

Konstan, David, et al., eds. *Philodemus: On Frank Criticism*. SBLTT 43. Atlanta: Scholars Press, 1998.

2차 자료

Barclay, John M. G. "Faith and Self-Detachment from Cultural Norms: A Study in Romans 14-15." *ZNW* 104 (2013): 192-208.

Eastman, Susan Grove. *Paul and the Person: Reframing Paul's Anthropology*. Grand Rapids: Eerdmans, 2017.

Glad, Clarence E. *Paul and Philodemus: Adaptability in Epicurean and Early Christian Psychagogy*. NovTSup 81. Leiden; New York: Brill, 1995.

Malherbe, Abraham J. "Hellenistic Moralists and the New Testament." In *Aufstieg und Niedergang der Römischen Welt*,

II.26.1, edited by Wolfgang Haase and Hildegard Temporini, 267-333. Berlin: de Gruyter, 1992.

Nussbaum, Martha C. *The Therapy of Desire*. Princeton, NJ: Princeton University Press, 1994.

Sampley, J. Paul. "Paul and Frankness." In *Paul in the Greco-Roman World: A Handbook*, edited by J. Paul Sampley, vol. 1, 2nd ed., 303-30. New York: Bloomsbury T&T Clark, 2016.

Stowers, Stanley. "Paul on the Use and Abuse of Reason." In *Greeks, Romans, and Christians,* edited by David L. Balch, Everett Ferguson, and Wayne A. Meeks, 253-86. Minneapolis: Fortress, 1990.

Tsouna, Voula. *The Ethics of Philodemus*. Oxford: Oxford University Press, 2007.

토론 질문

1. 바울이 고린도전서 3, 5-6장에서처럼 서신의 다른 부분에서는 온 마음을 다해 다른 사람들의 잘못을 바로잡는 반면, 고린도전서 8:1-11:1에서는 약한 자들의 잘못을 지적하는 일을 피하는 것처럼 보인다. 그 이유는 무엇인가?

2. 바울은 로마서 14:1-15:6이나 갈라디아서 6:1-5에서 약한 자들을 위한 필로데모스의 교정 모델을 운용하는가? 그렇다면, 혹은 그렇지 않다면 그 이유는 무엇인가?

3. 약한 자를 특별히 대우하는 논의를 넘어, 도덕적 성장과 관련하여 바울과, 필로데모스 같은 에피쿠로스주의자들 사이의 가장 중요한 신학적-인류학적 유사점과 차이점은 무엇인가?

4. 고린도전서 8:1-11:1에서 약한 자들을 세우고자 하는 바울의 비전은 오늘날 그리스도인들에 의해 어떻게 신학적으로 적용될 수 있는가?

제3장
왜 우리는 친구가 될 수 없는가?:
친구 관계에 관한 바울과 아리스토텔레스의 입장

데이비드 E. 브리오네스(David E. Briones)

누구나 친구 관계에 대해 잘 알고 있다. 우리는 친구를 사귀고 친구를 잃는다. 우리에게는 친구가 있다. 우리는 친구다. 친구 관계는 우리 인간성에 반드시 필요하다. 그런데 우리는 멈춰 서서 친구 관계에 대해 생각해 본 적이 있는가? 친구 관계란 무엇인가? 무엇이 좋은 혹은 나쁜 친구 관계를 만드는가? 친구 관계는 어떻게 형성되고 유지되는가? 친구 관계의 궁극적인 목표는 무엇인가?

고대 철학자들은 그런 문제에 대해 자주 성찰했는데, 특히 아리스토텔레스가 그러했다. 아리스토텔레스는 자신의 철학 논문인 『니코마코스 윤리학』(*Nicomachean Ethics*)에서 친구 관계라는 주제를 다루기 위해 무려 두 장을 할애했다. 그의 저작은 사람들이 친구 관계를 이해하는 방식, 실천하는 방법, 궁극적인 목표에 대해 도발적으로 도전한다. 아리스토텔레스의 사유는 세네카와 같은 이교도 철학자들부터 토마스 아퀴나스와 같은 신학자에 이르기까지 이후의 모든 사상가들이 아리스토텔레스를 참고할 정도로 영향력이 컸다.

친구 관계에 관해 영향력 있는 사유를 가진 또 다른 사람은 바로 사도 바울이었다. 사실 친구 관계라는 주제를 놓고 바울의 빌립보서와 고대 철학자들의 저작을 비교하는 일은 아주 흔한 일이 되었다. 그러나 우리가 짐작할 수 있듯이, 바울과 아리스토텔레스는 두 가지 상이한 입장에서 친구 관계를 묘사한다. 한 명은 기독교 선교사이자 신학자이며, 다른 한 명은 그리스 철학자이자 과학자였다. 물론 두 사람 사이에는 어느 정도 유사점이 있지만, 더 깊이 비교하면 큰 차이점이 드러난다. 가장 눈에 띄는 것은 인간의 친구 관계에 있어서의 하나님의 존재다.

하나님의 현존 혹은 부재에 관한 물음은 논란의 여지가 없다. 그것은 친구 관계의 본질, 실천, 목표를 이해하는 방식을 크게 변화시킨다. 이를 알아보기 위해 우리는 먼저 아리스토텔레스의 친구 관계 **철학**(philosophy of friendship)을 설명한 후 바울의 친구 관계 **신학**(theology of friendship)을 살펴보고, 궁극적으로 왜 두 사람이 친구가 될 수 없는지를 설명하는 마지막 장으로 안내할 것이다.

아리스토텔레스의 친구 관계 철학

아리스토텔레스가 『니코마코스 윤리학』에서 친구 관계를 어떻게 정의했는지부터 살펴보자. 친구 관계에 관한 아리스토텔레스의 가장 명확한 정의는 『니코마코스 윤리학』 8.2.3-5에 나타난다. 아리스토텔레스는 두 가지 특성이 있어야만 친구가 될 수 있다고 주장한다. 첫째 특성은 시간이 지남에 따라 상대를 위한 '사랑'으로 발전하는 우정을 주고받는 것이다. 둘째 특성은 상대를 의식하면서 상대의 좋음(Good)을역주6 추구하는 상호 관심이다. 소크라테스와 플라톤 사이의 우호적인 상호작용을 상상해 보라. 그들은 친구였는데, 이는 그들의 우정이 서서히 사랑으로 자라 가고 있음을 의미한다. 그러나 이 친구 관계는 단방향적이지 않다. 소크라테스는 플라톤의 좋음을 추구하며 플라톤은 소크라테스의 좋음을 바란다. 이것은 주고받는 관계다. 만약 소크라테스가 주기만 하고 플라톤은 받기만 한다면(그리고 우리는 이런 식의 관계를 잘 알고 있는 것 같다) 두 사람은 친구 관계를 공유하고 있는 것이 아니다. 친구 관계에는 애정 어린 관심의 주고받음이 필요하다.

그러나 이 모든 것에서 중요한 요소는 관심의 공유다. 소크라테스와 플라톤은 서로를 향한 상호 우정과 선의가 서로에게 있음을 인식해야만 한다. 이는 당신이 악명 높은 DTR 대화—즉 관계 정립(Defining The Relationship)—를 갖는, 모든 관계에 존재하는 어색한 단계와 같다. 불편하고 어색하지만 반드시 필요한 단계다. 배우

자를 찾든 친구를 찾든, 공유된 관심사가 존재해야만 한다. 그렇다
면 플라톤에게는 소크라테스라는 친구가 있는 셈이다. 만약 그렇
지 않다면 플라톤은 단지 한 지인을 알고 있을 뿐이다.

유덕한 친구 관계

아리스토텔레스는 모든 친구 관계에 이 두 가지 특성이 있다고 설
명한 후, 친구 관계의 세 가지 형식을 주장한다. 이는 곧 (1) 덕
(virtue)에 근거하고, (2) 유용성(utility)에 근거하며, (3) 쾌(快, pleasure)
에 근거하는 형식이다(Eth. eud. 7.2.13; 참조, Nic. Eth. 8.3). **유용성**과 **쾌**
에 근거한 형식은 어떤 조건적인 의미에서만 친구 관계라고 생각
됐다. 그러한 친구는 "있는 그대로의"(Nic. Eth. 8.3.2) 존재로 사랑받
는 것이 아니라 그가 제공하는 것 때문에 사랑받는다. 예를 들어,
소크라테스가 플라톤에게 더 이상 토가(toga)를^{역주7} 할인받을 수 없
을 때 유용성에 근거한 친구 관계는 끝나고 말 것이다. 또한 쾌에
근거한 친구 관계는 플라톤이 더 이상 소크라테스와의 철학적 담
론에 참여하기를 바라지 않을 때 끝나게 될 것이다. 하지만 덕에
근거한 친구 관계는 전적으로 다르다. 유덕한 친구는 '자기 자신
을 위하여' 친구의 좋음을 바랄 것이며, 그들은 '자신들을 위하여'
서로를 사랑할 것이다. 소크라테스와 플라톤이 유덕한 친구 관계
를 나누고 있다고 가정해 보자. 플라톤은 소크라테스를 사랑하고
소크라테스는 플라톤을 사랑하되, 그것은 그들이 느끼는 것(쾌)이
나 제공하는 것(유용성) 때문이 아니라 그들이 누구**인지**(덕) 때문이

다. 그리고 그들은 아리스토텔레스가 논증하듯이 **본질적으로** 유덕한 사람이다. 금전적 이득이나 쾌의 순간 때문이 아니라 덕이 그들로 하여금 서로를 사랑하게 만든다.

여기에 하나의 전제가 필요하다. 단지 아리스토텔레스가 유용성, 쾌, 덕에 근거한 친구 관계를 구분했다고 해서 유용성이나 쾌가 유덕한 친구 관계에서 아무 역할도 하지 않는다는 의미는 아니다. 친구 관계는 주**고**받는 상호적인 관계라는 점을 기억하라. 플라톤은 때로 주는 쪽에 서고 때로는 받는 쪽에 서기도 한다. 그러나 만약 플라톤이 소크라테스의 친구라면 그들은 "서로에게 유익할 것"이다(8.3.6). 그들은 서로에게 유익하지만 유용성의 의미에서 그런 것은 아니다. 유덕한 친구 관계는 독특한 종류의 상호 유익을 촉진하는데, 그 독특한 점은 바로 그 **기초**에 놓여 있다.

이상하게도 유덕한 친구 관계의 기초는 바로 자기-사랑이다. "친구들이 오직 자기 자신만을 사랑한다면 어떻게 서로에게 상호 유익이 될 수 있는가?"라고 물을지도 모르겠다. 아리스토텔레스는 **이기적인** 자기-사랑이 아니라 **유덕한** 자기-사랑을 장려하고 있다. 아리스토텔레스는 우리가 친구를 사랑하고 배려할 때, 그런 관계의 감정은 "**자기 자신에 대한** 존중의 감정으로부터 나온다"(9.4.1, 강조는 저자의 것)라고 설명한다. 다시 말하지만, 유덕한 친구 소크라테스는 자신을 위해 좋음을 갈망하기 때문에 그의 친구 플라톤을 위해 좋음을 갈망할 것이며, 플라톤 역시 마찬가지일 것이다. 따라서 아리스토텔레스가 "그러므로 선한 사람은 고결하게 행동함으로써 자기 자신에게 유익이 될 것이며 **그리고** 그의 친구들에게**도** 도움을 줄 것"이므로 자기 자신을 사랑하는 사람이어야만 한다고 결론을 내리는 것은 타당하다(9.8.7, 강조는 저자의 것). 위의 두 진술은 자기-사랑이 양쪽 모두에게 유익하기 때문에 유덕하다는 것을 보여 준다. 이는 자신의 잇속만 챙기는 것이 아니다. 소크라테스는 자기 자신을 사랑하면서 플라톤 역시 사랑한다. 아리스토텔레스가 친구를 "하나의 영혼을" 공유하며 모든 것을 공동으로 지니는 "또 다른 자아"(9.4.5)라고 부르는 것은 놀랄 만한 일이 아니다(9.8.2; 참조, 8.12.1). 친구 관계의 친밀함 속에서 영혼은 서로 어울린다. 현대 용어로 친구는 서로를 완성하는 영혼의 친족(kindred spirits, "마음이 통하는 사람")이다.

이제, 자기-사랑에 관한 한 가지 기본 가정을 언급할 필요가 있다. 곧, 진정한 친구 관계를 위한 **전제 조건**은 덕이다. 아리스토텔레스는 "덕이 서로 닮은 사람들" 사이에 친구 관계의 완벽한 형태가 있다고 서술한다(8.3.6). 이를 위해 두 당사자는 친구 관계를 시작하기 **전에** 정신과 삶의 덕목(지적 덕과 도덕적 덕 모두)을 구현해야 한다. 소크라테스나 플라톤은 그런 식의 친구 관계를 위한 확실한 후보가 될 것이다. 그러나 네로 황제나 가룟 유다는 어떠한가? 적절치 않다. 그들에게는 덕도, 친구 관계도 없다.

친구 관계에서의 신의 역할

그러면 신은 어떠할까? 신은 아리스토텔레스의 친구 관계 철학에

서 어떤 역할을 할까? 짧게 대답하자면, "아니오"이다. 아리스토
텔레스의 신은 인간의 친구 관계에 직접적인 역할을 하지 않는다.
신은 전적으로 자족한다. 신은 친구가 필요 없다. 오직 인간만이
친구 관계를 필요로 한다. 인간은 친구가 필요하다. 그렇게 인간은
자기-지식이나 유익을 얻는다—"또 다른 자아"를 통해서 말이다.
다시 말해, 인간은 수단을 필요로 한다. 그러나 신에게는 그런 수
단이 필요하지 않다. 신은 "완전하고 단순한 전체이자 매우 완벽
하고 자기-충족적이다." 그래서 신은 "친구를 사귈 수 없다."[1] 그렇
다면 초월적인 신과 궁핍한 인간 사이에서는 친구 관계가 불가능
하다. 아리스토텔레스는 인간과 관계된 인격적 신이나 사람들의
기도를 들어주는 신을 믿지 않았다. 그에 따르면 신은 인류의 안
녕에는 관심이 없다. 사람들과 관계 맺는 일은 신의 완전성을 제
한할 뿐이다. 자기-관조적인 신은 친구를 필요로 하지 않기 때문
에, 이 초월적이고 비인격적인 신이 인간과의 관계에서 수행할 수
있는 유일한 역할은 불평등 관계의 모델이 되는 것뿐이다. 신은
오로지 모방을 위해 동떨어진 모범(pattern)으로서만 기능한다(참조,
8.12.5; 8.14.4; 9.1.7; *Eth. eud.* 7.3.2-3). 인간의 친구 관계는 전적으로 인간
만의 것이다.

　아리스토텔레스의 철학적 관점을 요약하자면 소크라테스와
플라톤의 친구 관계는 오직 공유된 관심사를 통해 서로의 좋음을

1.　Lorraine S. Pangle, *Aristotle and the Philosophy of Friendship* (Cambridge: Cambridge University Press, 2003), 154.

추구하는 애정 어린 관심의 상호작용이 있을 때에만 존재할 수 있
다. 가장 좋은 형태의 친구 관계는 덕에 근거한 관계인데, 거기에
확실히 유용성이나 쾌가 결여되어 있는 것은 아니다. 유덕한 자
기-사랑은 친구 관계를 서로 간에 유익하게 만든다. 이것이 유덕
한 친구 관계의 기초다. 그러나 유덕한 친구 관계를 시작하기 위
해서는 먼저 각 사람이 유덕해야만 한다. 이것은 필수적인 전제
조건이다. 아리스토텔레스의 신은 완전할지 모르지만 이 완전한
형태의 친구 관계에는 아무런 역할도 하지 않는다. 아리스토텔레
스의 신은 완전히 자족적이고 초월적이며 비인격적이다.

　바울은 아리스토텔레스가 말하는 유덕한 친구 관계를 결코 맺
을 수 없었을 것이다. 바울은 하나님의 현존 없이는 친구 관계를
생각할 수 없었다. 하지만 우리가 곧 알게 되겠지만, 이것이 바울
과 아리스토텔레스 사이에 유사섬이 선혀 없다는 뜻은 아니다.

바울의 친구 관계 신학

바울과 아리스토텔레스의 친구 관계론을 비교하는 것은 언뜻 보
기에 쓸모없는 것처럼 보일 수도 있을 것이다. 바울은 자신의 저
작들에서 '친구'나 '친구 관계'라는 단어를 사용하지 않는다. 바울
은 친구 관계를 개념적으로만 묘사한다. 하지만 그마저도 아리스
토텔레스와 같은 철학적 정확성이 결여되어 있다. 따라서 비교가

가능하기는커녕 유익한 것처럼 보이지도 않는다. 그러나 신약학자들이 빌립보서와 『니코마코스 윤리학』 8-9권 사이에서 발견한 많은 언어적, 개념적, 주제적 유사점을 고려한다면 비교는 분명 가능하며, 유익하기도 할 것이다. 특히 주목할 만한 것은 바울이 사용한 용어 **코이노니아**(koinōnia, "교제", "동료 됨", "친구 됨"; 빌 1:5, 7; 3:10; 4:14, 15)와 **프로네시스**(phronēsis, "같은 마음", "이해", "돌봄", 빌 1:7; 2:2, 5; 3:15, 19; 4:2, 10)이다. 고대 세계에서 친구 관계 언어의 표준 요소였던 이 핵심 단어는 바울과 아리스토텔레스 사이의 간극을 해소하는 데 도움을 줄 것이다.

친구 관계에 대한 이상적 정의

아리스토텔레스와는 달리 바울은 친구 관계에 대한 분명한 정의나 친구 관계의 다양한 형태의 범주나 설명을 제공해 주지 않는다. 그 대신 바울은 위에서 언급한 핵심 단어인 **코이노니아**(koinōnia)와 **프로네시스**(phronēsis)를 사용함으로써 빌립보 교인들과 맺었던 친구 관계에 대한 (암묵적이기는 하지만) 이상적인 정의를 제공해 준다. 우리는 바울과 빌립보 교인들이 하나님을 신적 근원으로 삼아, 삼자 친구 관계 안에서 선물과 고난을 나누고 있음을 알 수 있다. 이것이 그리스도 안에 있는 친구 관계의 우정의 모습이다.

바울의 친구 관계 신학에는 두 가지 특성이 나타난다. 첫째 특성은 바울과 빌립보 교인들 간의 (비물질적이고 물질적인) 선물의 상호성인데, 이는 서로 간의 **프로네시스**(phronēsis)—예수 그리스도를

본받는 생각, 감정, 행동 방식—에서 비롯된다(빌 2:5-11).역주8 두 구절
이 이를 분명하게 전달한다. 빌립보서 1:7에서 바울은 빌립보 교인
들에 대해 "느끼고 있는 바"(phronein, "생각하다")가 마땅하다고 말한
다. 그 후 4:10에서 빌립보 교인들은 그들의 선물을 통해 바울에
대해 "생각하고 있음"(phronein)을 표현한다. 이 두 구절에서 동일한
단어가 사용된 이유는 바울과 빌립보 교인들이 서로를 배려하는
정서가 동일하기 때문이다. 공유된 그리스어 **프로네시스**(phronēsis)
는 애정 있고 상호적인 친구 관계로 그들을 묶어 준다.

  그런데 그들은 정확히 어떻게 화답하는가? 우선, 바울과 빌립
보 교인들은 서로에 대한 **애정 어린 관심**으로 화답한다. 바울은
그들과의 교제를 회상할 때마다 하나님께 감사하며 빌립보 교인
들을 위해 "기쁨으로" 기도한다(빌 1:3-5). 바울은 이렇게 말한다.
"나는 여러분을 내 마음에 품었습니다." "예수 그리스도의 애정을
가지고 여러분 모두를 그리워합니다"(1:7-8 ESV). 그리고 바울은 빌
립보 교인들의 좋음/유익을 위해 그들과 함께 있기를 갈망한다
(1:25-27; 2:24). 감옥에 갇혔을 때 바울은 빌립보 교인들의 믿음이 얼
마나 성장했는지 듣기 위해 디모데를 보냈는데, 이는 바울의 마음
이 격려받기 위함이었다(2:19). 바울이 디모데를 공동체로 보낸 사
실은 바울의 애정 어린 관심을 보여 준다. 공동체에 진정으로 관
심이 있는, "같은 마음을 지닌 사람"만이 그가 사랑했던 회중들을
방문하기에 적합하다(2:20). 바울은 기도하고 또한 하나님의 평화
를 받으라는 위로의 권면으로 빌립보 교인들의 불안을 해소한다

41

(4:6-7). 어떤 상황이든지 빌립보 교인들은 바울이 사랑하고 또 갈망하는 사람으로, 그의 기쁨이자 면류관이며 자랑으로 남아 있다(2:12-16; 4:1). 이에 대한 보답으로 빌립보 교인들은 바울에 대한 애정 어린 관심을 표현한다. 빌립보 교인들은 바울을 영적으로, 재정적으로 돌보게 하기 위해 에바브로디도를 보냈다(2:25-30; 4:18). 특히 이는 빌립보서 4:10에 따르자면 이전에는 표현할 수 없었던 회복된 **프로네시스**, 즉 그리스도를 닮은 사유, 감정, 행동 방식으로부터 생겨났다.

게다가 바울과 빌립보 교인들은 서로의 기쁨을 위해 **희생적인 봉사**로 화답한다. 바울은 자신의 사역을 빌립보 교인들의 믿음을 위한 희생 제물과 예배로 비유했는데(2:17), 이는 빌립보 교인들의 기쁨과 직접적으로 연결되어 있었다(2:17-18; 참조, 1:25). 이에 응답하여 바울을 위한 빌립보 교인들의 물질적 선물은 희생(4:18; 2:17)과 섬김(2:17, 30)으로 간주됐다. 이 교환의 결과는 서로 간의 기쁨이다(2:17-18).

마지막으로, 바울과 빌립보 교인들은 현재와 궁극적인 구원을 위해 서로를 대신하여 하나님께 **기도로** 화답한다. 바울은 그들의 사랑이 "탁월한 것을 인정"하고 "그리스도의 날까지 순수하고 흠이 없는" 사람이 되기를 기도한다(1:9-11 ESV). 그는 "두렵고 떨림으로 [자신의] 구원을 이루라"라며(2:12), 그래서 어그러진 세상 가운데서 "순수하고 흠이 없이" 되라며 격려한다(2:14-15). 마찬가지로 바울이 빌립보 교인들의 최종 구원을 위해 기도한 것처럼(1:4, 9-11; 참조, 1:28; 2:12), 빌립보 교인들 또한 바울의 구원을 위해, 곧 육체적으로는 감옥으로부터, 종말론적으로는 죽음으로부터의 구원을 위해 기도할 것이다(1:19). 하나님께 기도함으로써 바울은 하나님을 바울과 빌립보 교인들이 구원을 위해 서로 의지하는 신적인 원천으로 위치시킨다(참조, 1:6; 2:12-13).

친구 관계에 대한 바울의 이상적 정의에서의 두 번째 관계 역학은 상대방을 대신해 고통을 인내하는 것이다. 그리스도 안에서 바울과 빌립보 교인들은 그리스도가 다른 사람들을 대신해 모욕을 당하심으로써 가장 잘 드러낸 특정한 마음가짐에 접근할 수 있다(2:5-11). 바울은 빌립보 교인들을 대신해 고통받음으로써 이 기독론적인 태도의 모범을 보여 준다. 빌립보서 1:12-18에서 바울은 자신의 고통을 통해 복음의 진보를 알렸다(1:12). 바울은 죽음조차 유익하다고 했지만(1:21), 그럼에도 육신에 머무는 것은 빌립보 교인들에게 "열매 맺는 수고"(1:22)를 의미하기 때문에 그 유익에 대한 갈망을 억제한다. 그것은 "[그들을] 위해 더 필요한 일"이기 때문이다(1:24). 이 모든 것의 배경에는 성령으로 그리스도 안에 계신 하나님이 있다. 하나님은 빌립보서 1:12의 복음의 진보와 1:25의 믿음의 진보 배후에 계신 분이다. 바울은 빌립보 교인들의 유익을 위해 기꺼이 고난을 받지만 빌립보 교회를 대신하여 바울 안에서 그리고 바울을 통해서 적극적으로 일하시는 분은 하나님이시다.

마찬가지로 빌립보 교인들은 바울에게 유익을 주기 위해 제물(4:18; 2:17)과 섬김(2:17, 30)으로 비유되는 물질적 선물을 보낸다. 그렇게 함으로써 그들은 바울의 고통에 참여한다(4:14). 그들은 바울의 사슬에 함께 매인 자다(1:7). 그들은 사도와 같은 싸움에 참여하고 있다(1:29-30). 그들의 투쟁에는 두 가지 요소가 있다. ⑴ 신학적으로는 그리스도와 연합한 자로서 고통을 당하며, ⑵ 사회적으로는 법이 사회적 일탈자로 간주한 죄수와 관련된 자들로서 수치를 당한다. 그러나 빌립보 교인들이 바울과 함께 은사와 고통에 참여한 것에 관한 가장 흥미로운 사실은 하나님이 이 모든 것의 배후에 계시다는 사실이다. 하나님은 빌립보 교인들이 바울에게 선물을 보내고(4:10) 바울과 고난을 함께 나누고자 하는 마음을 불러일으켜 주셨다(4:14).

아리스토텔레스와 마찬가지로 바울도 친구 관계를 선의의 상호성과 상대를 위해 상대의 좋음을 구하는 서로 간의 관심으로 정의하고, 그렇게 인식하는 것처럼 보인다. 바울은 단지 다른 언어로 표현하고 있을 뿐이다. 그러나 극복할 수 없는 한 가지 차이점은 극명하다. 친구 관계에 대한 바울의 신학적 정의에는 제삼자가 존재한다는 점이다. 삼위 하나님―성부, 성자, 성령―은 친구 관계의 수평적 차원을 자연스럽게 재구성하는 수직적인 당사자로 등장한다. 하지만 하나님은 얼마나 정확하게 그렇게 하시는가? 예를 들어, 하나님은 위에서 언급한 친구 관계의 본질적인 요소인 자기-사랑과 덕을 어떻게 재구성하는가?

사도 바울의 친구 관계론 가운데 자기-사랑의 역할

바울의 저작에 자기-사랑 개념이 나타나는가? 빌립보서 2:3은 그 질문에 대해 "아니오"라고 넌지시 말한다. "이기적인 야심이나 자만심으로는 어떤 것도 하지 마십시오. 그러나 다른 사람들을 여러분 자신보다 더 중요하게 여기십시오"(ESV). 자기 자신보다 다른 사람들을 더 중요하게 여긴다는 것은 자기 자신을 전혀 고려하지 않는다는 의미를 함축한다. 그러나 내가 해석학 강의에서 자주 말했던 것처럼, "우리는 계속 읽어 나갈 필요가 있다." 빌립보서 2:4는 이렇게 말한다. "여러분 각각은 여러분 자신의 이익**뿐만 아니라**, 다른 사람들의 이익**까지도** 살펴보십시오"(ESV, 강조는 저자의 것). 이 구절은 그리스도인들이 한 극단(극단적 이타주의: 단적으로 타인들만을 돌보는 것)이나 다른 극단(극단적 이기주의: 단적으로 자기 자신만을 돌보는 것)으로 치우치는 것을 막아 준다. 아리스토텔레스와 미찬가지로 바울도 그 중간 어딘가에 위치하고 있다.

기독교인의 친구 관계에서 자기-사랑을 제거하지 않음으로써 바울은 교회에서 상호성을 보장하는 행복한 수단을 발견한다. 바울은 **일차적으로는** 다른 사람의 이익을, **이차적으로는** 자기 자신의 이익을 포함하는 유덕한 자기-사랑을 장려한다. 특히 바울은 교제/친구 관계(*koinōnia*)를 "한 영혼"(2:2), "한마음"(2:2), "한 영"(1:27)으로 함께 분투하며, "같은 사랑"(2:2)을 공유하는 존재로 묘사하기 때문에 아리스토텔레스는 이런 사상에 기뻐할 것이다. 이것은 친구가 "다른 자아", 즉 연민, 애정, 공감을 공유하는 제2의

자아라는 아리스토텔레스의 관점과 어떻게 다른가? 이 모든 것이 아리스토텔레스로 하여금, "음, 만약 바울이 친구가 다른 자아라고 확언하고 상호 간에 유익한 것으로서 자기-사랑을 장려한다면, 바울은 자기-사랑을 상호성의 **기초로** 보아야만 할 것입니다"라고 추론하게 만들었을지도 모른다. 그러나 이런 그의 추론은 친구 관계 안에 있는 하나님의 적극적인 현존이라는 그리스도 안에 있는 하나의 근본적인 실재를 간과한 것이다.

바울이 기독교인의 친구 관계 안에 하나님을 포함시킨 것은 아리스토텔레스의 자기-사랑 개념을 근본적으로 재구성한다(그리고 가능하게 한다). 상호성의 **기초**는 아리스토텔레스에게서처럼 자기-사랑이 아니다. 친구 관계의 **기초**는 자신의 의지와 활동에 활력을 주고, 상대에게 필요한 것을 제공하며, 화답을 보장하는 신성한 그분의 현존이다. 삼위 하나님—성부, 성자, 성령—은 그리스도 안에서 친구 관계를 형성하는 **기초**다.

이러한 구성은 바울이 친구들과의 공통된 유익에 전략적으로 하나님을 포함하는 방식에서 볼 수 있다. 빌립보서 2:20-21은 자신과 타인의 유익에 대해 말할 뿐 아니라 예수 그리스도의 유익에 대해서도 언급한다. 그리스도인 사이의 친구 관계 현장에 신적 행위자의 유익을 도입함으로써, 바울은 자신과 타인을 향하고 있는 유익의 의미를 재정의한다. 존 바클레이(John Barclay)가 설명한 것처럼, "사람은 고립된 상태에서 상대의 유익을 위해 봉사하는 것이 아니라 **하나님과의 관계 안에서** 상대의 유익을 위해 봉사한다.

유사하게 자신의 유익을 어떻게 보느냐는 **그리스도와 관련한** 자신의 입장에 따라 규정될 것이다."[2] 성령으로 그리스도 안에 계신 하나님—즉 두 당사자 위에 계신 주님(1:2; 참조, 2:11, 19; 3:8, 20)—의 유익은 인간의 친구 관계에 있어서 자기-지향적 유익과 타자-지향적 유익을 결정한다. 그리스도 안에서 하나님과 서로 연합된 그리스도인의 친구 관계는 삼위 하나님 안에 기초를 둔다.

바울은 또한 빌립보서 4:10-20에서 그리스도 안에 있는 하나님을 삼자 관계 패턴의 상호성의 기초로 제시한다. 10절은 하나님을 바울과 빌립보 교인들과의 관계에 포함시킬 뿐 아니라, 하나님을 빌립보 교인들을 **통해** 바울에게 궁극적으로 베푸시는 분으로 제시한다. 이전에 언급했던 것처럼, **하나님께서는** 감옥에 갇힌 바울을 향한 빌립보 교인들의 관심과 아량을 불러일으키셨고, 그래서 바울은 주신 분께 마땅히 감사를 돌려드렸다(4:10). 바울이 물질적 풍성함을 위해 궁극적으로 의지하는 분이 하나님 한 분이라는 사실은 빌립보서 4:11-13에 분명하게 드러난다. 바울은 "자족"(self-sufficiency)을 "그리스도로 만족함"(Christ-sufficiency)으로 대체한다. 바울은 물질적 풍성함의 상태를 경험하기 위해(4:12) 자신에게 능력 주시는 분(4:13)을 의지한다. 그러나 18절에 따르면 하나님은 목적을 성취하기 위해 빌립보 교인들을 사용하신다. 빌립보 교인들

---

2.   John M. G. Barclay, "Benefiting Others and Benefit to Oneself: Seneca and Paul on 'Altruism,'" in *Paul and Seneca in Dialogue*, ed. Joseph R. Dodson and David E. Briones, Ancient Philosophy & Religion 2 (Leiden: Brill, 2017), 122.

은 하나님의 풍요의 중재자다.

　그 반대도 마찬가지다. 바울과 빌립보 교인들은 서로 주고받는 교제를 누렸다(4:15). 바울은 이렇게 선언한다. "나의 하나님께서 그리스도 예수 안에서 영광 중에 그분의 부요함에 따라 여러분들의 모든 필요를 채우실 것입니다"(4:19 ESV). 빌립보서 4:16에서 사용된 것처럼 "필요"를 물질적 궁핍으로 이해하고, 그리고 하늘의 하나님으로부터 오지만 구체적으로 드러나는 것은 땅에서이기에 "부요함"을 물질적인 차원의 부요함이자 동시에 하늘 차원의 부요함으로 해석하면 우리는 삼중 관계 패턴을 볼 수 있다. 곧, 하나님의 공급은 바울을 **통해** 빌립보 교인들**에게** 흘러가는 셈이다. 그러므로 빌립보서 4:10-18은 바울이 빌립보 교인들을 **통해** 하나님을 의지하는 것을 나타내는 반면, 4:19-20은 빌립보 교인들이 바울을 **통해** 하나님을 의지할 때를 그려 내며, 아래 그림 1에서처럼 그리스도 안에 있는 친구 관계의 특징적 패턴을 드러낸다.

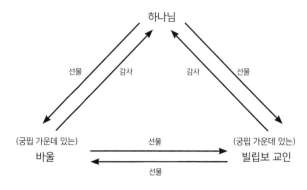

<그림 1. 그리스도 안에 있는 친구 관계의 삼자 패턴>

〈그림 1〉에 나타난 상호성의 **기초**는 공동의 주님으로, 그분은 서로의 필요를 충족시키기 위한 신적 공급을 그리스도 안의 친구에게서 그리고 친구를 통해 중재한다. 바울 신학의 관점에서 하나님은 중심에 계실 뿐 아니라 모든 그리스도인의 친구 관계의 시작과 끝에 계시기도 하다.

바울의 친구 관계론 가운데 덕의 역할

그러나 바울에게 있어서 친구 관계에서 덕의 역할은 무엇인가? 아리스토텔레스의 해석과 같은가? 아리스토텔레스의 『니코마코스 윤리학』에서 보았듯이 덕은 참된 친구 관계가 존재하기 위한 전제 조건이다. 빌립보서의 경우가 그러한가? **덕**이라는 단어는 빌립보서 4:8에만 나오지만 덕이라는 용어가 부재한다고 해서 덕 개념이 부재하다는 결론에 이르러서는 안 된다. 더 넓은 맥락을 살펴볼 필요가 있다. 특히 이 질문과 관련된 본문은 빌립보서 1:27-30이다. 여기서 우리는 덕이 기독교적 우정의 **전제 조건**이라기보다는 **결과**로 만들어지며 우정과 덕이 그리스도의 복음 안에서 믿음을 통해 창조된다는 것을 발견하게 된다.

바울은 빌립보 교인들에게 "오직 여러분의 삶의 방식이 그리스도의 복음에 합당(worthy)하도록 생활하십시오"(1:27 ESV)라고 촉구함으로써 빌립보서 1:27-30을 시작한다.[3] 고대 세계에서 '~할 자

3.　이 장의 아이디어를 확장하기 위해서는 다음의 자료를 보라. David E.

격이 있는/~하기에 합당한' 이라는 뜻을 지닌 worthy라는 단어는
'유덕한'이라는 뜻을 지닌 virtuous라는 단어와 본질적으로 같았
다. 그러나 바울이 합당한 삶을 그려 내는 방식은 고대의 가치
(worth)와 덕(virtue)에 대한 개념에 반하는 것이었다. 빌립보서 1:27-
28에 따르면 "합당하게 살아가는" 친구들은 "한 정신"과 "한마음"
을 가지고서 "복음의 신앙"을 위해 바로 서며 또한 분투할 것이다.
그러므로 그리스도인의 친구 관계는 박해에도 불구하고 고통 가
운데 함께 서 있는 것으로 그리고 복음을 널리 전하는 것으로 구
성된다. 바로 이것이 바울이 '합당한' (또는 우리가 '유덕한'이라고 표현
할 수 있는) 삶이라는 것을 통해 의미하고자 했던 바다. 그러나 이것
은 그리스도인의 친구 관계를 위한 전제 조건은 아니다. 합당한
삶 또는 유덕한 삶을 살아 내는 것은 그리스도의 복음을 통해 그
리고 복음 안에서 하나님이 일하신 **결과**다.

　빌립보서 1:27-28로 되돌아가 보자. 인간의 합당하고 유덕한
행동 목록 너머에 신적인 원천이 있다. 이 신적인 원천은 "그것은
하나님으로부터 온 것"(1:28)이라는 중요한 구절에 나타난다. 하나
님은 빌립보 교인들의 "구원"의 원천이시다(1:28). 그러면서 동시에
하나님은 1:27-28에서 묘사된 빌립보 교인들의 "합당한" 생활 방
식의 원천이시기도 하다. 바울은 가치와 덕의 기독교적 원천이신
하나님께 집중한다. 1:28-29에서는 이 주장을 지지하기 위해 하나

Briones, *Paul's Financial Policy: A Socio-Theological Approach* (LNTS 494; London: Bloomsbury, 2013), 93-95.

46-47

님을 믿음과 고통과 (그리고 고통을 견뎌 낼 인내와) 그리고 구원을 주
시는 분으로 묘사한다. 믿음, 고통, 구원이라는 이 세 선물은 그리
스도인의 삶의 시작, 중간, 끝을 포함한다. 그리고 이것들 모두는
처음부터 끝까지 하나님의 은혜의 능력으로 이루어진다(1:6, 29;
2:12-13).

아리스토텔레스에게서 **행함**은 **존재**보다 앞선다. 유덕한 것들
을 행하는 사람은 친구 관계를 누리기에 합당한 사람이다. 그러나
바울에게서는 **존재**가 **행함**에 앞선다. 오직 하나님의 아들과의 연
합을 통해 하나님의 친구가 된 사람만이 유덕하게 행할 수 있다.
유덕한 행위는 자신이 하나님에 의해 합당한 존재로 여겨지고 있
음을 **확인시켜 준다**. 교회의 합당함의 원천은 그리스도의 복음에
있으며(1:27), 여기서 합당함은 자연적으로 길러지는 것이 아니라
신성하게 창조된다. 일단 복음에 사로잡히면(참조, 3:12) 사람들은
복음이 그들을 "합당함"과 "덕"으로 일컫는 것과 같이 그런 존재
가 된다. 이것이 바로 덕에 대한 문화적이고 철학적인 개념에 도
전하는 것이며 심지어는 전복시키기까지 하는 급진적인 근거인
은혜의 강렬한 논리다. 바울에게 유덕한 친구 관계는 복음을 믿음
으로써 그리스도 안에 통합된 유기적 **결과**다.

바울과 아리스토텔레스 사이의 갈림길

바울과 아리스토텔레스의 주된 차이는 친구 관계에 관련된 당사자의 수와 연관되어 있다. 아리스토텔레스는 두 당사자가 상호 간에 주고받는 친구 관계의 선형적(linear) 개념을 촉진한다. 그러나 바울은 그리스도 안에 있는 친구를 통해 그리고 친구 안에서 일하시는 하나님을 필수적인 당사자로 그려 내면서 친구 관계의 순환적(circular) 개념을 지지한다. 무한한 순환 속에서 모든 것들은 하나님으로부터 나오고, 하나님을 통해, 그리고 하나님을 향해 흘러간다(롬 11:36). 그리고 그리스도 안에 있는 사람들은 하나님과 타인과의 교제 관계 안에서 선물과 감사라는 신성한 힘에 사로잡혀 있다. 아리스토텔레스와는 반대로 하나님은 그리스도인의 친구 관계에서 직접적인 역할을 수행한다. 하나님은 단순히 모방을 위해 동떨어진 모델이 아니다. 바울은 창조자와 피조물 간의 차이 및 신적인 초월성을 분명히 확언한다(롬 11:33-36). 그러나 하나님, 바울, 빌립보 교인들 사이의 친구 관계는 여전히 존재한다. 그리스도인들은 "하나님의 친구"라고 불릴 수 있다(약 2:23 ESV). 하나님은 유덕한 친구 관계를 발전시키는 데 필요한 특별한 사고방식(이해/프로네시스[phronēsis])을 그리스도 안에서 제공해 주신다(빌 2:2, 5; 3:15; 4:2, 10). 그리고 하나님은 인간이 지닌 모든 덕의 원천이시다(1:27-30). 바울은 그리스도인의 친구 관계를 삼위 하나님을 중심으로 하는 삼자 간의 유대 관계와 연결 짓는다.

47-48

그렇다면 바울과 아리스토텔레스를 비교하면 어떠한가? 우리
는 바울의 친구 관계 신학과 아리스토텔레스의 친구 관계 철학 사
이에 두드러진 깊은 간극—표면적인 유사점으로 메우려 하기에는
너무 깊은 간극—을 발견할 수 있다. 아리스토텔레스와 함께 바울
을 연구하면 그리스도인의 친구 관계가 세상 속에 있는 친구 관계
와 비교했을 때 얼마나 다른지를 깨닫게 된다. 세상 사람들의 유
대감은 기껏해야 스스로 만들어 낸 덕에 기초하고, 최악의 경우에
도 순전한 유용성이나 쾌에 기초해 있을 뿐이다. 그러나 예수를
따르는 사람들은 유덕한 친구 관계를 가지고 있다. 이들의 교제는
자신들의 가치/합당함에 기초한 것이 아니라 그리스도의 가치/합
당함에 기초하고, 이성에 기초한 것이 아니라 계시에 기초하며, 인
간의 활동에 기초한 것이 아니라 교회에서의 하나님의 활동에 기
초한다. 하나님께서는 그분의 백성들 안에서, 또 그분의 백성들을
통해서 자유롭게 일하신다. 그리고 하나님의 사람들은 교제를 더
욱 풍성하게 만들기 위해 자발적으로 그분을 의지한다. 하나님은
성도들 간의 교제에서 생기는 가장 친밀한 유대 관계에 자발적으
로 참여하신다. 그러므로 하나님께서 모든 영광을 받으시기에 합
당하다.

아리스토텔레스와 바울의 유사점과 차이점

아리스토텔레스의 『니코마코스 윤리학』 8-9권	바울의 빌립보서
신은 인간의 친구 관계에 어떤 직접적인 역할도 수행하지 않는다.	하나님은 그리스도인들의 친구 관계에 본질적인 역할을 수행하신다. 하나님은 인간의 너그러운 모든 행위를 주시고 격려하시며 유지하신다. 하나님은 자기 백성이 기도하는 소리를 들으시며 그 백성의 필요에 반응하신다.
친구는 공유된 관심을 가지고 상대방을 위해 상대방의 좋음을 찾으면서 선의와 상호 간의 관심으로 화답한다.	친구는 상대를 위한 애정 어린 관심으로, 서로의 기쁨을 위해 희생하는 봉사로, 서로의 궁극적인 구원을 위해 하나님께 기도하는 것으로 화답한다. 친구는 서로를 대신하여 고난을 당한다.
친구는 또 다른 자아다.	친구는 또 다른 자아다.
유덕한 자기-사랑은 친구 관계 안에서 상호성의 기초로서, 혹은 주고받음의 기초로서 촉진된다.	유덕한 자기-사랑이 촉진되지만 친구 관계 안에서 상호성의 기초나 주고받음의 기초로서 촉진되는 것은 아니다. 성령으로 그리스도 안에 계신 하나님이 상호성의 기초가 되신다.
덕은 친구 관계에 있어 가장 좋은 형태의 본질적인 요소다. 사실 덕은 친구를 선택하기 위한 전제 조건이다.	덕은 그리스도 안에서 친구 관계의 본질적인 부분이지만 친구 관계의 전제 조건은 아니다. 친구 관계는 복음을 통해 하나님과 친구가 된 결과다.

더 읽을거리

1차 자료

Aristotle. *Nicomachean Ethics*. Translated by H. Rackham. LCL. London: Harvard University Press, 1982.

2차 자료

Barclay, John M. G. "Benefiting Others and Benefit to Oneself: Seneca and Paul on 'Altruism.'" In *Paul and Seneca in Dialogue*, edited by Joseph R. Dodson and David E. Briones, 109-26, Ancient Philosophy & Religion 2. Leiden: Brill, 2017.

Briones, David E. *Paul's Financial Policy: A Socio-Theological Approach*. LNTS 494. London: Bloomsbury, 2013.

Fee, Gordon. *Paul's Letter to the Philippians*. NICNT. Grand Rapids: Eerdmans, 1995.

Fitzgerald, John T. "Paul and Friendship." In *Paul in the Greco-Roman World: A Handbook*, edited by J. Paul Sampley, 319-43. Harrisburg, PA: Trinity Press International, 2003.

Fowl, Stephen. *Philippians*. THNTC. Grand Rapids: Eerdmans, 2005.

Pakaluk, Michael, trans. *Nicomachean Ethics: Books VIII and IX*. Oxford: Oxford University Press, 1998.

Pangle, Lorraine S. *Aristotle and the Philosophy of Friendship*. Cambridge: Cambridge University Press, 2003.

White, L. Michael. "Morality Between Two Worlds: A Paradigm of Friendship in Philippians." In *Greeks, Romans, and*

Christians: Essays in Honor of Abraham J. Malherbe, edited by David Balch, Everett Ferguson, and Wayne Meeks, 201-15. Minneapolis: Augsburg Fortress, 1990.

토론 질문

1. 아리스토텔레스와 바울은 친구 관계의 본질, 과정, 목적을 이해하는 데 어떤 방식으로 도움을 주는가?

2. 아리스토텔레스와 바울은 자신의 잇속을 챙기는 일 없이 어떻게 자기-유익을 장려하는가?

3. 아리스토텔레스와 바울이 친구 관계를 정의하는 방식에서 덕은 어떤 역할을 수행하는가?

4. 아리스토텔레스와 바울은 동일한 하나님을 믿는가? 그렇다면 그 이유는 무엇인가? 그렇지 않다면, 그 이유는 무엇인가?

제4장
문화에 따른 노예?:
노예 제도에 관한 바울과 세네카의 태도

티모시 A. 브루킨스(Timothy A. Brookins)

로마 제국의 지배하에 있을 때, 이탈리아 사람 네 명 중 한 명은 노예였다. 그 당시 노예 제도는 인종적 편견에 뿌리를 두고 있지 않았다. 많은 사람들이 전쟁 포로로서 노예가 되었다. 어떤 사람들은 해적에 사로잡히거나 무역을 통해 또는 자기 자신을 판매함으로써 노예가 되었다. 궁극적으로 노예 인구 중 대부분은 노예 가정에 태어난 사람들로 구성됐다.

노예는 주인이 법적, 신체적으로 절대적인 지배권을 행사하는 개인 소유물로 간주됐다. 하지만 노예의 삶의 질은 매우 다를 수 있었다. 많은 사람들에게 노예가 된다는 것은 빈약한 식단, 혹독한 노동, 성적 착취를 포함한 잔혹한 신체적 학대에 노출된다는 것을 의미했다. 범죄자들은 광산에서 일하거나 군함에서 노를 저으면서 가장 잔혹한 형태의 노예가 됐다. 조금 더 긍정적인 측면을 살펴보자면, 노예는 급여를 받고 재산을 소유할 권리를 가지고 있었고, 몇몇 노예들은 괜찮은 교육을 받기도 했으며, 상당수의 노예들은 서른 살에 자유를 얻기를 기대했다. 정말 운이 좋았던 노예들에게 노예 제도는 풍족한 삶과 상대적인 안락함 그리고 경우에 따라서는 사회적·경제적 지위 상승의 기회를 제공했다. 노예 제도에 대한 태도는 다양했지만, 노예 제도 폐지는 사실상 도덕적 필연성의 측면에서 결코 제안된 적이 없었으며, 심지어는 진지한 사회-구조적 가능성의 측면에서도 제안된 적이 없었다.

바울의 편지들이 몇 차례나 주인-노예 관계를 다루고 있음에도 불구하고, 바울의 편지가 노예 제도를 결코 비판하지 않았다는 사실은 많은 독자들을 당황하게 한다. 따라서 이 장에서는 빌레몬에게 쓴 바울의 편지에서 발견되는 노예 제도에 대한 바울의 논의에 초점을 맞추고서 이 논의를 스토아 철학자 세네카의 『서한집』 47번과 나란히 비교해 볼 것이다. 이 비교 작업은 몇 가지 이유에서 흥미롭다. 첫째, 바울과 세네카는 거의 정확히 동시대인이며, 따라서 동일한 일반적인 문화 맥락 내에서 노예 제도를 바라보는 두 관점을 대표한다. 둘째, 빌레몬에게 보낸 바울의 편지와 세네카의 『서한집』 47번은 거의 같은 시기에 쓰였다(둘 모두 주후 약 60년에 쓰였다). 셋째, 바울과 세네카 모두 자신의 신학/철학에 비추어 전통적인 사회 계층 구조에 의문을 제기했다. 넷째, 둘 중 어느 누구도 노예 제도를 전체적으로 비판했다는 증거가 없다.

세네카의 『서한집』 47번

루키우스 안나이우스 세네카는 로마 귀족이자 스토아주의로 알려진 고대 철학 학파의 지지자였다. 스토아주의자로서 세네카는 우주를 이성, 운명, 제우스 또는 다르게 표현하자면 신이라고 불리는 신성한 힘에 의해 창조되고 섭리적으로 지배되는 살아 있는 유기체로 보았으며, 섭리가 (실제로는 그렇지 않지만) 무작위로 나타났을 때 이성(Reason)을 운명(Fortune)이라고 부를 수 있다고 생각했다. 만물 안에 그리고 무엇보다도 인간 안에 존재하는 이성은 만물이 조화롭게 운행하는 질서의 원리이자 사람들로 하여금 이 질서에 따라 행동하게 하는 신적인 능력이었다. 선을 구성하는 것은 이 질서에 대한 이성적 동의(즉, '자연에 따른 삶')였고 악을 구성하는 것은 이 질서에 대한 비동의(즉, '자연에 반하는 삶')였다. 다른 모든 것들─즉 건강, 재정적 형편, 사회적 지위와 같은 것들─은 무차별의 문제(matters of indifference)였다.

스토아 철학의 체계 내에 내재한 '자연적' 지위와 '사회적' 지위 사이의 긴장은 세네카가 『서한집』 47번에서 다룬 노예 제도에 대한 논의에서 잘 드러난다.[1] 이 논의에는 어느 정도 반문화적 성향이 드러나지만 사회적 보수주의도 상당 부분 나타난다.

---

1. 세네카는 자신의 조카 루킬리우스에게 124통의 편지들을 썼다. 이는 다음 자료에서 확인할 수 있다. Seneca, *Epistles*, trans. Richard M. Gummere, LCL (London: Harvard University Press, 2006).

"이 사람들을 **노예**로 생각하지 말고 **인간 존재**라고 생각하십시오"(47.1을 의역함)라는 도입 문구는 스토아주의적 정신을 잘 드러내 보여 준다. 세네카의 관점을 뒷받침하는 것은 신 또는 신적인 이성이 모든 사람에게 동일하게 존재한다는 스토아적 확신이다. 무엇보다도 신적인 이성의 내재가 한 사람을 인간으로 만드는 것이라면 노예 역시 "인간 존재"가 아닌가? 물론 그들 역시 인간이다! 그리고 사람들이 노예들을 동등하게 "인간 존재"로 본다면(47.5을 보라), 사회적 지위를 무차별의 문제로 본다면 노예 역시도 잠재적인 "친구"로 볼 수 있지 않은가?

세네카는 『서한집』 47번 전반에 걸쳐 이 문제를 상세히 설명한다. 주인은 모든 사람이 동등한 위치에 서 있음을 기억해야 한다. "당신이 노예라고 부르는 사람은 같은 혈통에서 태어났고, 같은 하늘의 미소를 받으며, 당신과 동등한 조건에서 숨 쉬고, 살아가며, 죽습니다"(47.10). 여기서 세네카는 모든 사람이 신의 자녀이며(110.10) 신의 돌봄을 받고(『베풂의 즐거움』 4.25.1-4.28.6), 궁극적으로는 동일한 운명을 맞게 된다(『서한집』 99.9)는 스토아 사상을 암시한다.

모든 종류의 사람들이 동등한 '인간의' 본성(인간다움[humanitas]의 특성)을 공유한다는 사상은 스토아의 황금률에 대한 철학적 기초를 제공한다. 서로를 **인간으로** 보는 공동의 인식은 진정한 공감의 가능성을, 즉 다른 사람에게서 자기 자신을 보며 자신 안에서 다른 사람을 볼 수 있는 능력을 창조한다. 세네카는 다음과 같이 말하면서 이 원리를 특히 주인-노예 관계에 적용한다. "그가 당신에게서 노예를 보는 것이 가능하듯이, 당신 역시도 그에게서 자유인으로 태어난 사람을 보는 것이 가능합니다"(47.10).

고귀한 출생이 천부적인 우월성에 대한 표시가 아니었고, 천한 출생이 천부적인 열등함의 표시도 아니었다. 세네카가 묻듯, 이는 사회적 지위가 때때로 변한다는 사실로 증명된 것이 아닌가? 운명이라는 것은 공적인 명예의 정점에 거의 근접하게 올랐던 사람들을 벼랑 끝에 세웠다. 원로원으로 향하는 길 위에 섰던 사람이 들판으로 내몰리기도 했다(47.10). 그리고 이제 주인이 된 사람을 운명은 곧 노예로 만들지도 모를 일이다(47.12).[2] 세네카가 다른 편지에서 지적하듯이, "모든 왕은 노예 종족에서 나왔으며, 모든 노예는 그들의 조상 중에 왕을 가지고 있었다"(44.3-4).

그러므로 사람들은 노예를 사회적 지위가 아니라 품성에 따라 판단해야 한다(47.15-16). 만약 노예가 합당한 품성을 가지고 있다면 그를 주인의 식탁으로 올린다. 다른 사람을 식탁에 초대하는 것은 그가 합당하기 때문이 아니라 합당하게 **되도록 하기 위함이다**(47.15). 설령 그가 노예라 하더라도 상관없다―그에게는 자유민의 영혼이 있지 않은가(47.17)?

세네카는 노예를 자유민의 단계로 끌어올릴 뿐 아니라 자유민을 노예의 위치로 끌어내림으로써 활동의 장을 평준하게 만든다.

---

2. 세네카가 질문하듯이 그런 일은 헤카베, 크로이소스, 다리우스, 플라톤, 디오게네스에게도 일어나지 않았는가?

"운명이 노예와 자유민 모두에 대해 동일한 권리를 행사한다는 사실을 기억한다면" 노예는 "우리의 동료-노예"이다. 모든 사람은 무언가의 노예다. "누군가가 욕망의 노예라면, 어떤 이는 탐욕의 노예며, 누군가는 야망의 노예다. 그리고 우리 모두는 두려움의 노예다"(47.17). 그리고 도덕적 노예 신분은 사회적 노예 신분보다 훨씬 더 나쁘다(47.1)!

많은 주인이 노예와 친구가 되는 일을 반대했지만 세네카는 노예가 친구로 간주되어서는 **안** 되는 이유를 묻는다. 친구는 동등한 사람들 가운데서만 찾을 수 있는 것이 아니라 노예들 가운데서도 찾을 수 있다(47.16). 노예가 당신과 함께 이야기하고, 함께 계획하고, 함께 살아가도록 하라(47.13).

또 다른 측면에서 노예에 관한 세네카의 발언은 문화적으로 보수적인 면이 있다. 주인에 대한 세네카의 질책은 부분적으로 도덕성에 근거한 것이지만 대부분은 현실적인 문제에서 비롯한 것이었다. 이는 지배 엘리트 중 한 사람으로서 자신의 철학 원리를 알리기 위한 것이었을 뿐 아니라 주인이 집안 폭력의 위험이나 더욱 심한 노예 반란의 위험으로부터 안전을 유지하도록 돕기 위해 다른 동료들에게 조언한 것이었다.

세네카는 주인이 노예를 더욱 인간적으로 대우한다면 노예와의 분쟁이 줄어들 것이라고 제안했다. 세네카는 노예들이 직면한 고난을 슬픈 일이라고 묘사한다. 주인들이 밤늦게까지 만찬을 즐기는 동안 노예들은 가만히 서서 침묵하고 있어야 했고, 기침과

딸꾹질을 했다는 이유로 채찍질을 당했다(47.2). 손님들이 먹다가
남긴 음식은 노예들이 치워야 했다. 남자 하인들은 저녁 늦게 주
인의 욕정을 만족시키기 위해 여자처럼 옷을 입고 수염을 뽑아 매
끈하게 해야 했다. 주인들은 노예들을 끔찍하게 대우했다—주인
들은 무엇을 기대해야 할까? 실제로 노예들은 "우리가 그들을 얻
었을 때 적이 아니다. 우리가 노예들을 적으로 **만든** 것이다"(47.5).

　운명의 반전에 관한 세네카의 경고조차도 주로 현실적인 염려
로 읽힐 수 있다. 오늘날 주인인 당신은 노예를 학대한다. 언젠가
는 당신도 그렇게 될 수 있지 않은가? 그러면 이전에 노예였던 사
람이 당신을 어떻게 대할까? "당신이 윗사람에게 대접받고 싶은
대로 아랫사람을 대우하십시오"(47.11). 이는 황금률과 유사한 점이
있기도 하지만, 상황이 역전되면 예전에 당신의 노예였던 사람이
당신이 그를 대했던 것처럼 당신을 대**할 것**이라는 훈계이기도 하
다(47.9). 주인은 조심해야 한다.

　세네카는 주인과 노예를 '사람'으로서 동등한 지위에 두고 있
음에도 전통적인 사회적 불평등을 강화하기도 했다. 이런 식의 황
금률—**윗사람**에게 대접받고 싶은 대로 **아랫사람**을 대우하십시
오—은 활동의 장을 평준하게 만들기보다는 기존의 비대칭적인
사회 구조 안에서 작동하는 것처럼 보인다. 세네카는 일상 속에서
수많은 사회적 태도를 흡수하고서 어느 순간 스토아의 잣대를 통
해 이를 여과하지 않고 그대로 내뱉었던 것 같다. "'그는 노예입니
다.' 그러나 그의 영혼은 자유민의 영혼일 수 있습니다"(47.17). 이것

은 고결한 양보로 보일 수 있지만 "자유민의 영혼"이란 무엇일까? 이것은 '사회적' 지위를 '자연적' 지위와 연결 짓는 것이 아닌가?

우리는 이 서한의 절정에서 비슷한 예를 발견할 수 있다. 어느 누구도 세네카가 노예제 폐지를 요구하고 있다고 생각하지 않도록 하기 위해, 그는 그렇게 하고 있는 것이 아니라고 말한다. 그렇다. 노예들은 주인들을 "존중"해야 하지만 그들을 "두려워"해서는 안 된다(47.17). 그러나 이것이 일반적으로 노예들에게 자유를 허락해 준다는 의미는 아니다. 이 지점에서 세네카는 자연의 위계에 뿌리내리고 있는, 큰 것을 근거로 작은 것을 추론하는(greater-to-lesser) 논법을 통해 자신의 견해를 뒷받침한다. "**신**에게 충분한 것이 **주인**에게 너무 작을 수는 없다"(47.18). 다시 말해, **주인**은 **신**에 비유되며 **노예**는 **인간**에 비유된다. 이는 다시 (주인-노예 사이의) **사회적** 관계를 (신-인간 사이의) **자연적** 관계로 실징한다. 세네카의 요점은, 존중은 일종의 친구에게 보여 주는 것이지만, 여전히 윗사람을 향한 어떤 것이기도 하다는 점이다.

요약하자면, 노예 제도에 대한 세네카의 관점에 긴장이 없는 것은 아니다. 분명 세네카는 제도로서의 노예 제도의 존재에 대해 이의를 제기하지 않았다. 그는 우리에게 자신이 노예제 폐지를 요구하려는 것이 아니라고 말하며 스토아주의자답게 노예제 자체는 무차별의 문제일 뿐이라고 말할 것이다. 중요한 것은 노예가 '자연과 일치하는 삶', 즉 도덕적 삶을 살았다는 것이었다. 반면 그는 철학적, 실천적인 이유로 사람들이 노예를 흔하게 학대하는 것에

대해 크게 우려했기 때문에 주인들에게 노예들을 더 인도적으로
대우하기를 간청했다.

빌레몬에게 쓴 바울의 편지

빌레몬에게 쓴 바울의 편지 배후에 있는 세부 내용들로 분명하지
않지만 추측할 수 있는 바는 다음과 같다. 바울은 어딘가의 감옥
에 갇혀 있었다(아마 로마나 에베소의 감옥이었을 것이다). 감옥에 있는 동
안 바울은 오네시모라는 사람을 만나 그를 전도한다(몬 10절). 오네
시모는 바울이 이전에 전도한 적이 있었던 빌레몬이라는 사람(19
절)의 노예였다. 오네시모가 도망치는 중에 우연히 바울을 만났든,
주인의 집을 떠나 바울을 찾아갔든지 간에, 아마도 오네시모는 주
인의 돈이나 재산을 훔치는 잘못을 자신의 주인에게 저질렀던 것
처럼 보인다(18-19절). 이제 바울은 오네시모의 손에 자신의 편지를
들려 빌레몬에게 돌려보낸다(12절).

이 편지는 노예 제도에 관한 바울의 관점을 담은 논문과는 거
리가 멀지만, 바울이 이 문제를 다루는 방식은 신자 공동체 안에
존재하는 주인과 노예 사이의 적절한 관계에 대한 바울의 생각 중
일부를 미묘하게 드러낸다. 그리스도인으로서의 신앙은 주인과
노예의 관계에 영향을 미쳐야 하는가? 신자들은 그리스도인으로
서의 지위와 사회적 지위를 구별해야만 하는가? 그리스도인이라

는 지위가 사회적 지위보다 우선하는가?

이는 민감한 문제이기 때문에 바울은 조심스럽게 접근한다. 그는 자신의 사도적 권위를 행사하기를 매우 주저한다. 대부분의 다른 편지에서[3] 바울은 스스로를 '사도'라고 명명하거나 어떤 곳에서는 하나님이 자신에게 사도의 직분을 주셨음을 언급하면서 시작한다. 그런데 빌레몬서에는 그런 언급이 빠져 있다. 그 대신 바울은 자신을 "그리스도를 위해 감옥에 갇힌 자"라고 설명하면서 편지를 시작하고(1절), 이후에는 자신이 이 문제에 대해 명령을 내릴 "담대함"이 있지만 "늙은 자이자 감옥에 갇힌 자인" 자신이 "사랑에 근거하여" 빌레몬에게 부탁한다고 말한다(8-9절).

바울은 오네시모에 대해 어떤 권리를 주장한다. 바울은 오네시모를 그리스도에게로 인도했고("내가 낳은 내 자녀"), 이제 자기 자녀(오네시모)에게 도움을 받고자 한다(12절). 빌레몬은 바울에게 은혜를 입었고 실제로 생명을 빚지고 있었기 때문에 그 교환은 당연한 일이었다(19절). 그런 빚과 비교해 보았을 때 노예의 값은 어떠했는가? 그럼에도 바울은 오네시모를 빌레몬의 손에서 빼앗길 원치 않으며, 빌레몬이 이 제안을 자유롭게 승낙하기를 바란다(13-14절).

바울은 하나님을 믿고 있는 주인과 이제 막 믿기 시작한 노예 사이에 어떤 관계를 기대하는지는 적어도 구체적인 용어로 말하지 않는다. 그는 간접적인 접근 방식을 취한다. 바울이 말하고자 하는 것은 오네시모가 빌레몬에게 노예로서는 "쓸모없는" 존재였

---

3. 빌립보서와 데살로니가전후서는 예외다.

지만, 이제 바울과 빌레몬 모두에게 "쓸모 있는" 존재가 됐다는 것 (11절), 그리고 오네시모와 빌레몬이 "잠시" 헤어져 있는 동안, 빌레 몬이 오네시모를 "영원히", 즉 주 안에서 "사랑하는 형제"로서 다 시 받아줄 수 있도록 하기 위해 이런 일이 벌어졌다는 것이다(15-16 절).

바울은 모호해지는 데 멋지게 성공한다. 그는 빌레몬의 "순종" 을 굳게 믿고 있지만(21절), 이 "순종"이란 무엇으로 구성되는가? 이 모든 문제에 대해 바울은 수수께끼처럼 말한다. 그가 원하는 것은 정확히 무엇인가? 오네시모를 자기 소유로 두되 여전히 노 예로 두기를 원하는가? 아니면 오직 빌레몬이 오네시모를 자유롭 게 해 준 이후에 오네시모의 섬김을 받기를 원하는 것인가? 그는 자신이 무엇을 원하는지를 알고 있는가?

이 문제는 보기보다 더 복잡하다. 거시적인 문제가 있었다. 노 예들은 가정생활, 생산, 교육, 군대, 시민 생활, 경제에 이르기까지 사회생활—사실 1세기 로마 제국에서 벌어지는 모든 영역—에 필 수적인 존재였다. 이는 또한 미시적인 측면에서도 난제였다. 만약 교회가 정책적으로 그리스도인 주인들이 노예를 자유롭게 풀어 주도록 요구했다면 어땠을까? 노예들은 도처에서 "저도 그리스도 인이 되겠습니다! 저도요!"라고 외칠 것이다. 이는 사회적 안정을 위협할 뿐 아니라 교회 구성원의 진실성까지도 위협하는 전염병 으로 빠르게 번질 것이다.

물론, 바울이 기독교의 노예 제도가 비도덕적이라고 생각하지 않았기 때문에 오네시모에 대한 해방 명령을 주저했다는 것도 얼마든지 가능한 설명이다. 그러나 이와 같은 전제는 의문스럽다. 이편지의 몇 가지 세부 내용을 보자면 바울이 이 경우를 이상적이라고 생각하지 않았음을 알 수 있다.

첫째, 빌레몬서 16절에 대해서는 여러 가지 해석이 가능하지만(바울이 의도적으로 모호하게 표현했을까?), 이 구절은 자유의 방향을 가리키도록 특별히 고안된 것 같다. 즉, 바울은 "오네시모를 노예로서**뿐만 아니라** 동시에 사랑하는 형제**로서** 받아들이십시오"—이 말은 분명 오네시모를 계속해서 노예로 두라는 의미다—라고 말하지 않고 "**더 이상** 오네시모를 노예로서 받아들이지 말고 노예 **이상으로**, 즉 사랑하는 형제로 받아들이십시오"라고 말한다. 바울은 이 새로운 관계가 '주님 안에서'뿐 아니라 '육체 안에서'도 유지된다고 말한다. 따라서 오네시모는 아마 그리스도인들**이나** 시회적 존재의 영역에서 '더 이상' 노예로 간주되지 않을 것이다.

둘째, 바울은 편지 곳곳에 그 자체로 의미 있는 것처럼 보이지만 서로 맞물려 매우 암시적인 의미를 형성하는 언급을 남긴다.

(a) 만약 바울과 빌레몬이 '동역자'이고 빌레몬이 바울을 받아들인 것처럼 오네시모를 받아들인다면(17절), 빌레몬은 오네시모도 '동역자'로 받아들여야 하지 않을까?

(b) 바울은 빌레몬이 일전에 "**성도들**"의 "마음"(*splagchna*)을 "새롭게 했다"고 말한다(7절). 이후에 바울은 오네시모를 **자신의** 심장 또는 문자 그대로 자신의 "마음"(*splagchna*)**이라고** 묘사한다. 결국

빌레몬서 20절에서 바울은 "**내** 마음(splagchna)을 새롭게 해 주십시오"라고 부탁한다. 만약 오네시모가 바울의 "마음"이라면, 이 마지막 발언은 "오네시모를 풀어 주십시오"라는 의미의 신호인가?

(c) 바울의 전도를 받은 오네시모는 믿음 안에서 바울의 "아들"이다(10절). 빌레몬이 "생명"을 자신에게 "빚졌다"고 바울이 말할 때(19절), 이는 거의 의심의 여지없이 빌레몬 역시도 바울에게 전도된 사람이라는 사실을 의미한다. 만약 오네시모와 빌레몬 모두가 바울의 '아들들'이라면 그들은 동등한 지위를 가지고 있지는 않은가?

이러한 각각의 사례들은 자유에 대한 전망을 간접적으로만 나타내고 있기는 하지만 그 논리는 분명한 것처럼 보인다.

결론적으로 바울의 편지에 관해 몇 가지 요점을 언급할 수 있다. (1) 바울은 노예제를 폐지하라는 전망을 거부하지 않지만, 노예제에 대해 문제를 제기하지도 않는다. (2) 바울은 일반적인 노예제의 정당성을 전반적으로 다루기보다 기독교 노예제의 단일한 사례를 다룬다. (3) 바울은 빌레몬에게 명령을 내리지는 않지만 주 안에서 적합한 행동을 하도록 빌레몬에게 영감을 주고자 한다. (4) 바울은 단순히 "빌레몬에게"뿐 아니라 "압비아와 … 아킵보에게도 … 그리고 [아킵보의] **집에 모이는 교회**에게도"(1-2절) 편지를 쓰면서, 이 문제를 개인만의 결정이 아니라 공동체의 문제로 다룬다.

결론

바울 해석자로서 우리는 노예 제도에 대한 바울의 견해를 세네카의 견해와 나란히 배치함으로써 무엇을 얻을 수 있는가? 이 병치의 한 가지 결과는 문화적 맥락이 특정 상황에서 관점을 얼마나 깊게 형성하는지를 보여 준다는 것이다. 누군가는 바울의 기독교 신앙이 그를 노예 제도에 반대하는 정치적 행동주의로 이끌었을 것이라고 예상할 수도 있다. 그러나 그런 기대는 바울의 고유한 맥락보다 오히려 우리의 현대적 맥락에 기인하는 바가 크다. 오늘날 우리는 노예 제도가 도덕적으로 잘못됐다는 서구 사회의 일반적인 합의에 따라 노예제 폐지 이후의 관점에서 이 문제를 바라본다. 그러나 노예 제도가 여전히 잘 확립되어 있고 노예 제도의 적법성이 널리 받아들여지고 있는 맥락에 서 있는 사람에게는 그런 견해가 분명하게 드러나지 않을 것이다. 세네카의 저작들에 주목하면 이를 더 잘 알 수 있는데, 세네카가 자신의 철학이 (47.17-18에서 자신이 인정했던 것처럼) 노예 제도의 철폐를 요구하는 것처럼 **보였을 때에도** 이를 **부정**할 수 있었다면, 그것은 아마도 당시의 사회적 전망에 있어서 노예제 폐지의 가능성은 물론 그 필요성조차 말 그대로 불가능한 것으로 간주했기 때문이었을 것이다.

다른 측면에서 보면 이 비교는 그리스도인들이 **모든 면에서** 독특한 존재는 아니었음을 보여 준다. 비그리스도인들, 특히 고대 철학을 옹호하는 이들은 바울이 그랬던 것처럼 도덕적인 근거를 토대로 노예에 대한 더 나은 대우를 주장했다.

　그러나 빌레몬에게 쓴 바울의 편지와 세네카의 『서한집』 47번을 자세히 읽어 보면 노예 제도의 정당성에 대한 그들의 입장이 미묘하게 다르다는 사실이 드러난다. 스토아주의에 영향을 받았던 세네카는 노예 제도의 정당성을 주장하고 심지어 사회적 계급이 도덕적으로 '무차별의' 문제라는 것을 이유로 노예 제도를 폐지해야 한다는 그 필요성을 명쾌하게 거부하기도 했다. 이와는 달리 바울은 그들이―적어도 빌레몬과 오네시모라는 동료-성도의 경우에―그리스도 안에서 '형제'가 되었다는 점을 근거로 주인과 노예 관계의 부적절함을 지적하는 태도를 보인다. 바울이 끝끝내 노예 제도를 폐지해야 한다는 태도를 취했는지 여부는 이 본문만으로는 판단할 수 없는 어려운 문제다.

더 읽을거리

1차 자료

Seneca. *Epistles*. Translated by Richard M. Gummere. LCL. London: Harvard University Press, 2006.

―――. *Moral Essays*. Translated by John W. Basore. LCL. London: Harvard University Press, 2003.

2차 자료

Barclay, J. M. G. "Paul, Philemon and the Dilemma of Christian Slave-Ownership." *NTS* 37 (1991): 161-86.

Baraz, Yelena. "True Greatness of Soul in Seneca's *De Constantia Sapientis*." In *Roman Reflections,* edited by Gareth D. Williams and Katharina Volk, 157-71, Studies in Latin Philosophy. Oxford: Oxford University Press, 2016.

Bartchy, S. S. "Response to Keith Bradley's Scholarship on Slavery." *BibInt* 21 (2013): 524-32.

Bradley, K. R. "Seneca and Slavery." In *Seneca*, edited by John G. Fitch, 335-47, Oxford Readings in Classical Studies. Oxford: Oxford University Press, 2008. Reprint of "Seneca and Slavery." *C&M* 37 (1986): 161-72.

Brookins, Timothy A. "'I Rather Appeal to Auctoritas': Roman Conceptualizations of Power and Paul's Letter to Philemon." *CBQ* 77 (2015): 302-21.

―――――. "(Dis)correspondence of Paul and Seneca on Slavery." In *Paul and Seneca in Dialogue*, edited by Joseph R. Dodson and David E. Briones, 179-207. Ancient Philosophy and Religion 2. Leiden: Brill, 2017.

Byron, John. *Recent Research on Paul and Slavery*. Recent Research in Biblical Studies 3. Sheffield: Sheffield Phoenix,

2008.

Garnsey, P. D. A. *Ideas of Slavery from Aristotle to Augustine.* Cambridge: Cambridge University Press, 1996.

Griffin, Miriam T. "Seneca on Slavery." In *Seneca: A Philosopher in Politics*, 256-85. Oxford: Oxford University Press, 1976.

Martin, Dale. *Slavery as Salvation.* New Haven, CT: Yale University Press, 1990.

Peterson, Norman R. *Rediscovering Paul: Philemon and the Sociology of Paul's Narrative World.* Philadelphia: Fortress, 1985. Reprint, Wipf and Stock, 2008.

토론 질문

1. 인간 존재자로서 공통의 본성을 공유하는 것이, 모든 사람들이 사회에서 동일한 지위, 즉 동일한 "사회적 지위"를 공유하는 것을 법제화한다고 생각하는가?

2. 기독교적 유토피아에서 사회적 위계가 존재하는 것이 가능한가?

3. 노예 제도에 관한 세네카의 관점이 일관적이었다고 생각하는

가? 바울의 관점은 일관적이었다고 생각하는가? 그렇다면 그 이유는 무엇인가? 혹 그렇지 않다면, 그 이유는 무엇인가?

4. 만약 바울이 기독교인 노예를 적법한 것으로 본다면, 이 사실은 당신을 괴롭게 하는가? 그렇다면 그 이유는 무엇인가? 혹 그렇지 않다면, 그 이유는 무엇인가?

제5장
모두는 한 사람을 위해
그리고 한 사람은 모두를 위해:
개인과 공동체에 관한 바울과 에픽테토스의 관점

벤 C. 둔슨(Ben C. Dunson)

근대 서구 사회를 관찰하는 많은 사람들은 공동체 생활—이를테면 시민 단체, 볼링 리그, 독서 모임과 같은 것들—이 쇠퇴하고 있음에 주목해 왔다. 우리의 공동체들은 점점 더 개인주의화되고 있고, 이로 인해 상황은 악화되고 있다. 많은 사람들은 만연한 소비주의가 개인주의와 만나면서 사회에 심각한 피해를 주었다고 주장한다. 마찬가지로 기독교 신학의 특정한 부분들은 기독교가 단순히 "나, 나 자신, 예수"에 관한 것이며 그 이상의 것은 아니라는 인상을 줄 수 있음에 주목해 왔다. 사회학자 로버트 퍼트넘(Robert Putnam)은 오늘날의 미국을 점차로 삶의 의미와 안정을 찾지 못하는 홀로 10핀 볼링을 치는 슬픈 사람의 이미지를 사용하여 기억에 남게 묘사했다.역주9 왜 그러할까? 그런 식의 지지는 서구에서 빠르게 사라지는 공동체 구조 안에서만 발견될 수 있기 때문이다. 퍼트넘이 그려 낸 근대적 삶의 음울한 묘사에 대응하여 마르크스주의 정치 이론에서부터 근대 사회학과 심리학에 이르는 다양한 사유의 흐름이 오늘날의 개인주의의 폐해에 대해 강력히 저항했다. 그 결과, 공동체에 대한 관심은 지난 반세기 동안 사도 바울에 대한 연구를 포함하여 인문과학 영역의 거의 모든 영역을 지배하기 시작했다.

이 장에서는 사도 바울과 스토아 철학자 에픽테토스의 저작들에서 개인과 공동체가 유사한 방식으로 어떻게 두드러지게 나타나는지 보게 될 것이다. 그러나 나는 개인과 공동체가 서로 관계 맺는 정확한 **방식**을 분명히 표현할 때 둘 사이의 근본적인 차이들 역시 보여 주고자 한다.

개인과 공동체에 대한 에픽테토스의 입장: 자기-보존과 사회

에픽테토스가 어떻게 인간 개인성의 본성을 설명하는지 이해하려면 먼저 그의 윤리 체계에 대한 몇 가지를 이해해야 한다. 그리고 에픽테토스의 윤리 체계를 이해하기 위해서는 먼저 그에게 있어서 (그리고 거의 모든 고대 철학자들에게 있어서) 윤리가 (이기적인 방종이 아니라 전체적인 안녕[well-being]으로 이해되는) 행복의 추구에 관한 것임을 이해해야만 한다. 간단히 말하자면 행복은 본성과 조화를 이루면서 유덕하게 살아갈 때 생겨난다. 그리고 에픽테토스는 자신의 삶의 철학이, 무슨 일이 닥쳐오든 간에 추종자들의 삶에 행복을 보증해 줄 수 있을 것이라고 믿었다. 사실 이것이 그의 전체 철학 체계에서 가장 중요하고 독특한 특징이다.

에픽테토스는 자신의 강의 곳곳에서 행복에 대한 자신의 입장을 설명한다. 아마 『담화집』 2.8에서보다 더 간단명료하게 행복을 설명하는 곳은 없을 것이다. 여기서 우리는 좋은 삶이란, "항상 성취할 수 있는 욕망, 욕망하지 않은 것을 피하는 확실성, 적절한 것을 선택하는 것, 사려 깊은 계획, 신중하게 고려한 합의"에 있다는 것을 본다(2.8.29). 이 간결한 진술에는 많은 내용이 담겨 있지만 본질적으로 에픽테토스는 학생들에게 흔들리지 않는 행복은 반드시 얻을 수 있는 것들, 즉 "우리의 통제하에 있는" 것들에서만 찾을 수 있다고 말한다(1.22.10을 보라). 우리의 행복은 긍정적인 외부 환경의 존재와는 관련이 없다(1.4.1-4을 보라). 현대 사회가 생각하는 것과는 달리 행복은 다음번의 큰 이직이나 승진, 새로운 사람들과의 관계에서 찾을 수 있는 것이 아니다. 그리고 행복은 경제적 어려움이나 실직, 또는 누군가에게 거절당하는 일로 빼앗길 수 있는 것이 아니다. 행복은 그보다도 더욱 안정적인 무언가에 달려 있다. 에픽테토스는 "도덕적 목적"(『담화집』 3.2.13을 보라)이라는 용어를 사용하여 우리가 통제할 수 없는 외부 환경에 영향을 받거나 압도당하지 않고 자신의 통제하에 있는 자기 고유의 덕에 집중하는 개인의 타고난 의사-결정 능력을 설명한다. 다시 말해, 우리의 도덕적 목적은 오늘날 "도덕적 나침반" 또는 "도덕적 의식"(conscience)이라고 말할 때의 의미와 같다. 이는 우리에게 옳은 일을 행하라고 말하는 내면의 목소리이며, 에픽테토스에게는 우리가 결코 상황의 노예가 되지 않도록 하는 것이기도 하다. 본질적으로 우리의 삶이 외부의 상황에 따라 좌우된다면, 우리의 행복은 항상 우연과 운의 변덕에 따라 위협을 받을 것이다. 그러나 만약 행복이 우리의 통제하에 있는 일들과 관련된다면 우리의 행복은 이제 확고하고 안정적이게 된다.

이것이 인간의 본성 그리고 개인과 공동체의 관계와 어떻게 연관되는가? 간단히 말해, 사람들은 다른 모든 것이 그들의 능력 밖에 있기 때문에 도덕적 목적을 자기 자신 및 자신의 고유한 정신 상태에 집중할 때에만 행복을 발견할 수 있음을 절대적으로 확신할 수 있다. 행복의 목표—에픽테토스의 전체 철학 체계의 목표이자 덕과 동의어—는 개인 스스로의 노력 이외에 다른 방법으로는 확보할 수 없다. 당연히 윤리학은 적어도 이런 기본적인 의미에서 개인에 초점을 두고 있다(그리고 그래야만 한다).

그러나 에픽테토스에게는 개인에 대한 이런 초점이 공동체나 사회적 책임에 대한 초점과 상충하지 않는다. 이에 대한 좋은 예는 『담화집』 2.22에 나오는데, 여기서 에픽테토스는 자신의 개인주의적인 도덕 가르침과 타인의 안녕에 관심을 가지는 일이 어떻게 조화할 수 있는지 설명한다. 『담화집』 2.22는 "우정에 관하여"라는 주제의 긴 강의로서 모든 인간 행동을 이끄는 충동을 묘사하는 주제 진술로 시작한다. "사람들이 관심을 갖는 것이 무엇이든지 자연스럽게 사랑하게 된다"(2.22.1). 그는 친구 관계가 혼란스러운 이유(2.22.1-3)와 어째서 타인에 대한 순전히 자연스러운 애정이 참된 동료애의 근거가 되기 어려운지를 논한 후(2.22.4-14) 인간관계의 "일반 규칙" 내지 보편 진리를 다시 언급한다. "모든 생명체에게 있어 가장 큰 관심사는 자신의 이익이다"(2.22.15). 사실, 다음 문장이 알려 주듯이 이기심은 사람의 사랑과 욕망의 대상을 전적으로 결정하며, 이는 심지어 그들이 우리의 행복을 가로막는다면 배척할 친구와 가족에 대한 사랑보다 훨씬 더 중요하다(2.22.16).

이 강의의 초반에는 "우정에 관하여"라는 주제와는 달리 에픽테토스의 윤리 체계 내에 친구 관계나 타인을 위한 태도가 들어설 자리가 전혀 없는 것처럼 보인다. 그러나 『담화집』 2.22.18을 시작하면서는 모든 것을 통제하고 자기-보존적인 충동에 대해 말하던 것에서 다른 사람과의 관계에 대해 이야기하는 방식으로 전환한다. 그러면서 에픽테토스는 사람들에게 두 가지 선택지가 있다고 주장한다. 즉, 가족과 친구를 우리의 이기심과 더불어 위치시키거나 이들을 개인의 이익과 상충하는 별개의 소유물로 대우하는 것이다.

이것이 의미하는 바는 『담화집』 2.22.19-21에서 분명히 드러난다. 첫째, 그는 인간이 항상 자기 자신에게 가장 좋다고 인식하는 것을 향해 마음이 기울어질 것이라고 주장한다. 이는 『담화집』 2.22.19에 명료하게 서술된다. "'나' 혹은 '나의 것'이 있는 곳에는,

반드시 피조물의 마음이 기울어져 있다." 둘째, 인간의 욕망이 향할 수 있는 곳은 육체적 욕망, 도덕적 목적, 우리 자신 혹은 우리의 통제 밖에 있는 외적인 모든 것, 이 세 가지밖에 없다. 이 외적인 것에는 날씨와 같은 일상적인 것에서부터 우리의 직장이나 가족과 같은 중요한 것까지 포함될 수 있다. 이 세 가지 중 어떤 것이 우리의 욕망을 사로잡는지에 따라 개인의 삶에 대한 "지배하는 힘"(ruling power)의 위치가 드러난다(2.22.19). 한 사람의 삶을 지배하는 힘은 그 사람의 사유와 시간을 지배하는 힘이자 삶을 근본적으로 형성하는 힘이다. 대부분의 사람들이 육체적 욕망을 충족하기 위한 삶에 몰두하며, 외부에서 일어나는 일들에 대해 끊임없이 불안해한다. 그러나 오직 도덕적 목적(도덕적 나침반, 도덕적 의식)만이 사회적으로나 기타 다른 방식으로 올바른 삶을 실제로 보장해 줄 수 있다.

에픽테토스가 『담화집』 도처에서 반복적으로 주장하는 것처럼 사람의 도덕적 목적은 인간 사유와 행위의 중심에 있으며, 오직 그 목적을 추구하도록 강하게 훈련되어야 한다. 그리고 그 목적이 추구해야 하는 바는 우리가 삶에서 마주하는 어떤 외부의 환경에도 전적으로 만족하는 것이다. 이 특별한 경우, 에픽테토스가 『담화집』 2.22.20에서 서술하듯이, 지배 권력이 자신의 도덕적 목적을 통제할 수 있을 때에만 다른 사람들과 올바르게 관계를 맺을 수 있다(또한 2.22.27을 보라). 즉, 사람들이 자신의 덕을 보존하고 (도덕적으로 말하자면) 자신이 관심을 가져야 하는 것에 대해서만 주의를 기울이려고 노력할 때에 비로소 "자신이 마땅히 되어야만 하는 친구, 아들, 아버지가 될" 것이다(2.22.20). 결과적으로 이기심과 타인을 진심으로 돌보는 것이 하나의 통합된 충동으로 합쳐지며, 개인과 공동체도 하나가 된다. 타인을 돌보는 일은 실제로 이기심과 통합되어 "[자신의] 관계를 지키는" 일을 추구하게끔 한다(22.20). 당신의 개인적인 덕을 유지하는 일은 다른 사람들과 좋은 관계를 (당신에게 달려 있는 만큼) 유지하도록 이끈다. 따라서 개인의 안녕과 공동체의 안녕 사이의 갈등 가능성은 (적어도 이론적으로는) 사라진다.

그러나 타인과의 관계는 그 자체로는 결코 소유물이 될 수 없다. 이는 당신의 통제하에 있는 것보다 불안정한 상황에 처할 수 있는 외부적인 것에서 행복을 찾는 것을 의미한다. 에픽테토스가 개인의 이기심을 주요한 삶의 원동력으로 내세울 때 공동체를 배제하지 않는다는 것은 사실이다. 하지만 그는 사회적 관계를 개인의 이기심의 영역 안에 둠으로써 중요하지 않은 것으로 다룬다. 에픽테토스에게 가족 관계와 친구 관계는 자신의 통제 밖에 있기 때문에 행복을 보장할 수 없는 "외적인 것들"이다. 우리는 이런 관계에서 조화를 추구해야 하지만, 단지 우리는 우리 자신의 덕을 추구하고 있기 때문에 실제로 통제할 수 있는 어떤 것에 초점을 두어야 한다. 역설적이게도 타인의 안녕을 선 자체로서 추구하는 일은, 그러한 안녕이 외부의 어떤 것에 의존하게 되기 때문에 참된 사회적 책임의 가능성 자체를 파괴한다. 그보다도 공동체의 신실함은 이기심을 오로지 우주의 도덕적 관점과 일치하는 자신의

도덕적 목적에 둘 경우에—**그리고 오직 그 경우에만**—분명하게
유지된다(22.27-30).

　요컨대 에픽테토스의 윤리학에서 이기심에 초점을 맞추는 것
은 지극히 개인주의적이며, 이는 현대의 많은 독자들로 하여금 본
능적으로 반발하게끔 한다. (만약 '개인주의적'이라는 말이 근대의 서구 개
인주의를 의미한다면, 우리는 그 용어를 거부하는 것이 옳다. 그러나 이 단어는 사
실 에픽테토스의 접근 방식의 본질을 꽤 잘 포착하고 있다.) 에픽테토스에게
있어서 윤리적 행위는 자기 통제와 정신 수양을 통한 자기-유익
추구에 확고한 기반을 두고 있다. 그러나 동시에 그는 자신의 철
학적 접근 방식에서 개인적 요소가 사회적 요소를 퇴색시키는 일
을 허용하지 않는다. 개인의 자아는 우선성을 가지지만, 이는 모든
사회적 관계의 안녕과 조화를 위한 토대를 형성하는 우선성이다.

바울에게서 개인과 공동체: 믿음과 유대감

비록 에픽테토스가 자족하는 개인을 우선시했지만 타인에 대한
관심 역시 자신의 철학 체계에 포함시켰다. 바울도 유사한 방식으
로 접근한다. 바울 또한 개인이 공동체와 상충되지 않는다고 믿는
다. 그러나 우리는 타인에 대한 관심을 개인에 대한 이해와 통합
하는 바울의 방식을 보다 깊게 숙고할 때 에픽테토스와의 분명한
차이를 발견할 수 있다. 공동체에 대한 바울의 강조는 에픽테토스

의 가르침보다 훨씬 더 중심적이다. 이 사실은 다양한 방식으로 살펴볼 수 있겠지만 우리는 바울이 로마에 있는 그리스도인에게 쓴 편지에서 "믿음"에 대해 말한 대목에 집중할 것이다.

로마서를 해석하는 사람들은 전통적으로 믿음을 개인의 행동이라고 말해 왔다. 개신교 종교개혁 이후 바울이 로마서 1:16-17에서 정확히 무엇을 말하고 있는지에 대한 논의가 계속되고 있지만 믿음이 그 핵심에 있다는 것은 분명하다. 사실, 믿음은 로마서 전체를 관통하는 실처럼 3:21-5:2에서 특히 두드러지며, 9-12장 그리고 14장에 두루 반복적으로 드러난다.

그러나 믿음이란 무엇인가? 이 질문에 대한 대답은 특히 최근에 와서 더욱 풍부해졌다.[1] 이 질문에 대답하기 위해서 우리는 로마서 9-10장에 기록된 믿음에 관한 바울의 가장 분명한 가르침으로 되돌아가는 것이 가장 좋다.

바울은 하나님과 올바른 관계를 맺는 방법은 두 가지가 있다고 말한다. 간단히 말하자면, 하나님께서 말씀하신 것을 행함으로써나 아니면 예수 그리스도를 믿음으로써 하나님과 올바른 관계를 맺을 수 있다. 우리는 이 점을 로마서 10:5-13에서 가장 분명하게 확인할 수 있다. 모세는 "율법에 근거한 의에 대해 기록하되, 율법을 지키는 사람은 의로 말미암아 살리라 하였다"(10:5 ESV, 레 18:5에서 인용됨). 율법을 지키면 의가 당신의 것이 될 것이다. 그러나

---

1. 예를 들어, 이 책에 수록된 Jeanette Hagen Pifer의 제6장 "믿음을 잃지 말라"를 보라.

의에 이르는 다른 길이 있는데, 바울이 로마서 3:20에서 "율법의 행위들로는 그분 앞에서 의롭다 하심을 얻을 사람이 없다"라고 말한 것을 고려한다면 이 길은 선하다. 바울은 로마서 10:6-10에서 이렇게 말한다.

> 그러나 믿음에 근거한 의를 두고는, 이렇게 말합니다. "너는 마음 속으로 '누가 하늘에 올라갈 것이냐' 하고 말하지 말아라. (그것은 그리스도를 끌어내리는 것입니다.) 또 '누가 지옥에 내려갈 것이냐' 하고 말하지도 말아라. (그것은 그리스도를 죽은 사람들 가운데서 끌어올리는 것입니다.)" 그러면 그것은 무엇을 뜻합니까? "하나님의 말씀은 네게 가까이 있다. 네 입에 있고, 네 마음에 있다" 하는 말씀이 있습니다. 이것은 우리가 전파하는 믿음의 말씀입니다. 당신이 만일 예수는 주님이라고 입으로 고백하고, 하나님께서 그를 죽은 사람들 가운데서 살리신 것을 마음으로 믿으면 구원을 얻을 것입니다. 사람은 마음으로 믿어서 의에 이르고, 입으로 고백해서 구원에 이르게 됩니다. (새번역)

이 구절에서 바울은 그리스도의 구속 사역에 비추어 신명기 30:12-14을 읽으며 구원받고 의롭다 함을 받는(의롭다고 선언되는) 유일한 길은 예수 그리스도를 믿는 것이라고 주장한다. 역설적이게도 하나님의 시각에서 의롭게 되는 것은 (이스라엘이 실패했던 바와 같이[롬 9:31-10:3]) 하나님의 율법을 지킴으로써 자신의 의를 추구하고 성취하는 것이 아니라, 예수 그리스도를 신뢰(믿음)하는 것에서 비롯된다. 예수는 "모든 믿는 자에게 의를 주는 율법의 끝"(10:4 ESV)이시며, 이는 단순히 의롭지 못한 사람이(3:10-20을 보라) 의로운 하나님의 시각에서 의롭다고 선언될 수 있는 유일한 길이 예수라는 것을 말해 준다(3:21-26을 보라).

로마서 10:6-17 전체에서 믿음과 고백의 행동 그리고 믿음으로 인한 의와 구원을 묘사하는 데 오로지 2인칭과 3인칭 단수 동사만이 사용됐다. 간단히 살펴보자면, "그를 믿는 모든 **개개의** 사람은 부끄러움을 당하지 않을 것이다"(10:11 ESV, 사 28:16을 인용) 또는 "주의 이름을 부르는 모든 **개개의** 사람은 구원받을 것이다"(10:13 ESV, 욜 2:32을 인용)라는 것이다. 믿음은 분명히 구원받기 위해 개인이 가져야만 하는 것으로서, 구원의 신적인 선물을 받기 위한 바로 그 수단이다.

그렇다면 바울도 에픽테토스와 마찬가지로 자기-보존에 중점을 두고 있는가? 간단히 대답하자면, 그렇지 않다. 믿음은 구원받을 개인의 결정이지만(그리고 개인의 결정이어야만 하지만) **순전히** 개인에게만 국한된 것은 아니다. 로마서 10장에서도 믿음은 단순히 개인의 노력 그 이상의 것이다.

> 당신이 만일 예수는 주님이라고 입으로 고백하고, 하나님께서 그를 죽은 사람들 가운데서 살리신 것을 마음으로 믿으면 구원을 얻을 것입니다. 사람은 마음으로 믿어서 의에 이르고, 입으로 고

백해서 구원에 이르게 됩니다. (롬 10:9-10 새번역)

고백은 본질상 공적이고 사회적인 행동이다. 당신은 믿음을 당신 자신에게 그리고 당신 자신을 위해 고백하는 것이 아니다. 당신은 세상과 믿는 공동체 앞에서 고백한다. 그런데 믿음의 사회적이고 공동체적인 차원은 로마서 12장에서 보다 분명해진다.

로마서 12장은 로마서에서 중요한 전환점이 되는 부분이다. 바울은 이미 로마서 앞부분에서 하나님에 대한 신자의 순종에 대해 언급하긴 했지만, 로마서 12:1에서는 윤리적 권면으로의 확고한 전환이 시작된다. 여기서 바울은 로마의 그리스도인들에게 "하나님의 자비하심으로", 즉 그리스도 안에서 그들에게 주신 하나님의 은혜에 대해 이미 서술한 모든 것을 근거로 "여러분의 몸들(bodies)을 거룩하고, 또 하나님께서 기뻐하시는 산 세물로 드리십시오. 이는 여러분의 영적인 예배입니다"라고 호소한다. 그리스도인들은 개별적인 존재("몸들")로서 살아가지만 자신의 삶 전체를 하나님께 단일한/하나의 "산 제물"로 드려야 한다. 구약에서 번제물이 불에 완전히 타 버렸던 것처럼, 그리스도인의 삶 역시도 하나님을 위한 헌신과 섬김으로 완전히 태워져야 한다. 이 제물이 단수 명사로 지칭된다는 사실은 매우 중요하다. 이는 고립된 그리스도인—신자 공동체 밖에서 자기 자신만을 위해 살아가는 그리스도인—이 어리석을 뿐 아니라 불가능하다는 것을 증명해 준다.

이 불가능성은 로마서 12:3에서 계속되는 바울의 사유의 핵심이다. 여기서 바울은 "여러분은 스스로 마땅히 생각해야 하는 것 이상으로 생각"하지 말라고 각 신자들에게 권면한다. 그보다도 신자는 자기 자신에 대해 "차분한 판단으로"(with sober judgment) 생각해야 하는데, 이는 신자가 믿음의 공동체 안에서 자신을 타인보다 높이기보다 적절한 관점에서 자기 자신을 바라보아야 한다는 것의 다른 표현일 뿐이다.

이것이 어떻게 가능한가? 바울은 3절 후반부에서 신자가 "하나님께서 각 신자들에게 맡겨 주신 믿음의 분량/척도(measure: 개역개정에서는 '분량'으로 번역됨—편주)"에 따라 차분한(혹은 올바른, 자신을 기만하지 않는) 판단으로 생각할 수 있다고 말한다. 어떤 사람들은 이 "믿음의 분량/척도"를 하나님의 교회에서 자신의 위치를 적절하게 평가할 수 있도록 모든 신자에게 주어진 객관적인 표준이라고 본다. 다른 사람들은 이 믿음의 분량/척도가 독특한 선물로서 어떤 사람에게는 더 크게, 어떤 사람에게는 더 적게 주어진다고 주장한다. 나는 이러한 해석들 중 첫 번째 해석, 즉 믿음의 분량/척도(믿음을 구성하는 분량/척도)가 자 또는 계량컵과 같다는 해석을 지지한다(이후로는 '믿음의 척도'로 번역한다—역주). 신자들이 지닌 믿음은 하나님의 백성 공동체 내에 있는 동료 신자들과의 관계에서 자기 자신에 대해 올바르게 생각할 수 있는 기준이다. 그렇다면 이러한 믿음의 척도를 올바르게 사용하면 어떤 결과로 이어지는가? 바울은 신자들이 예수 그리스도의 "한 몸" 안에서 순전히 한 "지체"(member)에 불과하다는 사실을 묵상하게 **해야만 한다**고 논증한다(롬 12:4). 이 몸 안에서 각각의 지체는 각기 다른 기능을 수행하는데, 따라서 다양성은 "그리스도 안에서 한 몸"(12:5 ESV)을 이루는 통일성에 자리를 내어 준다. 각 지체는 은혜로 말미암아 하나님으로부터 온 독특한 영적인 선물을 받는데, 이는 질투하며 비교하는 일과 분하게 여기며 경쟁하는 일로 이어지기보다 하나님을 섬기는 데 사용되어야 한다(12:6-8).

따라서 믿음은 공동체를 형성하는 필수적인 기능을 가진다. (믿음의 척도라는) 새로운 신앙의 사고를 갖춘 신자들은 그리스도의 몸 안에 있는 기능과 선물의 다양성이 극복되어야 할 문제가 아니라 축복해야 할 신적인 선물임을 알 수 있다. 그러므로 통일성 안에 있는 다양성의 원리는 로마서 12:9부터 15:13까지 이어지는 도덕적 명령법의 큰 부분, 즉 신자의 공동체 안에 있는 사랑, 조화, 평화에 주로 초점을 맞춘 명령을 소개하는 가교 역할을 한다. 바울은 그런 역학 관계를 잘 파악하고서, 14:7에서 "우리 가운데는 자기만을 위하여 사는 사람도 없고, 또 자기만을 위하여 죽는 사람도 없습니다"(새번역)라고 말한다. 이 모든 것에서 믿음의 역할은 14:23에서 다시 한번 강조된다. "믿음에 근거하지 않는 것은 다 죄입니다"(새번역). 믿음은—적어도 믿음이 의미하는 바는—로마 신자들 사이에서 하나님을 예배하고 서로를 섬기는 공통의 과업을 위해 마음과 정신을 한데 통합하도록 작동하는 강한 힘이다. 이 공통의 믿음은 12-15장에서 명료하게 설명된 것처럼 단순히 개인의 구원을 위해서가 아니라 공동체 전체의 교화(edification)를 위해 주어진 영적인 선물이다(또한 1:11을 보라). 그러나 여기에서도 바울은 12:3에서 각각의 구체적인 **개인**에게 한 몸을 섬기는 일에 각자의 선물을 사용하라고 호소한다.

바울의 선교의 목표는 세계의 모든 열방 가운데 "믿음의 순종"을 가져오는 것인데, 이는 로마서의 처음과 끝을 받쳐 주는 (bookends) 어구다(1:5; 16:26 ESV를 보라). 이 어구에는 이중적인 의미가 있을 수 있다. 믿음, 곧 구원을 위한 예수 그리스도에 대한 신뢰는 그 자체로 하나님에 대한 개인의 순종과 복종 행위이지만, 또한 믿음은 구원받은 사람들에게 필연적으로 순종의 생활 방식을 가져온다. 따라서 이 "믿음으로부터 흘러나오는 순종"은 하나님의 백성들 사이에서 작용하여 그리스도의 몸의 많은 지체를 하나로 모아, 바울이 로마서 12:1에서 기록한 것처럼 하나의 제물이 되게 할 것이다.

그러므로 로마서에서 말하는 믿음은 어떻게 개인이 구원받는지에 관한 것이면서도 그뿐만은 아니다. 믿음은 또한 모든 신자를 자기-희생적인 사랑과 봉사로 묶고 연결하는 접착제다. 개인과 공동체는 끊을 수 없는 유대감으로 연결되어 있다.

결론

그렇다면 개인과 공동체에 대한 바울과 에픽테토스의 입장에 대해 우리는 무엇을 말할 수 있는가? 에픽테토스에게 있어서 개인의 자아는 에픽테토스 철학의 근본 신조를 위태롭게 만들지 않고서는 결코 타협할 수 없는 절대적인 우선순위를 가진다. 즉, 어떤 외적인 것들도—사회적 관계를 포함하여—우리의 행복을 규정하도록 허용될 수 없다는 것이다. 동시에 그는 자기-지배가 덕으로 이어지고, 그 자체가 타인에 대한 배려로 이어진다고 주장한다. 그러나 그것을 반대 방향으로 돌리면 체계 전체가 무너지게 된다. 곧, 타인에 대한 배려를 그 자체로 선으로 바꾸게 되면, 당신은 통제 밖에 있는 것들에 의존하게 되고, 또한 통제 밖에 있는 것들에 의존하게 되면, 당신은 어떤 상황에서도 덕에 이를 수 있는 가능성을 파괴하게 된다.

사도 바울 역시 개인과 공동체가 함께 연결되어 있어야 한다고 생각했다. 그러나 개인과 공동체를 연결하는 바울의 방식은 에픽테토스의 방식과는 상당히 다르다. 바울에게 있어서 신자 개개인은 **필연적으로** 그리스도의 몸인 모든 신자의 몸 안에 포함된다. 바울은 우리에게 영향을 미치는 외적인 것에 대한 에픽테토스의 염려를 가지고 있지 않다. 사실, 바울은 많은 외적인 것들이 우리에게 영향을 미쳐**야만** 한다고 생각한다. 예를 들어, 동료 신자들의 역경은 우리에게 깊은 영향을 주어야 한다. 신자들은 동료 신자들의 안녕과 연결되어 있다. 이들은 서로가 서로에게 빚진 자들이다. "서로 사랑하는 것 외에는 아무에게도 빚진 것이 없다"(롬 13:8 ESV; 참조, 15:1). 한 사람이 고통을 받으면 모두가 고통을 받고, 한 사람이 즐거워하면 모두가 즐거워한다(12:15). 이런 개념은 자족(자기-충족성)에 관한 가르침 때문에 에픽테토스를 괴롭혔을 것이다. 반대로 그 개념은 바울 신학의 핵심인데, 이는 바울의 모든 가르침에서 그리스도를 먼저는 구원자로, 그다음에는 모범으로 바라보기 때문이다. "그리스도께서도 자기에게 좋을 대로만 하지 않으셨습니다. 성경에 기록하기를 '주님을 비방하는 자들의 비방이 내게 떨어졌다' 한 것과 같습니다"(15:3). 그리스도인이 된다는 것은 동료 신자들의 삶과 연합된 삶을 사는 것을 **의미하는데**, 왜냐하면 그것은 예수 그리스도와 연합하여 함께 사는 것을 의미하기 때문이다. 교회에서는 모두는 한 사람을 위해, 그리고 한 사람은 모두를 위해 있을 뿐이며, 외로운 그리스도인이 설 자리는 없다.

에픽테토스와 바울의 유사점과 차이점

에픽테토스, "우정에 관하여"(『담화집』 2.22)	바울, 로마서
타인에 대한 사랑은 이기심에 기초해 있다.	타인에 대한 사랑은 예수 그리스도로부터 받은 사랑을 감사하는 것에 기초해 있다.
오직 현명한 사람만이 타인을 사랑할 수 있는 힘을 가지고 있다.	지혜는 결국 우리로 하여금 다른 사람들을 사랑하도록 이끄는 하나님의 뜻을 분별하게 한다.
우리는 결코 외적인 의무로 인해 행동해서는 안 된다. 사랑은 의지의 행위로서 선택된 것이어야 한다.	타인에 대한 사랑은 예수 그리스도를 믿는 신자에게 주어진 신적인 의무이지만 신적인 은혜로 말미암아 사랑할 힘을 얻게 된다.

덕은 어려움을 겪고 있는 이들에게 겉으로 보이는 동정심을 요구할 수도 있을 것이다. 그러나 이는 우리의 통제 바깥에 있는 상황이기 때문에 결코 타인이 처한 곤경으로 인해 우리의 마음이 영향을 받도록 허용해서는 안 된다.	사랑은 어려움을 겪고 있는 이들에 대해 진정으로 공감할 수 있도록 필연적으로 이끈다.
타인을 사랑할 힘은 전적으로 우리의 고유한 선택의지의 힘(즉, 도덕적 목적) 안에 존재한다.	진정으로 타인을 사랑할 힘은 하나님의 자비로운 선물이다.

더 읽을거리

1차 자료

Epictetus. *Discourses, Books I–II*. Translated by W. A. Oldfather. LCL. Cambridge, MA: Harvard University Press, 1925.

─────. *Discourses, Books III–IV, The Encheiridion*. Translated by W. A. Oldfather. LCL. Cambridge, MA: Harvard University Press, 1928.

2차 자료

Barclay, John M. G. "Security and Self-Sufficiency: A Comparison of Paul and Epictetus." *ExAud* 24 (2008): 60-72.

Bonhöffer, Adolf. *The Ethics of the Stoic Epictetus.* Translated by William O. Stephens. Revisioning Philosophy 2. New York: Peter Lang, 1997.

Dunson, Ben C. "Faith in Romans: The Salvation of the Individual or Life in Community?" *JSNT* 34, no. 1 (2011): 19-46.

————. *Individual and Community in Paul's Letter to the Romans.* WUNT 2/332. Tübingen: Mohr Siebeck, 2012.

————. "The Individual and Community in Twentieth and Twenty-first-Century Pauline Scholarship." *CurBR* 9 (2010): 63-97.

Eastman, Susan Grove. *Paul and the Person: Reframing Paul's Anthropology.* Grand Rapids: Eerdmans, 2017.

Engberg-Pedersen, Troels. "The Relationship with Others: Similarities and Differences Between Paul and Stoicism." *ZNW* 96 (2005): 35-60.

Esler, Philip F. "Paul and Stoicism: Romans 12 as a Test Case." *NTS* 50 (2004): 106-24.

Long, A. A. *Epictetus: A Stoic and Socratic Guide to Life.* Oxford: Oxford University Press, 2002.

Malherbe, Abraham J. "Paul's Self-Sufficiency (Philippians 4:11)." In *Friendship, Flattery, and Frankness of Speech: Studies on Friendship in the New Testament World,* edited by J. T.

Fitzgerald, NovTSup 82. Leiden: Brill, 1996.

Reydams-Schils, Gretchen. *The Roman Stoics: Self, Responsibility, and Affection*. Chicago: University of Chicago Press, 2005.

토론 질문

1. 어떻게 타인을 진정으로 배려해야 하는지에 대해, 에픽테토스와 바울은 어떤 방식으로 우리에게 도움을 주는가?

2. (에픽테토스가 주장한 것처럼) 이기심은 타인을 배려하는 일에 충분한 토대를 제공하는가?

3. 타인을 배려하기 위해서 우리는 개인의 정체성에 관한 생각 전체를 포기해야만 하는가?

4. 하나님으로부터 이미 받은 은혜로 말미암아 타인을 사랑하는 것은 우리가 다른 사람들과의 관계를 바라보는 방식과 어떤 차이가 있는가?

제6장
믿음을 잃지 말라:
믿음에 관한 바울과 플루타르코스의 관점

지네트 하겐 파이퍼(Jeanette Hagen Pifer)

우리가 살아가는 현대 사회에서 믿음이라는 개념은 서로 다른 문화적, 종교적, 지적 맥락에 따라 매우 광범위하게 달라진다. 몇몇 사람들에게 믿음은 지식이 부족할 때 어떤 것을 지향하고자 하는 희망적인 성향을 나타낸다. 예를 들어, 누군가는 어떤 논리적이거나 사실적인 근거가 없음에도 불구하고 복권에 당첨될 것이라는 믿음을 가지고 있을 수도 있다. 다른 이들에게 믿음은 경험을 바탕으로 한 어떤 것을 확신하는 것이다. 우리는 언제나 이러한 종류의 믿음을 표현한다. 우리가 의자에 앉을 때, 우리는 (과거의 경험에 근거하여) 의자가 우리의 무게를 지탱해 줄 것이라고 믿는다.

사도 바울이 믿음을 언급할 때, 그는 꽤 구체적이면서도 포괄적이고 독특한 어떤 것을 의미한다. 물론 바울의 믿음은 예수 그리스도에 관한 지식에 뿌리를 두고 있지만, 이것은 순전히 추측과 희망적인 낙관주의에 불과한가? 아니면 바울은 훨씬 더 믿을 수 있는 어떤 것을 전달하는가? 바울이 말하는 믿음의 의미를 분석하기 전에, 고대 그리스-로마 철학자들의 믿음에 대한 이해를 탐구하는 것이 도움이 된다.

그리스-로마 철학의 전통에서 믿음

그리스-로마 세계와 헬레니즘 유대교에서 '피스티스'(그리스어 *pistis*)와 '피데스'(라틴어 *fides*)는 모두 영어로 "믿음"(faith 또는 belief)으로 번역되는 단어로, 매우 흔히 사용되었고 다양한 방식으로 번역될 수 있었다. 다행히 이 다양한 정의들은 **합리적**(rational) 방식과 **관계적**(relational) 방식이라는 두 가지 일반적인 방식으로 범주화될 수 있다. 가장 기초적인 단계에서 '피스티스'/'피데스'에 대한 합리적 이해는 믿음(faith 또는 belief)을 희망적인 낙관주의로 그려 낸다. 다시 말해, '피스티스'를 이렇게 사용하는 것은 관념(idea), 사람, 관계, 혹은 사물과 같은 어떤 것들에 대한 확신을 나타냈지만, 절대적인 확실성을 나타내지는 않았다. 예를 들어, 플라톤 이전 시대의 철학자인 소포클레스(주전 5세기)는 다음과 같이 썼다. "내 믿음은 내가 믿을 수 있을 만큼 확장되어 있지만, 나는 그것을 결코 시험해 본 적은 없습니다"(『트라키스의 여인들』 588-93).[1] 여기에서 믿음은

---

1.   별다른 언급이 없는 경우, 모든 그리스어와 라틴어 원문의 번역은 Loeb판에

증거를 요구하는 일 없이 어떤 것을 참으로 받아들인다.

믿음을 이런 식으로 이해하면, 철학자들이 믿음을 세계와 관계하는 지적으로 약한 방식으로 간주하기 시작했던 것이 이해된다.역주10 기원전 4세기경에 플라톤은 '피스티스'의 열등함과 불안정함에 대해 쓰고 있다.『국가』에서 플라톤은 영혼의 네 가지 상태를 가장 높은 단계에서 가장 낮은 단계, 즉 지성(understanding), 사유(thought), 믿음(belief), 상상력(imagination)의 순서로 설명한다(511e 및 534a). 이 계층 구조에서 '피스티스'는 단지 지식의 그림자일 뿐이며 영혼의 덜 안정된 상태다(505d-e).

믿음을 열등한 정신적 상태로 이해하는 근거들은 주후 3세기까지 계속해서 나타난다. 플로티누스는 믿음을 현상에 대한 일종의 순진한 수용이라고 말한다.『엔네아데스』(III.6.6.67)에서 플로티누스는 "감각-지각의 방식으로 다가오는 환영"에서 자신의 "진리에 대한 믿음['피스티스']"을 찾는 이들을 책망한다.[2] 여기서 '피스티스'는 입증된 실재가 아닌 감각된 사물들을 비합리적으로 받아들이는 것을 경멸하는 의미로 사용되었다.

때로 '피스티스'는 서약, 보증, 혹은 증거를 나타내기 위해 더 수사학적인 힘을 가지고 사용된다. 플라톤과 아리스토텔레스는 수사학적인 설득 기술을 발전시키면서 이 용어('피스티스')를 이러한 방식으로 사용한다. 아리스토텔레스는 자신의『수사학』이라는

서 발췌했다.
2.   Loeb에서는 여기서 '피스티스'를 "보증"(guarantee)이라고 번역한다.

논문에서 '피스티스'가 설득에 사용됐다고 설명한다(1.11). 이 단어
('피스티스')는 "설득력 있는 논증"(convincing argument) 혹은 "확신의
수단"(means of conviction)으로 번역될 수 있다. 플라톤은 특히 영혼
불멸에 대한 강력한 논증이나 증명을 언급할 때 '피스티스'를 사
용한다(『파이돈』 70B). 사랑을 설명하는 문맥에서, 플라톤은 우정에
대한 맹세를 언급하기 위해 '피스티스'를 사용한다(『파이돈』 256D).
당신이 확인할 수 있듯, 그리스-로마 철학자들 사이에서 '피스티
스'는 간절히 바라는(wishful) 사유에서부터 논리적이고 합리적인
증거에 이르기까지 합리적인 범주 안에서 광범위한 의미로 사용
되었다.

　관계적인 범주하에서 '피스티스'와 '피데스'는 모든 관계의 기
초가 되는 신뢰(trust)를 설명하기 위해 널리 사용되었다. 예를 들
면, 키케로는 '피스티스'가 "우리가 우정에서 기대하는 변함없는
지조"라고 설명한다(『우정론』 65). 마찬가지로 에픽테토스 역시 아
버지와 아들 모두를 향해 "좋은 믿음"을 유지하는 것이 중요하다
고 말한다(『담화집』 2.22.18-20). 주인과 노예의 관계에서의 '피스티
스'/'피데스' 역시 중요한 것으로 간주됐다. 발레리우스 막시무스
(Valerius Maximus)는 C. 플로티우스 플란쿠스(Plotius Plancus)라는 사
람과 그의 노예들 사이에 있었던 상호 간의 충실함에 대해 서술한
다. 플란쿠스가 집정관들에게 유죄 판결을 받은 후에, 그의 노예들
은 주인의 행방을 밝히기를 거부했고, 심지어 주인을 대신해 기꺼
이 죽기도 했다. 노예들의 변함없는 지조를 보았을 때 플란쿠스는

노예들의 생명을 구하기 위해 스스로 군인들에게 자수했다. 발레리우스는 이렇게 글을 끝맺는다. "이렇게 서로 간에 호의를 경쟁하는 것은, 자신의 노예에게서 이러한 변함없는 지조를 발견한 주인과, 주인의 정당한 동정심으로 잔혹한 심문에서 벗어나게 된 노예들 중 누가 더 칭찬받아 마땅한지를 결정하기 어렵게 만든다"(『기억에 남는 행동과 말』 6.8.5).

　종종 '피스티스'는 신실함(faithfulness)이나 신뢰성(reliability)을 나타내는데, 특히 스토아 철학자들에 의해 이렇게 사용되었다. 예를 들어, 에픽테토스는 인간이 지조를 지키기 위해 태어났다고 상정하며, 이러한 신실함을 포기하는 사람이 얼마나 수치스러운지를 말한다(『담화집』 2.4.1). 실제로 배신은 자존감, 경건함, 우정 및 다른 모든 관계의 상실과 같은 수많은 결과를 야기한다. 에픽테토스는 신실하지 않은 사람을 무가치하다고 여겨질 뿐만 아니라 고통을 야기한다는 이유로 다른 사람들에게 얻어맞게 될 말벌과 비교한다.

　마지막으로, '피스티스'/'피데스'는 신과 인간 사이의 관계를 묘사하기 위해 사용되었다. 이 관계에는 믿음의 합리적이고 관계적인 측면 모두가 자주 암시된다. 티아나의 아폴로니우스에게 신들을 향한 '피스티스'는 모든 관계들 중에서 가장 중요한 관계의 본질적인 측면을 반영했다(『편지들』 33). 알렉산드리아의 필론도 '피스티스'를 증거 혹은 증명으로서의 합리적 이해 방식과 함께(『탈출과 발견에 관하여』 136; 『아브라함에 관하여』 141), 하나님을 신뢰한다는 관계적인 의미로 사용한다(『탈출과 발견에 관하여』 152).

<표 6.1. 합리적인 것과 관계적인 것>

합리적인 것	관념(idea), 사람, 관계, 사물 등 어떤 것에 대한 다양한 정도의 확신을 나타내지만, 그러나 절대적인 확실성을 나타내지는 않는다.
관계적인 것	신과 인간 사이의 관계를 포함하여, 신실함이나 신뢰성을 나타내는, 모든 관계에 기초가 되는 신뢰(trust)를 설명한다.

믿음에 관한 플루타르코스의 관점

그리스-로마 철학에서 '피스티스'와 '피데스'라는 말이 의미하는 범위를 넓게 개괄함으로써, 우리는 바울과 동시대에 존재했던 플루타르코스라는 한 철학자를 보다 자세하게 살펴볼 것이다. 여기서 우리가 살펴볼 내용들은 무엇이 바울의 믿음 개념을 독특하게 만드는지에 대한 논의의 장을 마련하는 데 도움이 될 것이다. 플루타르코스는 '피스티스'를 다양한 방식으로, 즉 합리적인 방식과 관계적인 방식 모두로 자주 활용한다. 합리적인 관점에서 볼 때, 플루타르코스는 『아마토리우스』에서 한 등장인물이 신에 대한 믿음을 증명하라고 요구하는 반면 다른 등장인물은 고대의 전통적인 믿음으로 충분하다고 훈계하는 대화를 전달한다. 플루타르코스에게 믿음의 전통은 종교의 토대다.

플루타르코스는 또한 다양한 인간 대 인간의 관계에서 신뢰성의 의미를 전하기 위해 '피스티스'를 사용한다. 예를 들어, 그는 경험 많은 정치인들의 신뢰성에 대해 서술하고(『모랄리아』 539e-f; 1129c), 휴전을 깨는 사람들을 신뢰하지 말라고 경고한다(『카이사르』 22.2). 그는 또한 신에 대한 믿음 및/또는 불신과 관련된 종교적 관습과 결과에 대한 종교의 기본적인 의미로도 '피스티스'를 사용한다(『모랄리아』 359f-60b). 이러한 사용은 합리적 요소와 관계적 요소 모두를 전달한다.

플루타르코스는 자신의 논문 『미신』에서 "신에 대한 무지와 맹목은 처음부터 무신론과 미신이라는 두 가지 흐름으로 나뉜다"(1e)고 논증한다. 플루타르코스에게 무신론은 삶에 대한 무관심(indifference)으로 이어지는 반면, 미신에는 신이 고통을 줄 것이라는 극심한 두려움을 불러일으키는 정서적 가정이 반영되어 있다(2b-c). 그는 무신론은 거짓된 이성이고 미신은 그릇된 이성으로부터 생겨난 감정이라고 결론을 내린다(2c). 플루타르코스에게 종교적 믿음은 삶을 살아가기 위한 보다 합리적인 근거다.

신들과 관련한 믿음의 관점을 구체적으로 설명하자면, 플루타르코스는 신은 모든 덕의 모범이며 인간의 목표는 신을 따르는 것이라는 생각에서 플라톤을 따른다(『모랄리아』 550d). 인간은 덕의 모범일 뿐만 아니라, 모든 덕을 그 스스로 실현하는 신을 모방함으로써 '피스티스'를 포함한 덕을 습득할 수 있다(플루타르코스, 『모랄리아』 550d; 플라톤, 『테아이테토스』 176e에서 인용).

고린도전서에서 드러나는 믿음에 관한 바울의 관점

바울의 합리적 믿음

바울의 믿음에 대한 이해는 몇몇 유사점들을 가지고 있기는 하지만, 우리가 직전에 살펴본 그리스-로마 철학의 전통을 훨씬 넘어선다. 합리적인 단계에서, 바울에게 믿음은 지식에 접근할 수 없을 때의 희망적인 낙관주의가 결코 아니다. 그것은 기독교의 기본 교리에 대한 확고한 확신이다. 바울에게서 믿음의 합리적 측면을 가장 잘 드러내 보여 주는 예시는 고린도전서 15장에서 찾을 수 있는데, 여기서 바울은 복음의 근본적인 요소들을 명료하게 제시한다. 바울은 그리스도의 부활이 지닌 중심적 위치에 집중하면서, 믿음의 객관적 측면의 개요를 다음과 같이 설명한다. (1) 그리스도는 성경대로 우리의 죄를 위해 죽으셨고, (2) 매장되셨다가, (3) 사흘만에 다시 살아나셨다(고전 15:3-4).

바울에게 있어서 이러한 주장들은 근거 없는 것도, 간절히 바라는 생각도 아니다. 그는 순진한 사람들에게 맹목적인 믿음을 받아들이도록 권하지 않는다. 이 복음에는 신뢰할 수 있는 이유가 있으며, 그는 목격자들의 상세한 설명을 통해 자신의 주장을 확증하면서 독자들에게 이를 강력하게 상기시킨다. 5-8절은 부활하신 그리스도가 게바, 열두 제자, 한 번에 500명이 넘는 형제들, 야고보, 그리고 바울 자신에게 나타나셨음을 나열한다.

바울은 이어지는 구절에서도 부활의 실재성을 논증한다. 12절

에서 바울은 죽은 자의 일반적인 부활을 거부하는 이들에게 이의
를 제기하고(15:12), 그러한 거부의 결과가 무엇인지를 간략히 설명
한다. 만약 부활이 없다면, 그리스도께서도 다시 살아나지 못하셨
다(15:13). 그리고 만약 그리스도께서 다시 살아나지 못하셨다면, 바
울의 설교도 허사가 되며, 그들의 믿음도 허사가 된다(15:14, 17). 그
것뿐만이 아니라 바울은 거짓말쟁이로 드러나고(15:15), 고린도 교
회의 성도들은 여전히 그들의 죄 가운데 있으며(15:17), "그리스도
안에서" 잠든 이들은 망하였고(15:18), 모든 사람들 가운데 그들이
가장 불쌍히 여김을 받아야 한다(15:19).

바울은 이 구절과 복음을 선포한 이전 구절에서(15:2), 서로 다
르지만 관련된 세 단어인 '에이케'(eikē, 15:2), '케노스'(kenos, 15:14),
'마타이오스'(mataios, 15:17)를 사용하여 헛된 믿음에 대한 경고를 반
복한다. '에이케'(Eikē)는 원인도, 이유도, 목적도 없는 것과 관련된
것으로 정의된다. '케노스'(Kenos)는 질료적으로(materially)나 은유적
으로 공허한 어떤 존재에 적용될 수 있다. '마타이오스'(Mataios) 역
시 마찬가지로 쓸모없고, 공허하고, 성과 없는 존재와 관계된 것을
의미한다. 각 단어는 부활에 대한 어떤 객관적 근거 없이 그리스
도를 믿는 믿음이 헛되다는 생각을 전달한다. 부활이 없는 믿음은
실체나 내용이 없는 공허한 것이며, 따라서 무의미하다. 그러나 우
리는 바울이 목격자들의 목록을 통해 부활에 대한 믿음을 정초(定
礎)했고, 바울에게 믿음이 실제로 일어났던 사건에 근거하고 기초
해 있음을 볼 수 있다.

바울의 관계적 믿음

믿음에 대한 바울의 관점은 진리 주장(truth claim)에 관한 합리적
논증을 포함하지만, 그리스-로마의 철학 전통에서 명백하게 드러
나는 모든 관계적 요소들 등을 포함한다. 믿음의 관계적 요소들을
입증하기 위해, 우리는 고린도전서 1:26-2:5을 살펴본 다음 고린
도전서 15:1-2을 다시 살펴볼 것이다. 우리는 바울이 '피스티스'라
는 용어를 사용하는 방식을 살펴보고 그가 믿음이라는 말로 의미
하는 바가 무엇인지를 설명할 수 있도록 사용한 다른 용법과 은유
들을 검토해 볼 것이다.

　　고린도전서 1:26-31과 2:1-5에서 바울은 하나님 앞에서 인간이
유일하게 취할 수 있는 태도를 설명하기 위해 "자랑하다"(1:31)와
"믿음"(2:5)이라는 두 용어를 사용하여 두 가지 노선의 논증을 나
타낸다. 두 개의 단락에서 구조와 개념적 연속성이 유사하다는 것
은 바울이 이 두 단어를 비슷한 방식으로 사용한다는 사실을 암시
한다. 다시 말해, "자랑하다"라는 말은 바울이 "믿음"으로써 의미
하는 내용을 부분적으로 밝혀 준다. 첫 번째 단락에서 바울은 모
든 세상적인 형태의 가치가 복음의 능력으로 인해 무효화된다는
것을 강조하기 위해 고린도 교회 성도들이 지혜와 능력과 명망을
헛되게 추구하는 것을 드러낸다(1:26-31). 인간의 자연스러운 경향
은 자기-예찬(self-exaltation), 자기-확신(self-confidence), 심지어는 자
기-만족(self-sufficiency)이다. 그러나 바울은 이러한 성향들이 참된

복음의 삶에 반한다고 주장한다. 어떤 인간 존재자도 하나님의 현
존 앞에서 정당하게 자랑할 수 없다(1:29).

바울이 고린도 교회 성도들과의 편지 왕래에서 "자랑하다"라
는 용어를 사용하는 것은, 바울이 다루는 핵심 주제와 1세기 그리
스-로마 사회의 문화적·역사적 맥락을 함께 두고 숙고해 볼 때 충
분히 이해 가능하다. 바울이 글을 쓸 당시, 고린도는 그리스에서
가장 크고 가장 번영한 도시들 중 하나로 성장하고 있었으며, 초
기 공화정 시대를 반영하는 정부가 수립되어 있었다. 개인의 자선
기부, 업적 혹은 사회적 지위를 언급하는 비문들에서 확인할 수
있듯이 그 당시 고린도인들 사이에서는 성장하고 있는 도시와 개
인을 자랑하고자 하는 열망이 있었다. 흥미롭게도, 이러한 비문들
은 종종 자비로 제작됐는데, 이는 자기-홍보가 고린도 문화에서
흔했다는 것을 보여 준다.

바울은 부유한 것으로 유명한 도시에 권력과 명예를 얻기 위
해 분투하는 시민들이 있는 맥락에서 그들 자신의 자원을 자랑하
지 말라는 예레미야의 책망에 호소한다. 그보다도 자랑의 올바른
초점은 이것이다. "자랑하는 자는 주 안에서 자랑하십시오"(1:30-31
ESV; 참조, 렘 9:23-24). "하나님으로부터 나와 우리에게 지혜와 의로
움과 거룩함과 구속이 되신" 분은 예수 그리스도이시다(1:30 ESV).
따라서 하나님의 현존 안에서는 그리스도 예수 외에는 다른 자랑
의 근거도 없고, 다른 형태의 가치도 없다(1:31).

고린도전서 2:1-5에서 바울은 자신의 개인적인 경험을 바탕으

로 자신의 입장을 자세히 설명한다. 고린도 교회 성도들에게 주목할 만한 특징들이 부족했던 것처럼(1:26), 바울도 자신의 약함을 드러낸다. 바울은 설교할 때 웅변이나 지혜가 부족했다(2:1). 바울은 인상적인 강력한 존재감을 보여 주는 대신에, 연약함, 두려움, 떨림을 드러냈다(2:3). 그는 오직 예수 그리스도와 그리스도께서 십자가에 못 박히신 것에만 집중하기로 선택했다(2:2). 요컨대, 바울의 위상과 설교 방식은 **고린도 교회 성도들의 믿음**이 "인간의 지혜"에 의존하는 것이 아니라 "하나님의 능력"에 기초하기 위해서 그들의 가치와 정반대되는 것이었다(2:5). 평행하는 논증의 노선을 따라, 두 개의 단락들은 다음과 같이 유사한 목적 진술로 끝맺는다.

그러므로 기록된 바 "자랑하는 자는 주 안에서 자랑하십시오"와 같게 하려 함입니다. (1:31 ESV)

이는 여러분의 믿음이 사람의 지혜에 있지 아니하고 다만 하나님의 능력에 근거하게 하려 함입니다. (2:5 ESV)

바울이 **자랑하다**라는 동사를 사용하는 방식은 '피스티스'라는 용어를 사용한 데에서 암시됐던 것과 동일하게 하나님에 대한 의존성을 전한다. 이러한 종류의 자랑은 자아로부터 눈을 돌려 주님을 바라보는 것이다(1:31). 이 두 가지 개념들은 인간의 믿음이 모든 세상적인 가치의 형태를 거부하는 것을 포함한다는 사실을 보여 준다. 그렇다 하더라도 이것이 고린도 교회 성도들을 빈손으로 남겨 두지는 않는다. 바울은 자신의 독자들에게 오직 그리스도 안에서만 가치의 의미를 재정립하기를 촉구한다. 이 구절에서 자랑과 믿음 사이의 연관성은 참된 믿음의 한 가지 본질적인 요소, 즉 그리스도께 참된 것이 나에게 참된 것이라는 사실을 드러낸다. 이러한 방식으로, 믿음은 그리스도께 참된 것이 사람의 정체성, 희망, 가치의 근거가 되도록 자아를 재정의한다.

믿음에 관한 바울의 관점 중 한 가지 더 중요한 근본적인 특징은 고린도전서 2:5에서 그가 이 부분(1:18-2:5)의 가장 중요한 목적을 주장하면서 분명하게 나타난다. 비록 웅변적이고 설득력 있는 수사를 귀하게 여기는 사회에 속해 있었지만, 바울은 고린도 교회 성도들의 믿음이 사람의 지혜가 아니라 하나님의 능력을 의지하도록 하기 위해 "고상한 말"을 삼갔다(2:5). 여기서 우리는 하나님의 능력이 믿음을 이끌어 내는 것을 본다. 바울은 이 능력을 그리스도 안에서 확인하며(1:24), 그것은 십자가와 바울의 설교에서 나타난다(1:17-18; 2:2, 4-5). 그러므로 그리스도는 인간의 신앙의 분명한 초점이자, 그 배후에 있는 능력이다.

더욱이 인간은 믿음으로 하나님의 능력에 반응함으로써, 자기 스스로를 구원할 수 없다는 자신의 무능력을 인지한다. 믿음은 인간의 행위나 스스로 만들어 낸 노력으로 해석될 수 없다. 고린도전서 1-2장에서 바울은 하나님께서 약함, 심지어 십자가의 약함을 통해서까지 일하신다고 설명한다. 그 약함을 통해 하나님의 능력이 드러난다(1:27). 믿음은 이러한 하나님의 능력에 대한 인간의 반응이며, 따라서 믿음은 자기를 부정하면서 동시에 그리스도를 긍정하는 것이다.

고린도전서 15:1-2에서의 관계적 믿음

믿음의 관계적 의미는 고린도전서 15:1-2에서도 분명하게 드러난다. 바울은 고린도 교회 성도들에게 이들이 자신의 복음의 메시지를 받아들였고, 또 적극적으로 반응했다는 것을 상기시킨다. 우리가 위에서 살펴보았듯이(2:5), 구원은 그리스도 안에 있는 하나님의 신적인 행위에 근거한다. 그러나, 바울은 고린도 교회 성도들이 복음을 받아들이는 것을 묘사하기 위해 사용된 몇 가지 "자기-관여적"(self-involving) 동사들, 즉 "받아들이다", "일어서다", "굳게 지키다"를 사용함으로써 고린도 교회 성도들을 하나님의 활동과 연결한다.[3] 그뿐 아니라 각 동사는 아래 동사 분석에서 살펴보겠지만 믿음이 그 의미를 포괄하도록 마지막 동사(pisteuō)의 측면을 상세히 설명하는 것처럼 보인다.

　우선, 믿음은 반드시 복음을 개인적으로 받아들이는 것을 포함한다. 받아들임은 능동적 수동성(active passivity)을 반영한다. 그것은 타인의 앞선 행위, 즉 무엇인가를 주는 행위를 필요로 한다는

3.　"자기-관여적"(self-involving)이라는 용어는 Anthony C. Thistleton, *The First Epistle to the Corinthians: A Commentary on the Greek Text*, NIGTC (Grand rapids: Eedrdmans, 2000), 720, 1184 [= 『NIGTC 고린도전서 (상)』, 새물결플러스, 2022]에서 빌려왔다.

점에서 수동적이다. 마찬가지로, 받아들임은 선물을 받고, 또 적절하게 사용한다는 점에서 능동적이다. 하나님의 선물을 받아들이는 행위가 특별한 이유는 선물을 받은 후에도 선물을 준 사람의 활동이 중단되지 않는다는 것이다. 선물을 받아들이는 것에 앞서고 선물을 이끌어 내는 하나님의 능력은 받는 사람이 선물을 받을 수 있도록 지속적으로 힘을 실어 준다. 이는 데살로니가전서 2:13에서 바울이 "믿는 자들 가운데서 **항상** 일하신다"(저자의 번역)라는 말씀을 받아들이는 것에 대해 말하는 데에서 분명하게 드러난다. 하나님의 일하심이 계속 진행 중이듯, 받는 자도 주는 이에게 지속적이고 적극적으로 의존하고 있다는 느낌을 전달한다. 따라서 고린도 교회 성도들이 복음을 받아들인 것은 어떤 면에서 그리스도-사건, 즉 그리스도께서 십자가에 못 박히시고, 매장당하셨으며, 부활하셨다는 명제에 동의했음을 나타낸다(고전 15:3-4). 그러나 그들의 받아들임은 또한 그들 안에서 일하시는 하나님에 적극적으로 동참했음을 나타낸다.

바울이 사용한 두 번째 자기-관여적 동사는 믿음을 복음의 진리 위에 "서 있는" 것으로 은유적으로 보여 준다(15:1). 복음을 사람이 서 있는 터전으로서 상징적으로 제시하여 그리스도에 대한 전적인 의존이라는 관념을 그려 낸다. 그리스도 안에서 신자는 고난, 유혹, 고통에도 불구하고 안정과 보호를 찾는다. 바울은 이미 서신 앞부분에서 예수 그리스도만이 믿는 자들의 실존의 **토대**라고 주장하면서 유사한 은유를 제시했다(3:11). 다시 이 장의 마지막 부분에서 바울은 고린도 교회 성도들에게 "믿음 안에 서라"고 권면한다(16:13; 참조, 롬 11:20; 고후 1:24). 15:1에서 완료 시제는 현재 진행 중의 의미를 지닌 과거 행동이라는 의미로 사용된다. 다시 말해, "믿음 안에 서는 것"은 복음을 신뢰하기로 한 과거의 결정을 바탕으로 현재에도 지속되는 안정감을 의미한다. 이 은유를 통해, 바울은 믿음을 그리스도에 대한 현재 진행 중인 확신으로서 전달한다. 그리스도-사건, 즉 예수의 죽음, 매장, 부활은 믿음을 통해 살아가는 기초다.

바울이 사용한 "굳게 지키다"라는 셋째 동사도, 바울이 현재 시제를 사용함으로써 믿음이 지속적인 존재 방식임을 전달한다. 실제로 믿음은 단순히 과거에 한 번 결정한 것이 아니라, 적극적으로 실천되어야 하는 것이다. 바울은 자신이 사용하는 각각의 능동형 동사를 통해 사유가 발전하는 것처럼 보이는데, 과거에 복음을 받아들였음을 전달하는 "받아들이다"라는 동사의 부정과거(과거) 시제에서 시작하여, 과거에 받아들였던 힘을 복음에 의존하여 현재의 상태로 옮기는 "일어서다"라는 완료 시제로 옮긴 다음, 그들이 복음의 진리를 계속해서 고수해야 하는 상황을 표현하는 현재 시제 동사("굳게 지키다"—편주)로 마무리한다.

이 중요한 구절들에서 우리는 예수 그리스도의 복음의 진리에 대한 믿음이, 믿는 자들의 새 정체성의 기초를 형성하는 것임을 본다. 즉, 과거("너희가 받았느니라"), 현재("너희가 서 있다"), 미래("너희가 구원을 얻으리라")의 근거가 된다는 것이다. 모든 방식에서 믿음은 그

리스도-사건을 능동적으로 의지함으로써 스스로를 관계 맺게 한
다.

요약

본 장에서 우리는 플루타르코스와 바울의 고유한 이해를 비교하
는 장을 마련함으로써 그리스-로마 철학에서의 믿음에 대한 다양
한 이해를 폭넓게 살펴보았다. 초기 그리스 철학에서 '피스티스'
에 대한 관점은 종종 열등한 지적 상태를 나타냈지만, 플루타르코
스는 '피스티스'를 세상을 바라보는 확고한 토대로서 보았으며,
심지어 믿음에 대한 증거를 요구하는 사람들을 비판하기도 했다.
바울은 믿음의 이성적 근거에 대해 더욱 강하게 주장한다. 고린도
전서 15장에서 바울은 단순히 복음이 참이라고 주장하는 것이 아
니라, 증거와 목격자들을 통해 믿음의 진실성에 대한 증거를 제시
한다.

　플루타르코스와 바울 모두 신실함이라는 관계적 맥락에서 '피
스티스'에 대해 말한다. 플루타르코스는 다양한 관계적, 사회적 맥
락에서 믿을 만한 것에 대해 폭넓게 말한다. 종교적인 믿음과 관
련하여, 플루타르코스에게 신실하다는 것은 신의 덕을 얻기 위해
신을 모방하는 것을 포함한다. 바울에게서 믿음의 관계적인 요소
는 훨씬 더 깊다. 하나님을 믿는 믿음은 먼저 그리스도가 자신의

정체성, 희망, 가치의 원천이라는 것을 인지하는 것에서 시작한다. 민음은 자아로부터 눈을 돌려 그리스도를 향하는 것이며, 그리스도만을 전적으로 의지하는 것이다. 인간의 자세로서 바울은 민음이 스스로 만들어 낸 것이 아니라, 오히려 그리스도에 의해 이끌려지고, 그리스도에 근거하며, 또 그리스도로 향하는 것임을 입증한다.

고린도전서 15:1-2에서 그리스도-사건에 대한 고린도 교회 성도들의 반응에 관한 바울의 상세한 설명은 민음의 관계적 측면을 보다 명료하게 해 준다. 미래의 구원의 정점을 기다리면서 평생 동안 굳게 붙드는 그리스도 위에 확신에 차 계속해서 서 있는 것처럼(15:19-58), 민음은 바로 그리스도의 죽음과 부활에 스스로 관계 맺는 것(self-involving)이다. 바울은 의도적으로 고린도 교회 성도들에게 그들의 실존적 반응을 상기시키며, 예수 그리스도의 복음을 지속적으로 받아들이고 적극적으로 의존할 것을 촉구한다. 궁극적으로 우리는 바울에게서 민음이 하나님과 우리 자신을 의존적인 관계로 연결하여 십자가와 동일시하고 이를 통해 하나님의 능력에 참여하는 능동적인 실존 방식임을 알 수 있다.

더 읽을거리

1차 자료

Plutarch. *Lives.* [*Caesar* 22.] Translated by Bernadotte Perrin. LCL. London: Harvard University Press, 1919.

――――. *Moralia.* Vol. 2. [*On Superstition.*] Translated by Frank Cole Babbitt. LCL. London: Harvard University Press, 1928.

――――. *Moralia.* Vol. 7. [*On the Delays of Divine Vengeance; On Inoffensive SelfPraise.*] Translated by Philip H. De Lacy. LCL. London: Harvard University Press, 1959.

2차 자료

Bauer, Walter, William F. Arndt, F. Wilbur Gingrich, and Frederick W. Danker. *A Greek-English Lexicon of the New Testament and Other Early Christian Literature.* 3rd ed. Chicago: University of Chicago Press, 2000.

Bultmann, Rudolph. *Theology of the New Testament.* Translated by Kendrick Grobel. 2 vols. London: SCM Press, 1952.

Campbell, Douglas A. "Participation and Faith in Paul." In *"In Christ" in Paul: Explorations in Paul's Theology of Union and Participation*, edited by Michael J. Thate, Kevin J. Vanhoozer, and Constantine R. Campbell, 37-60, WUNT 2/384.

Tübingen: Mohr Siebeck, 2014.

Gorman, Michael J. *Becoming the Gospel: Paul, Participation, and Mission*. Grand Rapids: Eerdmans, 2015.

Kent, John Harvey. *Corinth: Results of Excavations Carried Out by the American School of Classical Studies at Athens, 8/3: The Inscriptions 1926–1950*. Princeton, NJ: ASCSA, 1966.

Kinneavy, James L. *Greek Rhetorical Origins of Christian Faith: An Inquiry*. Oxford: Oxford University Press, 1987.

Morgan, Teresa. *Roman Faith and Christian Faith:* Pistis *and* Fides *in the Early Roman Empire and Early Churches*. New York: Oxford University Press, 2015.

Pifer, Jeanette Hagen. *Faith as Participation: An Exegetical Study of Some Key Pauline Texts*. WUNT 2/486. Tübingen: Mohr Siebeck, 2019.

Thistleton, Anthony C. *The First Epistle to the Corinthians: A Commentary on the Greek Text*. NIGTC. Grand Rapids: Eerdmans, 2000.

Witherington, Ben, III. *Conflict & Community in Corinth: A Socio-rhetorical Commentary on 1 and 2 Corinthians*. Grand Rapids: Eerdmans, 1995.

토론 질문

1. 그리스-로마 철학에서 믿음에 대한 다양한 정의 중 당신이 속한 사회와 교회 환경에서 볼 수 있는 것은 무엇인가?

2. 여러분은 플루타르코스와 바울 사이의 유사점과 차이점 중 어떤 것이 가장 흥미로웠는가?

3. 바울이 고린도전서에서 믿음을 설명하는 다양한 방식 중 당신에게 새로운 것은 무엇이었는가? 믿음의 이러한 측면은 복음을 신뢰하거나 그리스도를 신뢰한다는 것이 무엇을 의미하는지에 대한 이해를 명확히 하거나 향상하는 데 어떻게 도움이 되었는가?

4. 당신은 "자기-관여적"(self-involving) 믿음이라는 개념을 어떻게 생각하는가? 당신은 믿음이 어떻게 신자를 그리스도의 죽음과 부활에 연결하는지에 대해 생각해 보았는가? 그것은 당신의 믿음을 어떻게 강화하거나 심화하는가? 이것은 그리스도 안에서 당신의 정체성에 대한 이해를 어떻게 향상시키는가?

제7장
편지는 언제 편지가 아니게 되는가?: 편지 작성자로서 바울, 키케로, 세네카

E. 랜돌프 리처즈(E. Randolph Richards)

1세기경 그리스-로마의 편지 쓰기는 키케로로부터 바울에 이르기까지 완만한 변화를 겪었다. 키케로는 자연스럽고 일상적인 편지를 징발하여 더 고상한 목적으로 사용하면서 웅변가로서의 수사학적 기술을 편지 형식에 도입했다. 로마의 정치적 모의는 로마 법정에서뿐만 아니라 파피루스 종이 한 장 위에서도 다루어졌다. 다시 말해 키케로는 로마 정치를 탐색하고, 갈등을 협상하며, 자신의 관점을 전파하고, 문제를 해결하기 위해 사적인 편지로 추정되는 것을 사용했다.

세네카도 마찬가지로 다른 사람들이 하는 것 이상으로 일상의 편지들을 발전시켰다. 그는 자신의 제자인 루킬리우스에게 스토아 철학을 가르치는 데 편지를 사용했다. 편지라는 방식은 독자들로 하여금 스스로를 루킬리우스의 입장에서 세네카의 제자가 되게끔 해 주었다. 세네카는 편지에서 루킬리우스의 질문에 대답하는데, 이는 공부를 처음 시작하는 학생이라면 누구나 질문할 만한 것이었다. 이 편지가 진척되고, 루킬리우스가 스토아 철학에 대한 이해가 깊어질 때, 세네카는 루킬리우스의 입술에 더 발전된 질문을 던졌다. 그러면 독자는 루킬리우스의 입장이 되어 보았다.

이것이 매력적인 교육 전략이기는 하지만, 키케로나 세네카 모두 편지를 의도된 목적에 맞게 사용하지 않았다는 점은 지적할 만한 가치가 있다. 당시 대부분의 편지는 오늘날의 전화, 이메일, 문자 메시지와 같은 기능을 했다. 편지는 사랑하는 사람에게 여행 계획이나 사업, 혹은 기타 일상적인 문제들을 알리기 위해 쓰였다. 예를 들어, 한 편지에서 젊은 병사가 집에 편지를 보내 자신이 로마 해군에 배속된 곳이 어디인지 어머니에게 알렸다. 따라서 키케로나 세네카가 했던 것은 일반적인 편지 쓰기가 아니었다. 대부분의 고대인들은 그들의 편지가 편지가 아니라고 주장했을 것이다!

바울은 이러한 변화하는 전통의 한가운데에서 살았으며, 또 그 스스로 이러한 전통을 이용했다. 우리가 아래에서 살펴볼 것처럼, 바울도 전형적인 편지 작가는 아니었다. 그의 편지는 지나치게 길고 복잡하다. 바울의 반대자들조차도 그 사실을 인정했다. 그 반대자들은 "바울의 편지들은 무게감이 있고 힘이 있다"(고후 10:10)고 불평했다. 아마, **무게감**(weighty)이라는 용어를 사용함으로써 그들은 내용뿐만 아니라 길이도 함께 조롱한 것 같다. "바울은 편지가 아니라 책을 보낸다"라고 그들은 주장했다. 로마 교회는 바울의 편지를 읽으려고 봉인을 풀기 이전에 항상 그 편지의 크기에 놀랐을 것이다. 바울은 로마 교회에게 책을 보냈지, 편지를 보내지 않았다!

키케로와 세네카는 편지 쓰기를 그들의 목적에 맞게 재구성할 자유를 느꼈다. 바울도 그러했다. 키케로처럼 바울도 편지를 사용해 (교회) 정치를 다루고, 갈등을 중재하고, 자신의 관점을 전파하고, 문제를 해결했다. 세네카처럼 바울도 기독교 철학, 즉 복음을 가르쳤다. 세네카처럼 바울도 정보를 전달하는 게 아니라 설득하고 있었다. 세네카와 바울 모두 개종자들을 만들기 위해 편지를 썼다.

바울의 편지를 키케로와 세네카의 편지와 나란히 놓고 볼 때, 우리는 편지 작성자들과 그들이 쓴 편지들을 더 잘 이해할 수 있다. 이제 이 편지들의 표면적인 유사성이 저자들 사이의 실질적인 차이를 드러낸다는 것을 더 자세히 살펴보자.

길이와 비용

이미 서론에서 바울, 키케로, 세네카의 편지가 일반적인 편지보다 훨씬 길다는 사실을 언급했으므로, 여기서부터 시작하려고 한다. 고대 그리스-로마 시기에 쓰였던 14,000개 이상의 파피루스 편지들을 살펴보면, 평균 길이는 약 87단어이며, 일반적으로 18단어에서 209단어에 이르기까지 범위가 다양하다. 키케로는 문학적 서한으로 잘 알려져 있으며, 로마 시대의 가장 위대한 편지 작가들 중 한 명으로 여겨지지만, 세네카는 그보다 훨씬 더 긴 편지를 썼다. 그 편지들은 지나치게 길어서 세네카가 인정할 정도였다. "나는 편지의 한도를 넘겨서는 안 되며, 따라서 독자의 왼손을 가득 채워서는 안 된다"(『서한집』 45.13). 이 편지, 즉 『서한집』의 45번째 편지는 740단어로 이루어져 있으며, 표준 '카르타'(*charta*: 파피루스 두루마리의 판매 단위)를 가득 채울 수 있는 분량이다. 세네카의 편지들 중 가장 긴 두 편지(『서한집』 94과 95)는 그의 다른 편지들보다 훨씬 긴데, 세 번째로 긴 편지보다 거의 50% 더 길고 평균적인 편지 크기의 세 배 이상이다. 그는 가장 긴 두 편지들 중 하나를 "거대한 편지"라고 묘사한다(『서한집』 95.3). 세네카는 더 상세한 논의는 "편지가 아니라 책"이 될 것이라고 주장한다(『서한집』 85.1). 세네카의 가장 긴 편지들 다섯을 꼽자면 『서한집』의 94번째 편지(4,201단어), 95번째 편지(4,105단어), 66번째 편지(3,006단어), 90번째 편지(2,971단어), 88번째 편지(2,521단어)이다. 그리고 세네카의 가장 짧은 편지들 다섯을 꼽자면 『서한집』의 62번째 편지(150단어), 38번째 편지(163단어), 112번째 편지(170단어), 34번째 편지(185단어), 46번째 편지(193단어)로, 평균 단어 수가 172단어다.

그렇기는 하지만, 바울을 키케로, 세네카와 비교하는 것은 바울이 우리에게 잘 알려진 다른 **모든** 고대의 편지 작가들과는 거리를 두고 있음을 보여 준다.

<표 7.1. 첫째 표 (편지의 길이)>

	가장 짧은 편지	가장 긴 편지	평균 길이
키케로	22단어	2,530단어	295단어
세네카	150단어	4,201단어	972단어
바울	334단어	7,085단어	2,487단어

바울의 편지의 길이는, 단순히 바울의 장황함을 비난하는 것을 넘어서서, 바울이 아마도 자신의 편지를 간직하고 있다가 전도 여행 시기가 시작될 때 발송했을 가능성이 높다는 점에 주목하면 부분적으로 설명될 수 있을 것이다. 바울의 편지를 운반한 사람들은 긴 거리를 횡단해야 했기 때문에, 그들은 종종 늦봄에 전도 여행 시기가 시작될 때까지 기다릴 필요가 있었을 것이다. 이처럼 발송이 지체되는 상황은 세네카가 편지를 보내고 또 다른 편지를 보낼 때, 바울로 하여금 몇 달에 걸쳐 쓰고, 편집하고, 자료를 덧붙일 수 있게 했다. 세네카는 자신이 자주 편지를 발송하는 것으로 묘사한다(『서한집』 118.1). 빈번한 서신 교환과 그에 따른 편지 운반자들의 정기적인 순환은 편지를 빠르게 마무리 짓도록 장려했다. 키케로는 카시우스(Cassius)에게 보낸 편지에서 편지 운반자가 떠날 수 있도록 편지를 급하게 마무리했다고 불평했다(『친구들에게 보낸 편지』 15.17.1-2). 만약 바울의 편지가 흔히 전도 여행 시기를 기다리는 동안 몇 달에 걸쳐, 대개 겨울에 자주 쓰였다는 것을 고려하면, 바울의 편지의 길이는 더 이해가능한 것이 된다.

바울이 편지를 보내는 비용은 편지의 지나친 길이 때문에 가

중됐다.¹ 이해를 돕자면, 아래는 바울과 세네카의 편지들 중 가장 긴 편지와 가장 짧은 편지를 보내는 데 드는 비용(현재 미국 달러 기준)이다.

<표 7.2. 둘째 표. (편지의 비용)>

	문자의 수	완성된 편지의 총 '데나리온' 비용	오늘날의 비용 (미국 달러 / 한화(환율 1,380원 기준])
로마서	34,232	20.68	$2,275 / 3,139,500원
빌레몬서	1,562	0.93	$102 / 140,760원
94번째 편지	23,677	14.29	$1,572 / 2,169,360원
62번째 편지	829	0.48	$53 / 73,140원

바울의 편지를 보내는 데 비용이 많이 들고 더 큰 어려움이 있었기 때문에, 그가 "모든 교회에 대한 염려"를 큰 부담으로 꼽았을 때, 이마도 이는 단순한 수사적인 표현이 아니었을 것이다(고후 11:28).

---

1. 문학 작품의 경우, 필사자는 한 줄당 평균 16음절, 총 36자 정도의 6보격(步格. 시에서 쓰이는 운율 형태의 하나—역주) 라인을 사용했다. 이 줄은 '스티코스'(stichos)라고 불렸다. 필사자는 '스티코이'(stichoi, stichos의 복수형—편주)의 수에 따라 요금을 청구했으며, 책도 이러한 방식으로 가격이 책정되었다. 사적인 편지는 이 표준을 따랐을 것으로 보인다. 세네카의 작품 전집의 출판된 사본은 확실히 그랬을 것이다.

빈도

확실히, 발신자의(혹은 수신자의) 상황은 편지를 쓰는 빈도에 큰 영향을 미친다. 발신자의 사회경제적 지위, 수신자와의 거리(물리적 거리, 사회경제학적 거리, 정서적 거리 모두 포함하여)도 편지를 쓰는 빈도에 영향을 미친다. 키케로가 세네카와 바울보다 더 자주 편지를 썼지만, 단순히 일정 기간 동안의 편지 수를 세는 것은 이러한 요소를 모호하게 만든다. 그렇기는 하지만 더 나은 이해를 위해 세네카와 바울 사이의 빈도 차이에 주목해 보도록 하자.

세네카는 주후 62년에서 65년 사이에 최소 124통의 편지를 썼다. 이것이 실제 공식 서한인지 아닌지의 여부와 상관없이, 세네카는 그렇게 자주 글을 쓰는 것이 터무니없는 시나리오가 아님을 시사하면서 스스로 이 빈도로 글을 썼음을 제시한다. 만약 우리가 바울의 저작들을 관대하게 받아들여서, 소위 '고린도 교회에 보낸 잃어버린 편지'라고 불리는 두 편지를 덧붙인다면(참조, 고전 5:9; 고후 7:8), 우리는 바울이 15년 동안 최대 15통의 편지를 보냈다고 믿을 수 있다. 그렇다면, 세네카는 1년에 약 40통의 편지를 썼고(혹은 최소한 그 자신이 편지를 쓰는 것처럼 발표했다), 반면에 바울은 1년에 1통 정도 편지를 썼다. 바울이 로마 감옥에 갇혀 있던 시기로 제한해서 비교하면, 바울이 편지를 쓴 빈도를 두 배로 늘릴 수 있지만, 그래도 단지 1년에 약 2통 정도일 뿐이다. 적어도 우리는 세네카가 바울보다 훨씬 더 자주 편지를 썼다고 안전하게 말할 수 있다.

세네카(그리고 키케로)와 바울의 차이점은 의미심장하게 느껴질 정도로 대단하다. 우리는 이 차이를 어떻게 설명할 수 있을 것인가? 아마도 여가와 부유함이 세네카의 빈도를 설명해 주는 것 같다. 세네카의 편지가 공식적인 서한이었다면, 우리는 그가 루킬리우스의 근처에 살았다는 것 또한 주목해야만 한다. 이는 편지 운반자가 전통적인 여행 시즌이 아니더라도 여행할 수 있도록 했다. 육로와 해상 여행에 대한 계절적인 제한은 이탈리아 반도 하부 지역의 현지 여행에는 적용되지 않았다. 세네카는 해상 여행이 편지를 지연시킬 수 있었다는 점에 주목했다(『서한집』 71.1). 유사하게도, 키케로 역시도 지리적으로 짧은 거리에서 자주 편지를 교환했다.

만약 가까운 지리적 인접성이 더 빠른 서신 교환을 가능하게 했다면 바울이 인근에 있는 교회의 성도들과 편지를 주고받은 한 가지 사례, 즉 에베소에 살면서 고린도에 보낸 편지를 비교해 볼 가치가 있을 것이다. 학자들은 일반적으로 바울이 2년 동안 최소 4통의 편지를 썼다고 주장한다. 이는 키케로나 세네카의 편지에 비하면 여전히 훨씬 덜 빈번하지만, 바울의 관습에 비하면 더 빈번하다. 바울은 바빴으며, 또 자주 여행했고, 와중에 성도들과 거리는 무척 멀었으며, 편지를 보내기 위해 드는 비용이 늘었기 때문에, 편지를 더 적게 쓰게 되지 않았나 짐작해 볼 수 있다.

사적인 편지인가? 아니면 공적인 편지인가?

20세기 초, 고고학자들이 이집트 사막에서 파피루스 편지들을 발견하기 시작했을 때, 이 파피루스 편지들이 키케로, 세네카, 다른 로마 귀족들의 편지들과 얼마나 다른지, 그러면서도 이 파피루스들에 쓰인 어휘가 바울의 편지와 얼마나 유사한지를 금세 알아차렸다. 아돌프 다이스만(Adolf Deissmann)은 매우 자주 사용된 파피루스 **편지**(letters)와, 인위적이고 예술적인 문학 **서신**(epistles)의 차이를 강하게 그려 냈다.[2]

전형적인 파피루스 편지들은 특정한 수신자에게만 읽혀질 것이라고 의도된 자연스럽고, 일상적이며, 상황적인 편지였다. 문학 서신은 주로 친구나 후원자와 같은 개인에게 보내는 것이지만, 실제로는 일반 대중을 특정한 관점으로 설득하려는 진정한 목적을 가지고, 이 서신을 읽기 원하거나 읽을 수 있는 능력이 있는 모든 사람을 위해 쓰였다. 바울은 다이스만이 파피루스 편지들에서 발견했던 것과 동일한 '거리의 언어'를 사용했기 때문에, 바울은 신속하게 파피루스 편지들로 재분류됐다. 다이스만은 바울의 편지

2.　이와 관련한 보다 상세한 논의는 다음 자료를 보라. Adolf Deissmann, *Light from the Ancient Near East: The New Testament Illustrated by Recently Discovered Texts of the Graeco-Roman World*, trans. L. R. M. Strachan (London: Hodder & Stoughton, 1912), 290-301. 또, 다음 자료를 함께 참조하라. E. Randolph Richards, *Paul and First Century Letter Writing: Secretaries, Composition and Collection* (Downers Grove, IL: InterVarsity Press, 2004), 122-27.

를 사역의 도가니에서 벼려지고 휘몰아치는 삶의 소용돌이에서 단숨에 쓰인, 꾸밈이 없고 마음에서 자발적으로 우러난 편지로 읽어야 하며, 다른 독자들에게 읽힐 의도는 전혀 없었다고 주장했다. 따라서 바울은 키케로나 세네카와 같은 사람들과 조금이라도 비교되어서는 안 된다.

다이스만의 구분은 한동안 유행했으나 결국에는 지나치게 인위적이라는 이유로 유행에서 멀어졌다. 그러나 과장하지 않는다면 다이스만의 범주는 유용할 수 있다. 그래도 우리는 고대 편지들을 두 가지 선택지로 보는 것이 아니라, 매우 공개적이고, 길며, 인공적인 서신에서부터 매우 자주 쓰이고, 짧으며, 사적인 편지에 이르기까지 다양한 스펙트럼으로 보아야 한다. 세네카는 이 스펙트럼 중 서신의 끝자락에 해당하는 가장 훌륭한 예시는 아니지만, 그래도 괜찮은 예시가 될 것이다. 이집트 사막에서 발견된 파피루스는 편지의 끝자락에 해당하는 풍부한 예시를 제공해 준다. 그러나 바울은 서신과 편지의 특성 모두를 가지고 있어서 분류하기 어려운 중간 지점에 남아 있다.

<그림 2. 편지-서신 스펙트럼>

어쨌든 우리는 바울의 편지는 사적인 것이고 세네카의 편지는

공적인 것이라고 설명할 수 있는가? 아니다. 세네카의 편지는 매우 개인적인 서신인 체하지만, 학자들은 일반적으로 세네카의 편지가 공적인 대중을 대상으로 한 것은 아니더라도, 넓은 독자층을 염두에 두었다는 것에 동의한다. 역설적이게도, 바울의 편지는 그 자체로 꽤 공적인 것으로 제시된다. 이 편지들은 때로는 팀에게 보내졌고(갈라디아서; 데살로니가전후서), 종종 공동 발신자가 함께 있기도 했으며(고린도전후서; 빌립보서; 골로새서; 빌레몬서), 대개는 공동체에게 발송되었다. 그러나 바울의 편지들은 확실히 세네카의 편지보다는 더 개인적인 것으로 읽힌다. 우리는 한 작가는 공적인 편지를 작성하고, 또 다른 작가는 사적인 편지를 작성한다고 단순하게 분류할 수 없다. 바울의 편지들은 이 범주에 정확하게 꼭 들어맞지 않는다. 바울의 편지는 실제로 편지가 아닌데, 적어도 파피루스 편지들과 비교할 때 편지가 아니다.

형식적인 것 혹은 격식을 차리지 않는 것

1세기 지중해의 편지들은 그리스어(바울)로 쓰였든, 아니면 라틴어(키케로와 세네카)로 쓰였든 간에, 놀라울 정도로 일관적인 형식을 갖추고 있었다.[3] 중요한 것은 언어의 차이가 아니라, 언어의 **질적** 차

---

3.   그러나 바울은 편지 쓰기에서 흔히 사용되는 표현법(서간체)을 자주 사용하는 반면, 세네카는 거의 사용하지 않는다. 게다가, 고대 편지들에는 보통 신

이다. 바울과 세네카의 문체를 예로 들어 보자. 바울의 그리스어는 언제나 세련되지 않은 것으로 특징지어지는 반면에, 세네카의 편지는 격식을 차리지 않는 문체를 **주장한다**. 예를 들어, 『서한집』 85번째 편지에서 세네카는 이렇게 쓴다. "저는 제 편지가 당신과 제가 함께 앉아서 교제하는 대화와 같이 되기를 선호합니다"(『서한집』 85.1). 다른 곳에서 세네카는 루킬리우스의 입술로 비난을 하기도 한다. "당신은 나에게서 다소 부주의하게 쓰인 편지를 받았다고 불평합니다"(『서한집』 75.1).

그러나 바울의 편지들과는 대조적으로, 세네카의 편지에 대한 분석은 세네카의 주장을 반박한다. 스토아 철학자의 편지는 사유와 문체에 균형을 맞추고 가장 효과적인 단어를 신중하게 골라 주의 깊게 쓰였다. 세네카는 수사학의 대가였다. 세네카의 글에서 그가 부주의한 것처럼 보이는 경우는 모두 실제로 요점을 말하기 위한 것이다. 부주의에 대한 세네카의 주장은 전략이며, 그의 외관상의 격식 차리지 않음은 인위적인 것인 반면, 바울은 실제로 자신의 편지에 거리의 언어를 반영한 참된 '코이네'(koine, "일상의/매일의") 특성을 발하는 문법상의 실수를 저지른다.

그들의 편지들에서의 차이점은 그 사람들의 차이를 어느 정도 반영한다. 바울은 제국 내의 정복당한 민족의 일원이었고, 키케로

들에게 바치는 기도를 언급한다. 그러나 바울은 이 기도문보다 더 길게, 그리고 매우 다른 것들을 위해 기도한다(예, 고후 13:7, 9; 엡 1:18; 3:14). 세네카는 기도를 거의 언급하지 않는다.

와 세네카는 지배 엘리트의 일원이었다. 설령 그들이 비슷한 경제적, 교육적 지위를 공유했더라도 바울은 꽤 다르게 보이거나/받아들여졌을 것인데, 이들은 확실히 그렇지 않았다. 바울과 그들 사이에는 엄청난 경제적 격차가 존재했다. 그들은 다른 세계에 살았다. 예를 들어, 세네카는 굴과 버섯과 같은 별미를 거절하는 사치를 언급하는데, 그 이유는 "그것들은 진짜 음식이 아니며, 오히려 포만감에 찬 위장에 더 많은 음식물을 밀어 넣도록 괴롭히는 것을 즐기기" 때문이라는 것이다(『서한집』 108.15). 이와는 대조적으로 바울은 궁핍함이 무엇인지를 알았으며, 종종 진정한 굶주림을 경험했다(빌 4:12; 고후 6:5). 이들의 엄청난 사회경제적 차이로 인해 로마 철학자는 거리에서 유대인 바울을 마주쳤더라도 그를 상대하지 않았을 것이 확실하다.

결론

위에서 우리가 보았던 것처럼, 바울의 편지를 키케로와 세네카의 편지와 비교해 보면 사도의 글들이 당대의 다른 긴 편지들(예, 키케로와 세네카의 편지)보다 압도적으로 길다는 사실을 알 수 있다. 결과적으로 바울의 편지는 훨씬 더 많은 비용이 소요되었다. 비록 바울이 더 긴 편지를 쓰기는 했지만, 바울은 키케로나 세네카처럼 자주 편지를 쓰지는 않았다. 이는 늘어난 비용 외에도, 바울의 바쁜 일정과 전도 여행, 게다가 바울과 그의 편지를 받아 보는 수신자들 사이의 거리가 너무 멀다는 것을 반영한 것으로 보인다. 더 나아가, 세네카의 편지는 개인적인 것이라고 주장하지만 실제로는 공적인 것인 반면에, 바울의 편지는 그 자체로 더 공적인 것을 제시하지만 그러나 매우 개인적인 것처럼 보인다. 세네카는 친구에게 글을 쓴 것으로 추정되지만, 그의 편지에는 우정, 공동체, 혹은 진정한 개인적 관심의 흔적이 보이지 않는다. 그러나 바울의 편지는 그와 개인적으로 깊은 관계를 맺고 있는 공동체, 때때로 한 도시나 지방에 흩어져 있는 공동체에게 쓰였다.

바울, 키케로, 세네카가 문학적 동류는 아니지만, 셋 중 누구도 전형적인 편지 작가와 같지 않다. 그렇다면 편지는 언제 편지가 **아니게** 되는가? 바울과 키케로, 혹은 세네카가 글을 쓸 때이다. 이들에게 편지는 주인의 손에서 목적에 맞게 구부려져 모양을 바꾸는 도구였다. 이 사람들이 다른 목적을 가지고 있었기 때문에, 이들의 편지가 결국 전형적인 편지들과 다를 뿐만 아니라 이들끼리도 서로 다르다는 것은 놀랄 만한 일이 아니다. 세 사람 모두 자신의 이념으로 세상을 가득 채우고 싶었다. 가장 큰 차이점은 바울은 자신의 복음이 하나님으로부터 왔다고 주장했다는 점이다(살전 2:13).

더 읽을거리

Deissmann, Adolf. *Light from the Ancient Near East: The New Testament Illustrated by Recently Discovered Texts of the Graeco-Roman World.* Translated by Lionel R. M. Strachan. London: Hodder & Stoughton, 1912. Reprint, Grand Rapids: Baker, 1978.

Klauck, Hans-Josef. *Ancient Letters and the New Testament: A Guide to Context and Exegesis.* Waco, TX: Baylor University Press, 2006.

Richards, E. Randolph. *Paul and First-Century Letter Writing: Secretaries, Composition and Collection.* Downers Grove, IL: InterVarsity Press, 2004.

토론 질문

1. 바울은 자신이 감당해야 했던 짐들 중 하나로 "모든 교회에 대한 염려"(고후 11:28)를 꼽는다. 그의 편지의 이례적인 길이와 그가 들인 시간과 돈을 고려해 볼 때, 우리는 수많은 크리스천 리더들 중에서 너무 귀찮게 군다는 이유로 교회를 묵살하거나 무시하려는 대중적인 움직임을 어떻게 평가하는 것이 좋을까?

2. 우리는 바울 시대의 지식인들 사이에서 일상적인 의사소통의 일반적인 수단인 편지를 더 고상한 목적을 위해 사용하려는 대중적인 경향이 있었다는 것을 보았다. 바울도 이 방식을 채택했다. 오늘날 우리는 의사소통을 위한 다양한 수단들을 가지고 있다. 새로운 방법들을 채택하고 적용하고자 했던 바울의 의지는 오늘날의 크리스천 리더들에게 어떻게 영감을 줄 수 있을까? 몇 가지 구체적인 예시를 들어 보라.

3. 바울에게 사역은 항상 개인적인 것이었다. 바울은 데살로니가 교회 성도들에게 자신을 아버지(살전 2:11)이자 유모(2:7)로 단숨에 묘사했다. 데살로니가 교회 성도들은 바울의 자녀였다. 바울에게 사역은 결코 단순히 직업이 아니었다. 바울의 편지는 그가 성도들을 위해 아파하고, 걱정하며, 이들을 깊이 돌보았음을 **보여 주었다**. 물론, 그리스도인 지도자들은 자신이 돌보는 이들을 사랑해야만 하지만, 바울이 성도들과 소통하는 방식에서 우리는 무엇을 배울 수 있는가?

4. 세네카와 바울 모두는 그들의 편지를 받는 수신자들을 자신의 귀한 작품으로 여겼고(『서한집』 34.1; 고후 3:1-3) 그들과 같은 마음을 가졌다(『서한집』 35.2). 그러나 바울은 세네카보다 더 자주, 더 적은 수의 편지에서 이를 언급하며 자신의 제자들이 서로 한마음이 되는 일에 더 관심을 가졌다(롬 15:6; 고전 1:10; 고후 13:11; 빌 2:2). 왜 그런 것 같은가?

제8장
선한 싸움을 싸우다:
바울과 철학의 거장들의 선한 삶

니제이 K. 굽타(Nijay K. Gupta)

우리가 아는 한, 사도 바울은 군인으로서 실제 전투에 참여한 적이 없다. 그러나 바울은 자신의 편지에서 군사 은유를 사용하기를 좋아했다는 사실은 분명하다. 예를 들면, 고린도후서에서 바울은 하나님의 종들이 각 손에 "의의 무기"를 준비하는 것에 대해 말한다(고후 6:7). 때때로 바울은 위의 예시에서처럼 자신의 전쟁 이미지를 공공연하게 드러낸다. 다른 때에는 조금 덜 분명하게 드러나지만, 그럼에도 그런 이미지를 충분히 감지할 수 있다. 예를 들어, 바울은 기독교 신앙으로 개종한 이들에게 주님 안에서 "굳게 서라"고 격려한다. 이는 군인에게 부과되는 기대를 나타내는 군사적인 표현으로, "적과 대적하는 입장을 취하라"는 의미다.[1] 물론, 바울은

---

1. Timothy Geoffrion, *The Rhetorical Purpose and the Political and Military Character of Philippians* (Lewiston, NY: Mellen Biblical Press, 1993), 55.

자신의 편지에서 넓은 의미의 은유들, 즉 희생, 육상 경기, 신체와
머리, 씨뿌리기와 수확하기, 기타 등등의 은유들을 사용한다. 그러
나 흥미로운 점은, 그리스도인의 삶을 인도하는 데 관심을 두는
바울의 편지 거의 대부분에는 전쟁 이미지가 언급된다.

잠시 후에 우리는 왜 바울이 이러한 군사적인 언어를 사용했
을지, 그리고 어떤 목적으로 이를 사용했는지에 대해 몇 가지 이
유들을 숙고해 보겠지만, 우선은 군사적 이미지가 로마 세계 어디
에서나 있었기 때문에 쉽게 떠올랐을 것이라고 추측해 볼 수 있
다. 워렌 카터(Warren Carter)가 설명하듯, "군사적 힘의 맥락에서, 그
리고 군사적 힘에 종속되어 살아가는 사람들은 그들이 원하든 원
하지 않든 이 군사적인 관습(ethos)과 언어를 흡수해야만 했다는 사
실은 놀랄 일이 아니다."[2] 실제로 그리스-로마 세계에서는 전반적
인 삶에 관해 이야기하기 위해 이러한 단어의 상(像, picture)을 사용
하는 오랜 전통이 있었다. 주전 6세기까지 거슬러 올라가면, 우리
는 (피타고라스 같은) 철학자들이 좋은 삶으로 나아가는 길을 고귀한
군인의 삶의 길과 비교하는 것을 볼 수 있다.[3] 로리 브링크(Laurie
Brink)는 다음과 같이 설명한다.

군 생활의 엄격함은 철학자의 금욕적인 생활 방식과 덕을 추구하

---

2. Warren Carter, *The Roman Empire and the New Testament* (Nashville:
    Abingdon, 2010), 24.
3. Geoffrion, *Rhetorical Purpose*, 38을 보라.

는 일의 은유가 되었다. 전투가 끝난 지 오랜 후에, 성공한 장군
은 '엔코미아'(*encomia*: 누군가를, 혹은 무엇인가를 찬미하는 말이나 글쓰기)
를 창작하면서 수사학자의 모범을 보였다. 극작가와 시인의 손에
서 전쟁의 피는 희극의 기쁨과 극적인 비극을 위한 영감의 원천
이 된다.[4]

그렇다면 바울은 "좋은 군인"이라는 주제를 통해 덕과 지혜를
가르치는 대중문화 전통을 활용했을 것이다. 바울의 군사적 은유
를 상세하게 관찰할 때, 우리는 바울 자신의 어법 및 목적과 당시
그리스-로마 철학자들의 어법 및 목적 사이에 많은 유사점을 발견
한다. 그렇다고 바울 스스로가 의도적으로 철학자들이 논의하는
방식을 모방하기 위해 그들의 저작들을 연구했음을 말하는 것은
아니다. 어쨌든 바울은 자신의 저작에서 철학자의 이름을 언급하
지도 않았고, 명시적으로 인용하는 것 같지도 않다. 그러나 바울은
'교양 있는' 사람이었던 것처럼 보이기 때문에, 아마 그는 대중적
인 철학자들에 대해, 또 그들의 주요 저작이나 이념들에 대해 전
반적으로 잘 알고 있었을 것이다. (우리는 이를 소셜 미디어 수다[social
media chatter: 소셜 미디어에서 각종 게시물과 댓글로 상품 등에 관해 피드백을
나누는 행위—편주]와 휴게실 대화["water cooler" talk, 업무 시간 중에 직원들이
휴게실 정수기 앞에 모여 수다를 떨 듯 격식 없이 나누는 대화—편주]를 기초로 하

---

4. Laurie Brink, *Soldiers in Luke-Acts*, WUNT 2/362 (Tübingen: Mohr
    Siebeck, 2014), 1.

여 우리가 본 적 없는 영화의 줄거리에 대해 알게 되는 방식과 비교해 볼 수 있을 것이다.) 우리가 바울의 도덕적 가르침을 고대 철학자들의 도덕적 가르침과 비교할 때 유사점을 발견하게 되는 것은 놀랍기까지 한다. 이 장에서 우리는 네 가지 주제, 즉 인생은 전투라는 것, 좋은 군인의 용기, 좋은 군인의 복종과 협력, 그리고 좋은 군인의 자기-수양을 중심으로 바울과 철학자들을 비교해 볼 것이다.

인생은 전투다

바울과 철학자들이 왜 전쟁 이미지를 사용했는지를 입증하기에 가장 좋은 시작점은 "인생은 전투다"라는, 만연하게 퍼져 있는 개념이다. 만약 인생이 쉽거나 단순하다면 아마 그러한 언어가 필요하지 않았을 것이고, 정직하게 말해 도덕적인 글도 전혀 필요하지 않았을 것이다. 그러나 바울과 (대부분의) 고대 철학자들은 고난은 불가피하고 인간은 '파이데이아'(*paideia*)—지혜와 성숙을 교육하는 것—없이는 미숙하고 연약한 채로 남아 있을 것이기 때문에 도덕적인 가르침이 반드시 필요하다고 확고하게 믿었다. 따라서 "좋은 군인"의 이미지는 사람들에게 이러한 도전과 기회를 적절하게 일깨워 줄 것이며, 어렵지만 잠재적으로 보람 있는 길을 준비하도록 영감을 줄 것이다. 갈라디아서에서 바울은 "이들이 서로 대적합니다"(갈 5:17)라고 말하면서 세계가 육체와 영 사이의 거듭된 전투로 괴로움을 당해 왔다고 설명한다. 바울이 데살로니가 교회 성도들에게 밤중과 피로의 취약함을 틈타 적들이 자신들에게 공격해 올까 봐 생기는 두려움 때문에 군인들이 밤에 보초를 서는 것처럼 "깨어 있으라", "정신을 차리라"(살전 5:6)고 경고했을 때도 동일한 개념이었을 수 있다. 그리스의 스토아 철학자 에픽테토스는 이러한 방식에서 다음과 같이 말한다.

> 여러분은 삶이 군사작전과 같다는 것을 알지 못합니까? 누군가는 보초를 서야만 하고, 또 다른 누군가는 정찰을, 또 다른 누군가는 최전방에서 복무해야 합니다. … 이는 우리에게서도 마찬가지입니다. 각 사람들의 인생은 일종의 전투이며, 또 길고 다양한 전투이기도 합니다. 여러분들은 군인과 같이 철야로 보초를 서야만 하며, 또 명령받은 모든 일을 수행해야만 합니다. … 당신은 어떤 낮은 자리가 아니라 요직에 배치되었으며, 단기간이 아니라 평생 복무해야 합니다. (『담화집』 3.24.31-36)

로마의 스토아 철학자 세네카는 유사하게 "인생을 사는 것은 군사적 갈등에 참여하는 것입니다"라고 썼다(『서한집』 96.5). 세네카가 "좋은 군인"을 칭찬하는 이유 중 하나는 이들이 극도로 절제된 삶을 살아가는 방식 때문이다. 루킬리우스에게 보내는 편지에서 세네카는 로마 군인의 태도를 찬미한다. 때때로 군인은 유쾌하게 여행하며, 또 여정을 즐기지만, 주변의 위협을 깨달으면 즉각적으로 행동을 취하기도 한다. "필요는 그가 평화롭고 여유로운 순간에 주운 모든 것을 버리게 만든다"(『서한집』 49.6). 여기서 세네카가 언급하는 것은 사라져 버릴 세속적인 쾌락에 대한 군인의 무관심함(indifference)과 그의 죽음 이후에도 계속될 것에 대한 투자가 필요하다는 것이다. 왜냐하면 세네카는 "죽음은 내 뒤를 쫓고 있고, 인생은 덧없이 지나가고 있습니다"라고 말하기 때문이다(『서한집』 49.9).

만약 인생이 전투라면, 누가 혹은 무엇이 우리의 적인가? 여기서 우리는 바울과 고대 도덕철학자들 사이에 있는 차이점을 본다. 우리가 이미 위에서 언급했듯이, 바울은 자신의 개종자들에게 '육체'와 '영'이 끊임없이 지속되는 갈등에 처해 있으며, 하나가 다른 하나를 정복하기를 시도한다는 이념을 전했다. 신자는 단지 한 번만이 아니라 매 순간마다, 육체나 영 중 어느 한쪽의 편에 서야 한다(롬 8:4-9, 13; 갈 5:16-17; 참조, 빌 3:3). 아마 가장 독특한 점은, 바울이 태고의 '적들'을 '죄'와 '사망'으로 보았다는 것이다. 이제, 사람들은 바울과 같은 유대인들이 사탄의 계략과 악의 권세에 집중한다는 것을 예상할 것이며, 바울은 이러한 적들을 도외시하지 않는다(롬 12:21; 16:20; 고후 2:11; 11:14; 12:7; 살전 2:18). 그러나 바울은 죄와 사망의 한 쌍의 권세에 더 많이 주목한다. 바울은 죄에 관하여, 마치 아담이 죄를 범했을 때 인간의 연약한 상태를 이용하여 땅에 침투한 괴수인 것처럼 말한다(롬 5:12). 사망도 그 뒤를 따랐으며, 죄와 사망은 이후로 엄청난 대혼란을 일으켰다(롬 5:12). 따라서 바울은 "아담의 시대에서부터 모세의 시대에 이르기까지 사망이 지배했다"
(5:14)고, 그리고 "죄가 사망 가운데서 지배했다"(5:21)고 증언할 수
있었다. 그러므로 유한한 인간은 죄의 종이라는 비천한 상황에 처
해 있다. 그러나 바울은 예수 그리스도의 복음으로 인한 구속의
능력을 통해 신자들이 죄와 사망으로부터 해방되어 "의의 종"이
될 것이라 믿었다(6:16-18; 참조, 고전 15:56-57). 바울은 그 자체를 '덕'
과 '악덕'의 측면에서 생각하지 않았지만, 어떤 가치와 행동은 참
된 하나님 나라와 조화를 이루는 반면, 어떤 가치와 행동은 쇠약
해지는 육체를 드러낸다고 믿었다.

소크라테스와 같은 대부분의 고대 철학자들에게서 주된 관심
사는 정욕과의 전쟁이었다.[5] 스토아 철학자로서 세네카는 사람이
'운명'과 피할 수 없는 고난이라는 현실을 직시해야 하며, 궁극적
으로 유혹에 저항하고 인간의 욕망을 통제하도록 부름받았다고
믿었다(『서한집』 87.41; 95.5을 보라). 로마의 웅변가 키케로는 인생을
향한 자신의 철학적 태도에 관한 도움이 될 짧막한 묘사를 제공한
다. "그 사람 … 일관성과 자제력을 통해 마음이 고요한 사람, 자
기 안에서 만족을 찾는 사람, 역경으로 인해 무너지지도 두려움으
로 인해 허물어지지도 않는 사람, 갈증의 욕구 때문에 불타오르지
않으며 거칠고 헛된 흥분에 빠지지 않는 사람, 그 사람이 우리가

---

5. *Xen., Mem.* 1.2.24을 보라. 이는 C. S. Keener, *The Mind of the Spirit: Paul's Approach to Transformed Thinking* (Grand Rapids: Baker Academic, 2016), 110n407에서 인용했다.

찾는 현명한 사람이며, 그 사람이 행복한 사람이다"(『투스쿨룸 대화』 4.37).[6] 유대인 철학자인 알렉산드리아의 필론은 철학자의 이상을 잘 포착하고 있다. 즉, 필론은 이 '땅'에서의 '안식'에 대한 구약성 경의 초점을 철학자들의 순수한 덕에 대한 추구와 비교했다. 이스 라엘이 가나안을 향해 고되고 위험한 여행을 해야만 했던 것처럼, 지혜로운 사람은 덕을 추구하는 데 많은 고난을 겪어야 하며, 그 길은 악덕과 정욕의 적들과 싸워야 할 정도로 험난하다(『꿈에 대하 여』, 174).

좋은 군인의 용기

그리스인들과 로마인들의 마음속에 좋은 군인의 가장 두드러진 특성은 "남자다움" 혹은 "용감함"을 의미하는 '비르투스'(*virtus*)였 다. 로마의 극작가 플라우투스(주전 254-184년)는 한 아내의 말을 통 해 이 가치의 문화적 중요성을 다음과 같이 설명한다.

나는 내 남자가 전쟁의 승리자로서 올게 되기를 바랍니다. 내게 는 그것으로 충분합니다. '비르투스'는 최고의 상입니다. '비르투 스'가 모든 것에 우선한다는 것은 확실합니다. ⋯ '비르투스'에는

---

6. Nancy Sherman, *Stoic Warriors* (Oxford: Oxford University Press, 2007), xiv을 보라.

모든 것이 들어 있습니다. '비르투스'를 갖춘 사람은 모든 좋은 것을 가지고 있습니다. (『암피트리온』 6.48-54)[7]

로마인들이 용기의 덕을 어떻게 이해했는지 알고 싶은 사람은 남성적인 짧막한 문장과 간결한 일화들이 수록되어 있는, 「리더스 다이제스트」(Reader's Digest)의 일종인 플루타르코스의 『스파르타인 이야기』(Sayings of Spartans)를 읽어 볼 수 있다. 아게실라우스의 말은 용기의 덕과 관련한 격언 중 하나로 여겨진다. "장군은 적에게는 대담함을, 자신의 휘하에 있는 사람들에게는 친절함을 가지고 있어야 한다"(213C). 세네카는 『섭리에 대하여』(On Providence)에서 참된 힘은 고난을 인내하고 극복하는 용기를 발견하는 것에서 나오기 때문에, 고난은 생존 가능한 것일 뿐만 아니라 심지어 유익한 것이기도 하다고 추론한다. 세네카는 이렇게 쓴다. "나는 당신이 불행하다고 여깁니다. 왜냐하면 당신은 불행한 적이 없었기 때문입니다. 당신은 당신을 적대하는 이가 없었던 채로 인생을 지나왔기에, 당신이 무엇을 할 수 있는지 아무도 알지 못할 것입니다. 심지어 당신 자신조차도 말입니다"(4.3). 그는 계속해서 말한다. "나는 말합니다. 위대한 사람은 역경 속에서도 자주 기뻐하며, 전쟁에서 용감한 군인들도 마찬가지입니다. ⋯ 참된 가치는 위험을 열망하며 고통을 겪어야 할 것보다 오히려 고통의 목표를 생각합니다.

---

7.   J. E. Lendon, *Soldiers and Ghosts: A History of Battle in Classical Antiquity* (New Haven, CT: Yale University Press, 2005), 176에서 인용.

왜냐하면 고통을 겪어야 할 것조차도 영광의 일부이기 때문입니다"(4.4). 나는 바울이 "끔찍한 불행은 덕의 기회입니다"(4.6)라는 세네카의 결정적인 진술에 동의하여 고개를 끄덕여 보이지 않을지 궁금하다.

위에서 살펴보았던 것처럼, 용기는 두려움과 수줍음을 일거에 떨쳐 버리는 일에 대한 것이기도 하지만, 궁극적으로는 좋은 군인은 죽음 그 자체에 직면하는 데도 주저함이 없을 정도로 뛰어난 용기를 보여야 한다. 세네카는 자신의 담화인 「부끄러움을 경멸함」(Despising Shame, 『서한집』 24)에서 이 주제에 대해 길게 골똘히 생각한다. 세네카는 루킬리우스에게 역사상 위대한 영웅들이 죽음의 망령에 과감히 맞섰다는 사실을 가르치기 위해 노력한다. 세네카는 스키피오 장군의 예시를 제시한다. 자신의 배가 적군에게 나포된 것을 보면서, 스키피오 장군은 자신의 섬을 스스로의 몸에 꽂았다. 그의 군인들이 사령관의 행방을 묻자, 스키피오 장군은 "사령관은 무사하다"라고 답했다(24.9). 세네카는 "카르타고를 정복한 것은 위대한 일이었지만, 죽음을 극복한 것은 더 위대한 일이다"라고 덧붙인다(24.10).

유대의 역사가 요세푸스는 율리아누스라는 이름의 로마 백인대장의 용맹함을 극찬한다. 로마인들이 거의 패배한 상황이었던 어떤 전투에서 율리아누스는 감히 홀로 적에게 돌진했다. 율리아누스는 매우 용감하고 강력하게 싸워 자신의 적들을 물리쳤으며 "그의 이러한 힘과 용기를 초인적인 것으로 여김으로써"(『유대 전쟁

사』 6.82, LCL) 그들을 위협하여 후퇴하게 만들었다. 결과적으로, 요세푸스는 '비르투스'의 이러한 위업이 율리아누스를 황제에게 인정받게 만들었으며, 율리아누스의 이름이 멀리 있는 적들을 공포에 떨게 했다고 설명한다(6.83).

이를 사도 바울과 비교해 보면, 우리는 그 역시 용기의 덕을 매우 존중했으며 심지어 기독교인들이 악에 대항하여 투쟁하는 것을 용감한 군인의 투쟁과 유사한 것으로 표현했음을 알 수 있다. 한 가지 분명한 예를 들자면, 바울은 고린도 교회 성도들에게 "깨어 있고, 믿음에 굳게 서서, **용기를 내고**, 강해지십시오"(고전 16:13 NRSV, 강조는 저자의 것)라고 쓴다. 바울은 수많은 초기 성도들이 끔찍한 박해와 온갖 종류의 문화적 악덕에 굴복하라는 유혹에 직면했기 때문에 고린도 교회 성도들에게 용기를 내라고 권면한다. 그는 인생을 승리해야 할 전투로 재구성하기 위해 좋은 군인의 이미지를 언급할 수 있었다. 그렇게 고린도 교회 성도들은 이 대비가 목적에 부합하고 예수 그리스도에 대한 그들의 충성이 '비르투스'—문화적으로 말하면 덕 중의 덕—의 표시라는 것을 알 수 있었다.

아마도 바울이 좋은 군인의 용기를 가장 선명하게 묘사하는 대목은 바울이 감옥에 갇혀 빌립보의 성도들이 극심한 박해의 고통을 당하고 있을 때 쓴, 빌립보 교회 성도들에게 보낸 편지에서 발견된다. 빌립보 교회 성도들이 그들의(그리고 바울의) 상황을 인식하는 방식을 새롭게 재해석하기 위해, 바울은 빌립보 교회 성도들의 상황을 격려를 필요로 하는 억눌린 군대의 상황으로 나타낸다.

빌립보서 1장에서 바울은 "갈등"을 의미하고, 전쟁의 이미지를 상기시키는 그리스어 단어 '아곤'(*agōn*)을 사용하여 그들의 "싸움"을 언급한다(빌 1:30). 2장에서 바울은 자신들의 특사(에바브로디도)를 "전우"(fellow soldier)라고 부르며(빌 2:25), 바울을 돕기 위해 "목숨을 건" 그의 용기를 칭찬한다(빌 2:30). 바울이 에바브로디도를 빌립보로 되돌려 보낸 것은 명예 전역과 같은 것이었으며, 바울은 에바브로디도가 되돌아왔을 때 영웅처럼 환영받을 수 있기를 바랐다.

바울은 또한 자신의 편지에서 "동료 죄수들"이라고 부르는 몇몇 사람들, 즉 바울과 함께 사슬에 묶여 시간을 보낸 것으로 보이는 특정 성도들을 칭찬한다(롬 16:7; 몬 23절; 골 4:10). 영어 번역본들은 이러한 특정한 예시에서 바울이 (동료) **전쟁** 포로라는 특수한 언어를 사용한다는 관념을 전달하는 데 한계가 있다.[8] 이 모든 것은 복음이 얼마나 진지한 사명인지를, 그리고 교회는 구원을 위해 악을 극복하고자 하는 신자들이 용감한 믿음으로 부름받은 군대와 같다는 것을 알리는 데 도움이 된다. 고난과 반대에 직면한 사람들은, 자신들을 예수 그리스도 안에서 하나님 나라를 위한 싸움에 승리하기 위해 용기와 힘이 필요한 영적 군인이라고 상상해야만 한다.

---

8.   이 경우에서 바울은 "쇠사슬에 묶인 사람"을 의미하는 더 일반적인 단어 '데스미오스'(*desmios*) 대신, "전쟁 포로"를 의미하는 그리스 단어 '쉬나이크말로토스'(*synaichmalōtos*)를 사용한다; Murray J. Harris, *Slave of Christ* (Downers Grove, IL: InterVarsity Press, 1999), 117을 보라.

좋은 군인의 복종과 협력

위에서 설명했듯이, 좋은 군인에게 가장 중요한 덕은 '비르투스'(용기)이며, 이것이 좋은 군인이라는 주제의 초점이 되는 경향이 있지만, 여기서는 좋은 군인의 복종 또는 협력이라는 덕의 측면에서 문화적인 평가를 언급할 필요가 있다. 바울의 시대에는 군인들이 오직 황제에게만 충성을 맹세했다는 것이 잘 알려져 있었다. 그래서 에픽테토스는 이 개념을 사용하여 신에 대한 궁극의 존경심을 고취시킬 수 있었다. "당신은 군인의 특성을 유지해야만 합니다. 그리고 가능하다면 장군의 의중을 살펴서 장군의 명령대로 각각의 개별 행동을 수행해야만 합니다"(『담화집』 3.24.34-35). 세네카도 비슷한 관점을 제의하며 부대 깃발의 제국적 이미지에 대한 군인의 헌신과 가장 기본적인 군대의 악덕인 탈영과 관련된 수치심을 인용한다(『서한집』 95.35). 세네카는 자신의 저서 『관용에 대하여』에서 이 개념을 확장한다. 군주의 명예를 위해 로마 군대는 기꺼이 "가슴의 상처를 드러낸다." 왜냐하면 왕은 "연합국을 하나로 묶어주는 끈"이기 때문이다(『관용에 대하여』 4). 바울이 빌립보 교회 성도들에게 "주님 안에서"(빌 4:1) 굳게 서라고 권면할 때에도 동일한 생각이 작용한 것으로 보인다. 성도들이 전투를 벌일 때, 그들은 요새를 무너뜨리고 그리스도에 대한 충성과 순종으로 이끄는 하나님에 대한 지식에 맞선 주장을 반대한다(고후 10:5).

　여기에서 공통적인 추정은 좋은 군인은 자기 자신을 주목하지 않고, 그 스스로를 황제의 종이라고 여기며, 또 전체(군부대)의 한 부분이라고 여긴다는 것이다. 견유학파 안티스테네스는 동료들을 구하기 위해 자기 목숨을 걸었던 영웅 오디세우스의 이타적인 특성을 칭찬한다.[9] 요세푸스는 로마 군대의 통일성과 효율성을 높이 평가한다. 그는 또한 그들의 전쟁이 성공한 것이 운이나 우연이 아니라 확고한 헌신과 혹독한 훈련 덕분이라고 칭찬한다. 요세푸스에 따르면, 로마 군대는 계속해서 연습하고 훈련하는데, 이는 그들을 대비하게 만드는 일에 도움이 되는 것뿐만 아니라 그들의 인내심도 증가시켜 준다고 한다(『유대 전쟁사』 3.71-73). 그는 심지어 로마 군대의 훈련을 "피 흘리지 않는 전투"라고 부를 수 있지만, 이들의 실제 전투는 "피 흘리는 훈련"이라고 부르는 데까지 나아간다(3.75). 규정 준수와 통일성에 대한 우리의 논의의 요점은 다음과 같은데, 요세푸스는 그들의 삶의 양식이 어떻게 "질서 정연함과 안전함"으로 특징지어지는지를 관찰한다(3.85).[10] 그들은 일제히 먹으며, 그들의 일과는 완전 동시에 진행된다(3.86). 그들이 전투를 벌일 때, "모든 군대는 한 몸이다"(3.104).

이 완벽한 규율은 군대를 평화로운 시대의 장식품으로 만들고, 전쟁에서는 전체를 하나의 몸으로 결합시킨다. 이들의 대열은 너

---

9. R. Collins, *The Power of Images in Paul* (Collegeville, MN: Liturgical Press, 2008), 170-71을 보라.

10. 여기서 "안전"(security)은 조심성과 신중함을 의미하는 것처럼 보인다.

무나 촘촘하고, 좌우로 움직일 때 매우 경계하며, 귀는 몹시 빠르게 명령을 듣고, 눈은 매우 **빠르게** 신호를 찾으며, 손은 그에 따라 아주 **빠르게** 움직인다. 결과적으로 이들은 언제나 즉각적으로 행동하며, 고통에 굴복하는 일에 이들보다 느린 사람은 없으며, 어떤 곤경에서도 수가 많은 상태, 계략, 지형의 어려움, 또는 심지어 운에 의해 패배하는 것으로 알려진 적이 없으니 이들은 운보다도 승리에 대한 확신을 더 많이 갖고 있기 때문이다. (3.105-6 LCL)

다시 말하지만, 요세푸스에 따르면 군인들은 자신들의 힘과 성공을 배가(倍加)시킬 수 있는 이타적인 통일성을 구현한다. 바울이 빌립보 교인들에게 인생과 사명(mission)을 일치시키라고 말했을 때, 바로 이러한 이미지를 염두에 두었는지 궁금하게 여길 수 있다. 빌립보서 1장의 끝에서 바울은 빌립보 교회 성도들에게 그리스도의 복음에 합당한 선한 시민으로서 살아가라고 권면하는데, 이는 "한마음으로 굳게 서서, 복음의 신앙을 위하여 한 뜻으로 협력하는 것"으로 설명될 수 있다(빌 1:27 NRSV). 불과 몇 절 뒤에, 바울은 이들 공동체를 위한 주된 희망들 중 하나를 이렇게 진술한다. "같은 마음을 품고, 같은 사랑을 가지고, 뜻을 합하고 한마음이 되어"(빌 2:2 NRSV). 4장에서 바울은 서로 다투던 유오디아와 순두게를 부른다. 이들은 "주님 안에서 같은 마음을 품"어야만 한다(빌 4:2). 이러한 훈계에도 불구하고, 바울은 이들을 "복음의 일에 나와 함께 힘써"(빌 4:3) 온 여인들이라고 칭찬한다. 빌립보―로마의 전쟁 참전 용사들로 가득하고 오랜 세월 동안 많은 전투 이야기가 전해져 내려오는 도시―에서 바울이 통일과 복종에 관해 이야기하기 위해 군사적인 언어를 사용하는 것은 놀랄 만한 일이 아니다.

좋은 군인의 자기-수양

우리가 간단히 언급할 마지막 주제는 다른 주제들과 밀접한 관련이 있는 좋은 군인의 자기-수양과 절제다. 군인의 삶은 금욕적이고 엄격해야 했다. 비록 군인들이 그들의 식량의 일부로 술을 배급받기는 했지만 술에 취하는 것은 금지되었디. 이들은 또한 결혼도 허용되지 않았다. 그렇다고 해서 군인들이 성관계를 하는 것을 막지는 못했지만, 그것은 그들의 임무에 '서약'이 엄격하게 요구됐음을 뜻한다. 황제는 이들에게 "절제와 자제력"을 요구했다.[11] 세네카는 '비르투스'와 '볼룹타스'(*voluptas*, "쾌락")의 차이에 대해 이야기할 때 군인들을 가리킬 수 있었다.

여러분은 '비르투스'를 사원에서, 포럼에서, 원로원에서, 먼지투성이에 햇볕에 그을린 거친 손으로 도시의 성벽을 방어하는 곳에

---

11. Caesar BG VII 52.1.

서 발견할 것이며, 또 여러분은 쾌락을 목욕탕과 한증막, 그리고 사법권과 행정권 모두를 집행하는 자들을 두려워하는 곳들, 즉 속되고, 퇴폐적이며, 포도주와 향수 냄새가 나고, 활기 없거나 시체처럼 칠하고 화장한 곳 주변에 숨어 어둠을 찾는 것에서 가장 자주 발견할 것입니다. (『행복론』, 7.4)

사람들은 이를 로마서 13:12-14에서 바울이 로마의 성도들에게 "빛의 갑옷"을 입으라고 호소한 것과 비교할 수 있을 것인데(롬 13:12), 여기에는 "어둠의 일"을 버리고, 예의를 존중하며, 흥청거림, 술 취함, 방탕함, 불화를 거부하는 것을 선택하는 것이 포함된다(13:13). 주 예수 그리스도로 옷을 입는다는 것은 육체와 그 정욕에 저항하는 일을 수반해야만 한다(13:14).

결론

'좋은 군인'과 '좋은 인생'에 대한 바울과 철학자들의 관점을 짤막하게 비교해 보는 일은 놀랄 만큼의 개념적이고 수사학적인 공통 부분을 설명해 준다. 바울은 그러한 문화적 이미지와 이상이 얼마나 강력한 힘을 발휘할 수 있는지 잘 알고 있었기 때문에, 이를 활용하여 죄와 사망으로부터 오는 공격을 고려하여 예수 그리스도에 대한 믿음과 기독교인의 경계에 대해 이야기할 수 있었다. 물론, 전쟁 언어를 자주 사용함에도 불구하고, 바울은 평화와 자비에 깊게 전념했다. 우리가 바울서신들에서 발견하는 고난의 목록에서, 바울은 고통과 조롱을 인내한 것을 자랑스럽게 언급한다(예, 고후 11:23-27). 여기에는 (명예나 안전을 위한) 보복이나 복수에 대한 어떤 언급도 없다. 그럼에도 불구하고 바울은 인생을 전투로 여기는, 그리스-로마 문화에도 존재하는, 성경의 오랜 전통을 따랐다. 그럼에도 바울에게 있어 최종적인 목적은 로마나 '엘리시움'(Elysium: 그리스 신화에서 말하는 내세의 이상향—역주)의 영광이 아니라 하나님께 영광이었는데, 예수 그리스도의 복음과 사랑에 힘입어 죄와 악에 대해 "더욱 이긴 자"인 성도들이 있기 때문이다(롬 8:37).

더 읽을거리

1차 자료

Josephus. *The Jewish War*. Translated by H. St. J. Thackeray. LCL. London: Harvard University Press, 1927-1928.

Plautus. *The Comedies*. Vol. 1. Edited by David R. Slavitt and Palmer Bovie. Baltimore: Johns Hopkins University Press, 1995.

Plutarch. *Moralia*. Vol. 3. Translated by Frank Cole Babbitt. LCL. London: Harvard University Press, 1931.

Seneca. *Moral Essays*. Translated by John W. Basore. LCL. London: Harvard University Press, 2003.

2차 자료

Collins, R. *The Power of Images in Paul*. Collegeville, MN: Liturgical Press, 2008.

Geoffrion, Timothy. *The Rhetorical Purpose and the Political and Military Character of Philippians*. Lewiston, NY: Mellen Biblical Press, 1993.

Krentz, Edgar. "Military Language and Metaphors in Philippians." In *Origins and Method: Towards a New Understanding of Judaism and Christianity*, edited by Bradley H. McLean, 105-27, JSNTSup 86. Sheffield: Sheffield Academic Press, 1993.

Lendon, J. E. *Soldiers and Ghosts: A History of Battle in Classical Antiquity*. New Haven, CT: Yale University Press, 2005.

Sherman, Nancy. *Stoic Warriors*. Oxford: Oxford University Press, 2007.

Wansink, C. S. *Chained in Christ: The Experience and Rhetoric of Paul's Imprisonments*. JSNTSup 130. Sheffield: Sheffield Academic Press, 1996.

토론 질문

1. 바울은 왜 전쟁이라는 은유적인 언어를 사용하여 기독교인의 삶에 대해 말했는가?

2. 바울의 전쟁 언어는 바울 시대의 철학자들의 언어와 어떤 점에서 유사한가? 그리고 이는 어떤 점에서 다른가?

3. 당신은 1세기 독자들이 이러한 전쟁 언어를 어떻게 받아들였을 것이라고 생각하는가?

4. 당신은 바울의 폭력적인 은유와 "평화"에 대한 바울의 헌신을 어떻게 조화시킬 것인가?

제9장
조건부:
순수한 선물의 근대적 신화에 대한
바울과 세네카의 관점[1]

데이비드 E. 브리오네스(David E. Briones)

우리는 왜 자선단체에 익명으로 수표를 기부하는 사람들을 존경하는가? 왜 우리는 어려움을 겪고 있는 부부에게 남모르게 후원하는 사람을 존경하는가? 우리는 왜 선물을 주면서 "아무런 조건이 없다", 곧 답례 선물을 줄 의무도 없고 보답을 기대하지도 않는다고 고집하는 사람들을 존경하는가? 왜 우리는 이러한 사람들을 이타적인 덕을 지닌 **전형적인** 모델로 존경하는가? 그것은 바로 이들의 너그러움이 **으뜸가는** "가장 순수한" 선물 베풂 모델을 따른다고 믿기 때문이다.

---

1. 나는 이 장의 제목과 또 그 안에 담긴 많은 사유들을 내 박사 논문 지도 교수인 John M. G. Barclay에게 빚지고 있다.

'순수한' 선물 베풂?

당신은 누군가가 "가장 순수한 종류의 선물은 하나님께서—아무 조건 없이—베푸시는 방식이다"라고 말하는 것을 들어 본 적이 있는가? 그렇게 말하는 사람들은 하나님이 대가를 바라지 않고 우리에게 베푸신다고 주장할 것이다. 하나님의 베풂(giving)은 '순수'하다. 여기에는 자기 이익이 없으며, 선물에 답례를 할 의무도, 기대도 존재하지 않는다. 하나님의 베풂에 대한 이 '순수한' 관점의 기저에는 두 가지 경제, 즉 **시장** 경제와 **선물** 경제 사이의 뚜렷한 구분이 있다. 시장 경제에서 선물을 베푸는 사람은 이기적이다. 이들은 타인들에게 의무를 부과하며, 호혜성(reciprocity)을 요구한다. 그러나 선물 경제에서 선물을 베푸는 사람은 그 반대다. 이들은 '아무런 조건 없이' 자발적으로, 무조건적으로, 그리고 자유롭게 준다. 시장 경제는 '불순한' 반면, 선물 경제는 전적으로 '순수'하다. 왜 그런가? 다시 말하지만, 그것은 우주에서 '가장 순수한' 존재인 하나님께서 세우신 선물 베풂의 **전형적인** 신성한 모델을 모방한다고 알려져 있기 때문이다.

그러나 만약 아무 조건 없이 베풂이 최근의 현상이라고 한다면 어떨까? 만약 당신이 고대 세계에서 아무도 이런 방식으로 사유하지 않았다는 것을 발견한다면 어떨까? 만약 당신이 선물 베풂에 대해 이러한 방식으로 사유하는 것이 사실 성서적 기독교보다는 후기-계몽주의 철학(특히 임마누엘 칸트[Immanuel Kant])과 더 많은 공통점을 가지고 있다는 것을 알게 된다면 어떨까? 더 직접적으로 말해서, 만약 내가 당신에게 '순수한' 선물이라는 개념이 근대적 신화에 속한다고 말하면 어떨까? 내 말을 믿을 수 있겠는가?

시장 경제와 **선물** 경제 사이의 이러한 뚜렷한 구분이 이미 당신의 마음속에 의심의 씨앗을 심기 시작하지 않았는가? 이 두 영역은 정말 접점이 전혀 없는 별개의 삶의 영역일까? 성탄절에 대해 생각해 보라. 우리의 논의를 위해 이기심과 의무—즉, 시장 경제에서 베풂이 지닌 더러운 특징들—라는 종이에 포장된 크리스마스 선물이 '불순한' 것이라고 가정해 보자. 그러한 선물은 크리스마스 아침의 신선한 향기보다는 시장의 악취를 풍기지 않겠는가?

"물론이죠"라고 당신이 말한다. 크리스마스에 베푸는 일과 받는 일은 관계라는 영역에서 일어나며, 이 관계의 영역에서 선물은 가까운 친구들과 가족 구성원에 대한 사랑과 관심을 명백히 표현한다. 이러한 영역은 시장의 착취적인 영역과는 매우 다르다. 거기에는 관계가 거의 또는 전혀 실존하지 않는다. 나는 계산대 뒤에 있는 직원을 신경 쓰지 않고 가게에서 물건을 쉽게 구입할 수 있다. 나는 내 관심사와 필요만을 고려할 뿐이다. 이 두 개의 서로 다른 경제나 영역 사이에는 어떤 접점도 없는 것처럼 보인다.

과연 그럴까? 우리의 베풂에 어떤 자기 이익이나 의무나 호혜성을 바란다면, 우리의 선물은 더 이상 선물이 아니라고 생각하는가? 그것들은 이제 불순한 상품이 되었는가? 만약 그렇다면, 우리의 모든 선물은 불순한 상품으로 간주되지 않겠는가? 크리스마스 아침에 답례 선물을 기대하지 않고 선물을 준 사람이 있겠는가? 자녀에게 선물을 주고 그 답례로 기쁨을 느끼지 않는 부모가 어디 있겠는가? 이는 자기 이익과 매우 흡사하게 들린다. 여러분은 감사할 줄 모르는 사람처럼 보일까 봐 답례-선물을 주어야 한다는 강박관념을 느끼는 일 없이 누군가로부터 선물을 받아 본 적이 있는가? 이는 의무와 호혜성과 매우 흡사하게 들린다.

이러한 숨겨진 감정과 미묘한 기대감은 선물 베풂에 대한 일종의 이중적인-마음 상태를 드러낸다. 이상적으로 우리는 사심 없는, 무조건적인 선물을 찬양한다. 그러나 실제로 우리는 선물을 베푸는 행위가 우리가 혐오하는 매우 '불순한' 특성, 즉 자기 이익, 의무, 호혜성과 같은 것을 보여 준다는 피할 수 없는 사실을 인정한다. 이는 '순수한' 선물은 전적으로 불가능하다고 선언한 프랑스 철학자인 자크 데리다(Jacques Derrida)에 의해 제시된 결론으로 우리를 이끈다. 데리다는 사람들이 줄 수 있는 유일하게 가능한 '순수한' 선물은 죽음을 선물하는 것밖에는 없다고 주장했다. 왜냐하면 죽은 사람이 대가를 기대하는 것은 불가능하기 때문이다!

다음의 글에서 나는 '순수한' 선물이라는 개념이 사실 근대적인 신화라는 사실을 드러내 보이기를 시도할 것이다. 나는 매우 상이한 두 사상가인 바울과 세네카의 고대 관점을 비교함으로써 그렇게 할 것이다. 비록 이들의 세계가 철학적으로, 또 신학적으로 떨어져 있지만, 이 지점에 있어서는 공통점이 많다.

순수한 선물이라는 근대적 신화에 대한 세네카의 입장[2]

세네카의 고대적 배경을 설정하기

세네카는 1세기 세계에서 선물 베풂에 관한 자신의 주요 저작을 저술했다. 이는 『베풂의 즐거움』(*On Benefits*)이라는 제목을 가지고 있다. 많은 고전주의자들이 대작으로 칭송하는 이 저작은 고대 로마 사회에서 선물을 베푸는 것에 관한 메커니즘에 기름칠을 하고자 했다. 세네카는 베푸는 일, 받는 일, 그리고 이익을 되돌려받는 일이 "인간 사회의 주된 유대감을 구성"한다고 확신하며(『베풂의 즐거움』 1.4.2), 이러한 이유에서 세네카는 이 중요한 관행을 보존하기 위해 갖은 노력을 다한다. 그러나 세네카는 그 과정에서 수많은 문제들에 직면한다.

우선, 고대 사회가 사악했다는 점을 들 수 있다. "우리는 사악하고, 사악했으며, 유감스럽게도 앞으로도 사악할 것입니다"(1.10.3). 그러나 "독재자, 도둑, 간음하는 자, 강도, 신성모독 죄를 범하는 자, 반역자"와 같은 사회의 모든 부도덕적인 것 중에서도 가장 악랄한 악덕이자 아마도 다른 모든 악덕들의 뿌리는 감사하는 마음의 부재에 있다(1.10.4). 만약 이를 방치한다면, 사회 안에서 감사하는 마음이 없는 사악함이, 베풀고 받음의 체계를 파괴하고 말 것이다. 그러므로 세네카는 감사할 줄 모르는 베푸는 사람과 받는

---

2. 이 장에서 제시된 아이디어에 대한 보다 확장된 논의는 나의 저서를 보기 바란다. *Paul's Financial Policy: A Socio-Theological Approach*, LNTS 494 (London: Bloomsbury, 2013), 41-57.

사람을 철학적으로 겨냥하지만, 특히 베푸는 사람을 비판한다.

물론, 베푸는 사람은 자신들에게 책임이 있다고 생각하지 않았다. 이들은 감사할 줄 모르는 수혜자를 손가락질하고 있었다. 그러나 세네카는 더 잘 알고 있었다. 문제의 가장 큰 부분은 베푸는 사람이 무엇인가를 베풀 때 이성과 분별력을 사용하지 않는다는 점이다. 즉, 베푸는 사람이 "선물을 받을 자격이 있는 사람을 골라내지 않는다"는 것이다(1.1.2; 참조, 3.11.1). 그렇게 하지 않는다면 필연적으로 받는 이들 중 감사할 줄 모르는 사람을 낳을 수밖에 없다. "우리가 받을 사람을 선택하지 않았다면, **그 잘못은 우리 자신에게 있다**"(4.10.3, 강조는 저자의 것).

세네카는 또한 베푸는 이들의 베푸는 방식을 비판한다. 몇몇 베푸는 자들은 선물 주기를 미룬다(2.6.1-2). 다른 사람들은 즉각적으로 선물을 베풀지만, 그러한 방식은 마치 받는 사람들이 선물을 강탈하는 것처럼 보이게 한다(2.1.2). 또 다른 사람들은 자신들이 얼마나 은혜를 베풀어 왔는지 끊임없이 언급한다. 세네카는 한 후원자에 의해 카이사르의 손에서 자유롭게 된 이후에, 이 해방된 사람이 자신을 해방시켜 준 사람의 이기주의를 더 이상 견딜 수 없어 "나를 카이사르에게 다시 돌아가게 해 주십시오"라고 울부짖는 것에 대한 흥미로운 그림을 그렸다. 자기 도취적인 허풍선이는 입을 다물지 않을 것이다. 그 허풍선이는 계속해서 "너를 구한 사람도 나요, 너를 죽음으로부터 구출해 낸 사람도 나다"라고 선언한다. 그러한 거만함에 짜증이 난 그 해방된 사람은 이렇게 대답한다. "만일 당신이 [단지] 전시할 사람을 얻기 위해 나를 구해 주셨다면 나는 당신에게 아무것도 빚지고 있지 않습니다. 당신은 얼마나 오랫동안 나를 과시하며 데리고 다닐 것인지요? 내가 내 불행을 잊는 일을 언제까지 거부하실 건가요? [비록 내가 전쟁 포로였다고 해도] 개선 행렬에서 나는 [부끄러워하며] [단] 한 번만 행진했으면 되었을 것이다!"(2.11.1-2). 이 생생한 대화는 후원자들이 자신의 목적을 위해 자신에게 의존하여 생활하는 수혜자를 어떻게 이용할 수 있었는지를 분명하게 보여 준다.

이는 베푸는 사람에 대한 세네카의 가장 적절한 비판으로 우리를 이끈다. 세네카는 오로지 이기적인 동기를 가지고 베푸는 사람을 질책한다. "이는 경멸받을 만한 행위입니다." 세네카는 이렇게 외친다.

> 찬양과 영광 없이, 누군가에게 봉사하는 것은 **우리 자신에게 이익**이 되기 때문입니다. **자신을 사랑하고, 자신을 아끼고, 자신을 위해 이익을 챙기는 일**에 무슨 고귀함이 있겠습니까? 이익을 베푸는 일의 참된 욕구는 우리를 이러한 모든 동기들로부터 벗어나게 하고, 우리에게 안수하여 손해를 참고 견디도록 이끌며, **자기 이익**을 포기하고 선을 행하는 순전한 행위에서 가장 위대한 기쁨을 발견하게 합니다. (4.14.3-4, 강조는 저자의 것)

그러나 베푸는 사람만이 이기적인 동기로 어려움을 겪는 것은 아니다. 받는 사람도 마찬가지였다. 이들은 자신의 후원자로부터 더 크고 더 좋은 선물을 받기 위해 답례 선물을 주곤 했다. 세네카는 이를 감사를 표현하는 것이 아닌 이기적인 이득이라고 부른다 (4.17.1). 다른 받는 사람들은 단순히 다른 후원자들을 얻기 위해, 또 더 많은 선물을 받기 위해 자신의 후원자들에게 감사를 표현했다. 그러나 이는 감사한 사람이 해야 할 행동이 아니라고 세네카는 말한다. 감사한 사람은 단지 "더 많은 친구들을" 얻기 위해, 그리고 "더 많은 이익을" 얻기 위해 감사를 표현해서는 안 된다. 왜냐하면 "두 번째 선물에 눈을 돌리면서" 감사에 보답하는 사람은 "감사할 줄 모르는" 사람이기 때문이다(4.20.2-3; 참조, 4.24.2).

분명히, 베푸는 사람이든 받는 사람이든, 세네카는 순전히 이기적인 베풀고 받기를 매우 증오한다. 그러나 이것이 반드시 세네카가 '순수한' 선물이라는 근대적인 개념에 동의했다는 것을 의미하는가? 우리의 베푸는 행위는 전적으로 자기 이익이 없어야만 하는가?

'순수한' 선물에 대한 고대의 형태?

언뜻 보기에 세네카는 순수하게 베푸는 행위의 고대적 형태를 촉진하는 것처럼 보인다. 세네카는 선물 교환에서 모든 자기 이익을 완전히 근절한다. 결국 교환에 대한 세네카의 황금률은 이것인데, 즉 "선물을 베푼 사람은 [선물을] 베풀었다는 사실을 즉시 잊어버려야만 하며, 선물을 받은 사람은 [선물을] 받았다는 사실을 결코 잊어서는 안 된다"(2.10.4; 참조, 1.4.3, 5; 2.6.2). 잊어버림은 사심 없음을 의미하며, 이는 결국 덕을 드러내 보인다. 왜냐하면 덕은 우리를 "**이익**에 대한 기대로" 이끌지 않기 때문이다. 이와는 반대로, 덕은 "**자발적으로 내는** 기부에서 더 자주 발견된다. 우리는 **모든 자기 이익**을 발아래에 짓밟고 덕으로 나아가야만 한다"(4.1.2, 강조는 저자의 것).

그가 사용한 단어에 근거하면, 세네카는 위에서 언급된 **시장** 경제와 **선물** 경제 사이의 근대적 구분을 고수하는 것처럼 보인다. 심지어 세네카는 선물을 베풀고자 하는 사람은 반드시 자신의 자기 이익을 전적으로 다 제거해야만 한다고 주장하기까지 한다. 선물은 "오직 받는 사람의 이익**만을** 고려하기" 때문에(4.9.1, 강조는 저자의 것), 우리는 "**모든 자기 이익을** 발아래에" 두어야 한다(4.1.2, 강조는 저자의 것). 만약 세네카가 그 생각을 논리적 결론으로 받아들였다면, 세네카는—위에서 살펴본 데리다처럼—'순수한' 선물의 불가능성이라는 결론에 도달했을 것이다. "타인에 의해 선물**로** 소유되거나 선물**로** 간주되는 선물이 있는 경우, … 선물은 없다. … 선물은 **발견되지** 않으며, 그 자체로 **드러내 보이지** 않는다. 만약 선물이 스스로를 드러낸다면, 이는 더 이상 선물이 아니다."[3]

세네카의 또 다른 움직임은 그를 근대인처럼 보이게 한다. 세

---

3. "The Time of the King," in *The Logic of the Gift: Toward an Ethic of Generosity*, ed. Alan D. Schrift (New York: Routledge, 1997), 121-47 at 131; 또한 참조, Jacques Derrida, *The Gift of Death* (Chicago: University of Chicago Press, 1995).

네카는 신들이 선물을 베푸는 방식을 (순수한?) 모델로 삼고 그 후 이러한 순수한 모델은 우리의 베푸는 방식의 모범이 될 것이라고 호소한다. "신은 수많은, 그리고 매우 대단한 이익을, **어떤 대가도 바라지 않고** 우리에게 베풀어 줍니다. 왜냐하면 신은 아무것도 받을 필요가 없고, 우리도 신에게 어떤 것도 드릴 수가 없기 때문입니다. 결론적으로 … [이익은] 받는 사람의 이익**만을** 고려하고 있습니다. 그러니 **우리 자신의 모든 자기 이익**은 제쳐 두고, 오로지 그것만을 목표로 합시다"(4.9.1, 강조는 저자의 것). 이후에 세네카는 "유익은 우리 자신의 이익이 아니라 그것을 받는 사람들의 이익을 고려합니다. 그렇지 않으면, 우리가 유익을 베푸는 것은 결국 받는 사람이 아니라 우리 자신을 위한 것이 됩니다"(4.13.3)라고 썼다.

일견 보기에 이러한 예시로부터 분명해지는 것은 선물 교환에서 자기 이익이 결코 나타나서는 안 된다는 것이다. 오직 사심 없이 베푸는 사람만이, 그리고 오로지 타인의 이익에만 관심이 있는 사람만이 유덕하게 준다. 세네카가 이 용어를 사용하지는 않았지만, 우리는 세네카의 선물-베풂 패러다임을 '순수한' 베풂의 고대적 연출로 간주하고 싶은 유혹을 받을지도 모른다.

그러나 그것은 잘못된 것이다. 보다 면밀히 검토해 보면, 세네카가 이러한 종류의 진술을 할 때, 그는 이기심에 대한 매우 구체적인 의견—즉, 이기적인 이득을 위해 타인을 착취하는 종류—을 염두에 두고 있다. 그렇다면, 이는 다음과 같은 질문을 하게 한다. 베풂과 관련된 이해관계에 있어서, **완전한 자기 이익**과 **전적으로**

타인의 관심을 고려하는 일만이 유일한 두 가지 선택지인가? 세네카는 그렇게 생각하지는 않는다.

유덕한 타인-지향적인 자기 이익

어떤 종류의 이기심도 비윤리적이라고 생각하는 대부분의 근대인들과 달리, 세네카는 유덕한 **타인-지향적인 자기 이익**을 장려한다. 세네카는 이렇게 쓴다.

> 부끄러움을 더할 수 있는 유익을 결코 베풀지 맙시다. 우정의 총합은 친구를 자기 자신과 동등하게 두는 것에 있기 때문에, **나 자신과 친구의 이익을 동시에 고려해야만 합니다.** 나는 친구가 궁핍하면 그에게 베풀되, 나 자신이 궁핍해질 만큼은 아닙니다. 나는 친구가 파산할 지경에 처하면 그를 도울 것이되, 내가 위대한 사람이나 대의의 안전을 사려는 것이 아닌 한, 나 자신을 파산시킬 만큼은 아닙니다. (2.15.1, 강조는 저자의 것)

이러한 이기심과 이타심의 가장 분명한 예시는 이 책의 뒷부분에 언급된다.

> 나는 **어떤 사람이 내게 이익이 되었을 때 그 자신에게도 동시에 이익이 되는** 그런 사람에게 아무런 의무감을 느끼지 않을 만큼 그렇게 부당하지는 않습니다. 왜냐하면 나는 그가 **그 자신의 이**

익을 고려하는 일 없이 **나의 이익**을 고려해야만 한다고 요구하지 않으며, 아니, 나는 또한 그가 그것을 줄 때 우리 모두를 고려하고, 그 사람과 나 사이에 그것을 나누려고 했다면, 나에게 주어진 것이 베푸는 이에게 훨씬 더 유리하기를 바라기 때문입니다. 비록 그가 그 이익의 많은 부분들을 소유해야만 하지만, **그가 내게 그 이익을 공유하려 했다면, 그리고 그가 우리 둘 모두를 고려했다면,** 만일 그가 **내게 유익을 주고 그 자신도 이익을 얻은 것을** 내가 기뻐하지 아니하면, 나는 단지 부당한 것이 아니라, 나는 감사할 줄 모르는 것입니다. (6.13.1-2, 강조는 저자의 것)

세네카의 경우 선물 베풂으로부터 이득을 얻는 것이 허용되지만, 이는 오직 올바른 방식으로 이루어질 때만 허용된다. 선물을 베푸는 순간, 베푸는 사람은 쌍방의 이익을 인정해야만 하며, 받는 사람 또한 베푸는 사람과 마찬가지로 유익의 일부를 얻어야만 한다. 즉, 상호 이익이 되어야만 한다. 그러나 베푸는 사람은 받는 사람의 이익을 **일차적으로** 생각하고, 자신의 이익을 **부차적으로** 생각하는 것이 중요하다. 만약 그렇지 않다면, 이는 덕이 없는 것이며, 선물로 간주될 수 없다. 따라서 그것은 **타인-지향적인 자기 이익**이지, 그 반대가 아니다.

유덕한 상호 간의 의무

만약 자기 이익에 대한 세네카의 관점이 순수한 선물이라는 근대적 개념으로부터 완전히 떨어져 있지 않다면, 의무에 대한 세네카의 관점은 확실히 그러할 것이다. 세네카는 의무의 존재에 대해 결코 의문을 갖지 않았다(사실, 고대 세계에서 그 누구도 의문을 갖지 않았다). 미의 세 여신(『베풂의 즐거움』 1.3.4-5)과 구기(ball game)의 실례(2.17.3-7)라는 두 이미지는 상호 간의 의무의 본질을 유용하게 포착한다.

미의 세 여신은 그리스 신화에 나오는 자매로, 손을 맞잡고 영원히 원을 그리며 즐겁게 춤을 춘다. 이들은 베푸는 일, 받는 일, 돌려주는 일을 나타내며, 선물은 각 당사자들을 통해 흐르며, 항상 베푸는 사람에게 되돌아간다는 것을 강조한다. 세네카에 따르면, 만약 이 원이 어느 곳에서든 깨진다면, "전체의 아름다움이 파괴된다." 왜냐하면 "이것이 지속적이고 중단 없이 계속 유지되는 경우에 가장 아름다움을 갖기" 때문이다(1.3.4). 이 조화로운 춤은 상호성의 덕과 의무를 강조한다.

세네카는 유사한 그림을 제시하기 위해 구기의 실례를 활용한다. 이 경기는 던지는 사람(즉, 수여자)과 받는 사람(즉, 수혜자)으로 구성되어 있으며, 공은 선물을 상징한다. 이 경기의 목표는 공을 공중에 계속해서 띄우는 것이다. 만약 공이 땅에 떨어진다면, 경기는 끝난다. 경기를 지속하기 위해서는 더 숙련된 선수가 다른 사람들의 기술(즉, 특징)을 평가해야만 한다. 그는 다른 선수가 손 기술이 좋은지, 긴 패스나 빠른 공을 잡을 수 있는지, 또 그의 팀 동료가 즉시 다시 공을 던질 수 있는지의 여부를 판단하여 행동해야 한다. 만약 선수가 초보자라고 판단되면, 짧고 부드럽게 던질 것인지, 아니면 그냥 공을 다른 선수의 손에 직접 넣어 줄 것인지를 판단해야만 한다. 만약 숙련된 선수가 그런 규칙에 따라 플레이하지 않는다면, 이 선수의 선물은 되돌려받기는커녕 처음부터 받아 내는 일 자체가 불가능하기 때문에, 다른 사람들이 감사하는 마음이 없게 만드는 원인이 된다(2.17.5). 이 경기의 성공은 보답해야 하는 의무, 즉 세네카가 말했듯이 공을 공중에 띄워야 할 의무에 기초해 있다.

이러한 실례들에서 벗어나 세네카는 선물 교환에 의무가 있음을 더 분명하게 단언한다. 세네카는 이렇게 설명한다. "유익을 베푸는 일은 사회적인 행위입니다. 이는 누군가에게 의무를 부과합니다"(5.11.5); "[선물을] 되돌려준다는 것은 선물을 받은 사람이 원할 때 빚진 것을 주는 것입니다"(7.19.2); "나는 그가 받아들인 경우에만 그에게 의무를 지울 수 있습니다; 나는 돌려줄 때 비로소 의무로부터 자유로워질 수 있습니다"(7.18.2). 이 구절들에서 매우 흥미로운 지점은 세네카가 "빚", "의무"와 같은 법적으로 구속력이 있는 대출의 용어를 "선물"의 영역으로 옮기는 일에 대해 아무런 거리낌이 없다는 점이다. 확실히 세네카는 근대인들이 시장 경제와 선물 경제를 엄격하게 구분하는 것처럼 선물과 대출을 엄격하게 구분한다.[4] 그러나 세네카의 경우 두 영역 모두에서 유덕한 사회

---

4.   『베풂의 즐거움』 3.10.2, 15.3; 5.11.4-5; 2.18.5; 3.14.2 그리고 3.10.1, 15.1-2; 4.39.2; 2.10.2, 31.2; 4.3.3, 13.3; 2.18.5; 3.7.1-2을 보라.

적 역학 관계는, 양자 모두에 '조건이 붙은' 상호 의무 혹은 선물이
다. 이 차이는 선물에 '조건이 달려' 있기는 하지만, 법적-구속력이
있는 조건은 아니라는 점이다. 대출금 상환을 거부한 사람은 법정
에서 재판을 받을 수 있지만, 누구도 선물을 되돌려주지 않았다는
이유로 고소를 당할 수는 없다(3.6-17).

　우리의 처음 질문으로 되돌아오자. 세네카는 '순수한' 선물에
대한 고대의 형태를 촉진하는가? 그 대답은 확실히 "아니오!"이
다. 세네카는 유덕한 **타인-지향적인 자기 이익**을 촉진하며, 선물
교환에서 **상호 간의 의무**가 있다고 상정한다. 이것들은 사회를 하
나로 묶는 제도의 기둥이다. 이것들이 없다면 사회는 필연적으로
붕괴될 것이다.

순수한 선물이라는 근대적 신화에 대한 바울의 입장

바울은 '순수한' 선물이라는 근대적 이념에 대해 어떻게 반응했는
가? 바울은 순수한 선물이 본질적으로 기독교적이라고 여겼을까?
아니면 비윤리적인 것이라고 비판했을까? 더욱 도발적인 질문은,
선물을 베푸는 일에 있어서 바울은 오늘날의 많은 그리스도인들
보다 이교도 철학자들과 더 많은 공통점을 가지고 있지 않을까?
이 대답에 도달하기 위해, 우리는 자기 이익과 상호 의무에 관한
바울의 관점을 평가할 필요가 있다. 누군가는 바울과 이 철학적

거장 사이에 있는 수많은 공통점으로 인해 놀랄 수도 있을 것이다.

기독교적인 타인-지향적 자기 이익?

바울은 자신의 교회들을 하나님을 두려워하지 않는 자기 이익으로부터 멀어지게 하는데, 특히 빌립보서에서 그렇다. 바울은 "이기적인 야심으로 그리스도를 선포하는" 어떤 설교자를 언급하며 (빌 1:17), "아무 일도 이기적인 야심이나 자만심으로 하지 말라"고 성도들에게 직설적으로 명령한다(2:3). 대신에, 바울은 착취적인 자기 이익에 대한 경건한 반정립(antithesis)으로서 사랑을 권고한다. 바울은 "사랑으로" 그리스도를 선포하는 다른 설교자들을 언급하며(1:15-16), 바울은 또한 "만약 사랑에서 오는 위로가 있다면 … 같은 마음을 품고, 같은 사랑을 가지고, 온전히 일치하여 한 마음이 됨으로써 나의 기쁨을 온전케 하여 주십시오"(2:2 ESV)라고 쓴다.

그러나 서로에 대해 "같은 마음"과 "같은 사랑"을 갖는다는 것은 무엇을 의미하는가? 이는 빌립보서 2:3에서 "겸손함으로 여러분 자신보다 남을 낮게 여기십시오"라고 권면하는 것과 관련이 있다. 일견 보기에 이 구절은 서구의 '순수한' 선물이 지닌 주된 특성을 촉진하는 것 같다. 왜냐하면 선물이 선물이 되기 위해서는, 베푸는 사람이 자신의 이익을 결코 고려해서는 안 되며, 오히려 그가 베풀고자 하는 사람, 즉 받는 사람의 관심만을 고려해야 하기 때문이다. 다시 말해, 이는 전적으로 이타적이어야 한다. 이는 완전히 스스로를 부정하는 것이어야만 하며, 전적으로 타인을 지향하는 것이어야만 한다. 그러나 다음 구절만 읽어 봐도 바울이 후기-계몽주의적 관점을 공유하지 않는다는 사실을 알 수 있다. "여러분 각각은 자신의 이익**뿐만 아니라** 다른 사람의 **이익 또한** 돌아보십시오"(빌 2:4). 여기서 "뿐만 아니라 … 또한"의 대조는 결정적이다. 자기 이익은 사회적 교류에서 완전히 근절되지 않는다. 자기이익은 근본적으로 재구성된다. 그리스도인들은 타인의 이익을 먼저 고려하고 자기 자신의 이익을 그다음으로 고려해야 한다. 바울은 세네카와 같이 **타인-지향적인 자기 이익**을 인정한다. 그러나 바울과 세네카의 근본적인 차이점은, 바울은 자신의 관점을 그리스도-사건(즉, 그리스도 예수의 역사적 성육신, 삶, 죽음, 부활, 승천)에 뿌리를 두고 있다는 것이다.

바울은 "여러분 안에 이 마음을 품으십시오. 이는 곧 **그리스도예수**의 마음입니다"라고 썼다. 그분 예수는 모든 겸손으로 다른 사람을 위해 자기 스스로를 낮추셨고, 모든 순종으로 죄인들을 위해 십자가에서 죽으셨으며, 모든 영광으로 하나님께로부터 주님으로 지극히 높임을 받으셨던 분이시다(2:5-11 ESV, 강조는 저자의 것). 사람들은 여기서 어떤 결론을 도출하지 않을 수 없다. 이 맥락에 기초하면, 위에서 언급되었던 타인-지향적인 자기 이익 또한 그리스도가 성취한 구원의 특징이라고 말하는 것이 정당한 것처럼 보인다. 히브리서 기자는 "그 앞에 놓여 있는 기쁨을 위하여 십자가를 참으사"라고 설명한다(히 12:2 ESV). 예수는 성령에 의지하는 순종이 승귀와 영광으로 이어질 것을 알고 있었다. 그러나 예수는 높아짐과 영광의 이유만으로 순종한 것이 아니다. 예수는 그를 믿는 사람들의 이익도 함께 고려했다. 예수는 "그리스도 예수 안에서" 우리의 타인-지향적인 자기 이익의 사고방식을 구체화했으며, 우리도 성령에 의지하고, 또 성령과 연합함으로써 동일한 일을 하도록 부름을 받았다(2:5).

그런 다음 바울은 디모데라는 기독교적 자기 이익의 인간적인 모범을 교회에 제시한다. 바울은 디모데를 곧 보내 주기를 바라며, "그와 같이 진실로 여러분의 안녕을 염려해 줄 이가 없습니다. **다른 이들은 모두 자신의 이익만 구하지, 예수 그리스도의 이익을 구하지 않기 때문입니다**"(2:20-21 ESV, 강조는 저자의 것). 여기서 이러한 차이는 자기 이익과 자기 이익이 아닌 것의 차이가 아니라, 착취적인 자기 이익과 예수 그리스도의 이익 사이의 차이다. 주 예수 그리스도를 인간관계의 신성한 당사자로 포함시킴으로써, 바울은 타인-지향적인 자기 이익과 그리스도의 이익을 일치시킨다. 이는 그리스도께서 우리 자신을 위해서이든 타인을 위해서이든, 우리가 관심을 가지고 있는 것을 통치하심을 의미한다. 혹은, 달리 말하자면, 우리의 관심은 그리스도 안에서 하나님과의 상호 관계에 따라 결정되어야 한다. 하나님은 그분의 말씀과 영으로 양 당사자 모두에게 최선의 이익이 무엇인지를 결정하시며, 그분의 백성인 우리는 우리의 이익을 주님의 이익과 일치시키도록 부름받

왔다.[5]

우리는 이것이 빌립보서의 다른 부분에서도 제시되어 있음을 볼 수 있다. 빌립보서 1:21-25에서 바울은 "세상을 떠나서 그리스도와 함께하려는" **자기 자신의 이익**을 내려놓으면서 타인-지향적인 자기 이익을 나타낸다. 왜 그런가? 왜냐하면 바울이 빌립보 성도들과 함께 남아있는 것이 **그들에게 더 이롭기** 때문이다. 그러나 이는 바울에게도 이롭다. 그의 결정은 바울(1:22)과 공동체(1:25)에게 "열매 맺는 수고"를 가져다줄 것이다. 이 결정으로 인해 모두가 이익을 얻는다. 심지어 그리스도께서도 영광을 받으신다(1:20).

우리가 빌립보서 2:30과 4:17을 비교할 때, 우리는 자기 이익과 타인의 이익이 긴장 관계에 있지만, 그럼에도 불구하고 함께 묶여 있는 것을 볼 수 있다. 빌립보서 2:30에서 바울은 에바브로디도가 어떻게 "나[바울]를 위해서 여러분들[빌립보 성도들]이 다하지 못한 섬김을 완료하기 위해 생명의 위험을 무릅쓰고 그리스도의 일을 하다가 거의 죽을 뻔했는지"(ESV) 언급한다. 고대 감옥에서는 죄수들이 스스로를 부양해야 했기 때문에, 바울은 죄수로서 자신의 물질적 필요를 채우기 위해 친구들과 가족에게 전적으로 의지해야 했을 것이다. 그들의 "섬김"이 "부족했"던 것은 그들이 자신들의 사도를 돌보지 않았기 때문이 아니라, 그를 위해 무언가를

5. 이와 관련해서는 다음의 자료를 보라. John M. G. Barclay, "Benefiting Others and Benefit to Oneself: Seneca and Paul on 'Altruism,'" in *Paul and Seneca in Dialogue*, ed. Joseph R. Dodson and David E. Briones, *Ancient Philosophy & Religion 2* (Leiden: Brill, 2017).

할 기회가 없었기 때문이다(참조, 4:10). 바울은 또한 **자신을 위한**("나를 위한") 그들의 섬김을 언급하는데, 이는 이기적인 이득을 얻기 위해 공동체를 활용하려고 했기 때문이 아니라, 자신의 고난을 함께 나누는 동료로서(4:14), 그들이 채워 줄 수 있는 필요가 자신에게 있기 때문이다. 바울은 그것을 경건한 자기 이익으로 여겼는데, 왜냐하면 빌립보서 4:17이 드러내듯이, 바울은 자신의 관심보다 다른 사람의 이익을 더 중시하기 때문이다. "나는 [에바브로디도가 전달해 준] 선물을 구하는 것이 아닙니다. 나는 여러분의 장부가 늘어나는 열매를 구합니다"(ESV). 바울은 그리스도처럼 그 자신보다 다른 사람들을 더 우선시하지만, 그럼에도 불구하고 자신을 고려한다.

바울과 빌립보 교회 성도들은 서로에 대한 타자-지향적인 자기 이익을 알리고, 인도하고, 감독하시는 동일한 주님에 대한 충성을 공유한다. 그러나 상호 간의 의무에 대해서도 동일한 것을 말할 수 있는가? 그렇다면 이는 기독교적인 것인가?

기독교적인 상호적 의무?

선물 베풂에 관한 바울의 관점에서 근본적인 출발점은 로마서 11:36("모든 것이 주로부터 나왔고, 주로 말미암아 있으며, 주를 위해 있습니다", ESV)과 고린도전서 4:7("여러분이 가지고 있는 것 중에서 여러분이 받지 않은 것이 있습니까?" ESV)이다. 두 본문 모두 겸손한 진리 하나를 단언한다. 단순한 피조물인 우리가 소유한 모든 것은 창조주인 하나님

으로부터 온 것이다. 모든 선물은 하나님의 것이며, 따라서 하나님
은, 우리의 청지기 직분에게 맡겨 주신 선물을 우리가 어떻게 사
용해야 하는지를 결정해 주신다. 그것은 우리를 서로에게 신적인
선물을 가져다주는 의존적인 수령인으로 만든다. 그러한 것처럼,
상호 간의 의무는 세네카에게서처럼 순전히 두 당사자 사이에만
있는 것이 아니다. 의무의 끈은 3자(three-way) 매듭으로 묶여 있다.
바울과 빌립보 교회 성도들은 하나님과 서로에 대해 수직적인 의
무의 구속을 동등하게 공유하고 있다. 그러나 신성한 수직적 당사
자의 존재는 필연적으로 수평적 의무 관계를 재구성한다.

　어느 한쪽 당사자가 선물을 베풀고 난 후에는 상대방에 대해
선물 제공자로서 우월한 지위를 더 이상 갖지 않는다. 수혜자가
선물을 받고 난 후에는 베푸는 이의 요구에 더 이상 복종하지 않
는다. 참여자들이 신적인 경제 안에서 선물을 교환할 때, 그들은
중재의 신적인 힘에 휩싸이게 된다. 하나님은 모든 것을 소유하시
고 자신의 백성들을 통해 궁핍한 이들에게 주신다. 이 타인-지향
적인 운동은 성도들로 하여금 선물을 비축하여 스스로 사회적인
권력을 축적하지 못하도록 막는다. 이는 또한 관계성이 남들보다
한발 더 앞서는(one-upmanship) 파괴적인 경쟁으로 변질되는 것을
방지한다. 대신에, 이 신적인 힘 안에서 선물은 신적인 목적을 갖
게 된다. 선물은 거저 베풀기 위해 받고 또 받기 위해 거저 베푸는
것이며, 이러한 하나님의 은혜의 순환이 계속되고, 하나님은 모든
선물의 최고 수여자(supreme giver)이시며 또 모든 감사의 최고 수혜

자(chief recipient)이시다.

이것이 바로 바울이 사랑하는 빌립보 교회와 선물을 베푸는 관계에서 일어나는 일이다. 바울은 빌립보서 4:15에서 이들의 관계를 "베풀고 받는" 것으로 묘사한다. 이는 단순히 "베푸는 것"이라고만 말하지 않는다는 사실에 주목하라. 또한 "받는 것"이라고만 말하지도 않는다. 오히려 "베풀고 받는 것"이다. 이는 상호성에 대한 바울의 약칭이다. 우리가 베풀고 받음에 대한 그들의 파트너십(koinōnia)이 무엇으로 구성되어 있는지를 검토해 보면, 우리는 그것이 의무적인 것이었음을 금방 깨닫게 된다.

바울은 무엇을 주었고, 빌립보 교회 성도들은 무엇을 받았는가? 바울은 하나님의 강권적인 명령에도 불구하고 기꺼이 빌립보 교회에 하나님의 복음을 전했다. "내가 복음을 전하지 않는다면, 내게 화가 있을 것입니다"라고 바울은 말한다. 왜 그런가? "[복음을 전할] **필연성**(우리가 감히 이것을 의무라고 말할 수 있을까?)이 내게 부과되었기 때문입니다"(고전 9:16 ESV, 강조는 저자의 것). 그러나 이러한 필연성은 초기의 복음 전파보다 훨씬 더 멀리까지 확장된다. 바울이 육신에 남아 있을 것인지, 아니면 육신을 떠나 그리스도와 함께 있을 것인지(바울에게는 그리스도와 함께 있는 것이 "훨씬 더 나은" 선택이었다)를 고민할 때, 그는 "육신에 남아 있는 것이 여러분들에게 더 **필요하다**"(빌 1:23-24 ESV)고 결론 내린다. 바울은 자신의 이익을 빌립보 교회 성도들의 이익보다 아래에 위치시키며, 이를 "불가피한 것"(necessary)이라고 말하거나, 혹은 의무라고 말한다.

　그러나 이는 상호적 의무의 한 측면일 뿐이다. 빌립보 교회 성도들이 주었던 것은 무엇이며, 바울이 받았던 것은 무엇인가? 빌립보 교회 성도들은 에바브로디도의 손을 통해 감옥에 있는 바울에게 선물을 전달했다(참조, 2:25-30). 앞서 언급했듯이, 바울을 향한 그들의 "섬김"(service, *leitourgia*)에는 부족함이 있었다(2:30). 고대 세계에서 섬김(*leitourgia*)은 국가에 대한 의무적인 과업이었으며, 궁핍한 이들에게 재정적으로 도움을 주는 시민의 의무였다. 그러한 관점에서 보면, 빌립보서 2:30에 기록된 바울의 진술은 바울에 대한 빌립보 교회의 의무를 상기시킨다. 그렇다면 왜 빌립보 교회 성도들은 바울에게 의무를 다해야 하는가? 왜냐하면 바울이 처음 복음을 선물한 것은 상호적 의무의 공동체적(*koinōnia*) 관계—혹은, 우리는 "베풀고 받는" 공동체적 관계라고 말할 수 있다—를 창출했기 때문이다(4:15).

　따라서 은혜의 경제 안에서 선물 교환은 영적인 것(즉, 복음)을 베풀고, 물질적인 것(즉, 돈 및/또는 양식)을 돌려받는 것으로 구성된다. 로마서 15장에서 제시되는 유대인과 이방인 사이의 도움(*koinōnia*)도 이러한 동일한 형식을 특징으로 한다. 마게도냐와 아가야에 있는 교회들은 "예루살렘에 있는 성도들 가운데 가난한 이를 위하여 **기쁨으로** 얼마간을 헌금했다"(롬 15:26 ESV, 강조는 저자의 것). 그들은 "강제로"가 아니라 "기쁨으로" 그렇게 했다. 그러나 이 지점을 독자들이 놓칠 경우를 대비해 바울은 다시 반복한다. "그들은 **기쁨으로** 그렇게 했습니다"(롬 15:27, 강조는 저자의 것). 그럼에도 불구하고 이들이 낸 헌금의 자발적인 성격을 묘사한 직후에, 바울은 "참으로 이들은 예루살렘 성도들에게 **빚을 졌습니다**"(롬 15:27 ESV, 강조는 저자의 것)라고 덧붙인다. 그 후 바울은 왜 이들이 예루살렘 성도들에게 빚을 졌는지를 설명한다. "만일 이방인들이 와서 예루살렘 성도들의 **영적인** 복을 나누어 받았다면, 이들[이방인들] 또한 **물질적인** 복으로 예루살렘 성도들을 섬기는 것이 마땅하다"(롬 15:27 ESV, 강조는 저자의 것). 많은 근대인들이 그랬듯이 선물 교환의 언어로부터 시장의 언어를 분리하는 대신, 바울은 자발적인 언어와 의무적인 언어를 결합하는 데 아무런 거리낌이 없다. "그리스도 안에 있는" 공동체(*koinōnia*)는 영적 재화와 물질적 재화를 교환해야 하는 상호 의무를 수반한다(참조, 고전 9:11).

순수한 선물이라는 근대적 신화에 대한 바울과 세네카의 입장

신학적 입장이 근본적으로 차이가 있음에도 불구하고, 바울과 세네카는 베풂에 관한 공통된 관점과 '순수한' 베풂에 관한 공통의 관심을 공유한다. 나는 이들이 '순수한' 베풂의 일방적인 특성에 도전할 것이라고 생각한다. 익명으로 베푸는 부유한 후원자, 또는 어려움을 겪고 있는 부부에게 베풀면서 분명하게 답례를 거절하는 사람은 단순히 답례 선물을 거부하는 것이 아니다. 이들은 관계를 거부하는 것이다. 선물은 상호적인 관계를 창조하며 유지한다. 바울과 세네카는 또한 시장 경제와 선물 경제가 더 많이 겹친다는 것을 보았을 것이다. 자기 이익보다 타인의 이익을 우선시하지만, 자신의 이익은 포기하지 않는 유덕한 방식의 혹은 기독교 방식의 자기 이익이 있다. 의무도 마찬가지다. 세네카의 구기의 실례를 사용하자면, 의무가 없이는 선물 교환 경기는 중지될 것이다. 마지막으로 바울과 세네카는 '순수한' 선물과 베풂의 가장 순수한 모범이신 하나님 사이의 연관성을 비판했다. 비록 세네카가 신들의 베풂에 관해 말할 때 근대인처럼 들리지만, 그럼에도 불구하고 세네카는 자신이 의미하는 바를 한정하고 궁극적으로는 '순수한' 베풂의 논리에 동의하지 않는다.

　그러나 모든 합의점에 대해 바울과 세네카는 여전히 충돌한다. 역설적이게도, 이들 사이의 근본적인 차이는 그들이 동의하는 바로 그 지점에 있다. 바울과 세네카는 **타인-지향적인 자기 이익**이 유덕하다는 사실에 동의한다. 이들은 **상호적인 의무**가 본질적으로 선물 교환의 고결한 형태를 특징짓는다는 사실에 동의한다. 그러나 세네카는 이러한 유덕한 행위의 근거를 이성이나 본성에 따른 행위에 두는 반면, 바울은 유덕한 행위의 근거를 그리스도 안에서 성령으로 인해 하나님이 주시는 첫 은혜에 대한 반응이라고 여긴다. 즉, 모든 것이 하나님으로부터 나오고 우리 혹은 타인들을 통해 흘러가기 때문에, 우리는 필연적으로 우리와 다른 사람의 필요를 충족시키기 위해 하나님에 대해 의무를 가진다. 의무는 삼각관계 안에서 설정된다. 그리고 그리스도 안에 있는 하나님은 자신의 백성들을 대신하여 낮아지시고 높아지심으로써 완벽하게 타인-지향적인 자기 이익의 예가 되어 주셨기 때문에, 우리도 타인에 대해 동일한 마음가짐과 사랑을 가져야 한다. 공통의 주님 아래서 그리고 우리의 마음속에 내주하시는 성령님과 함께 성도들은 자연스럽게 자기 자신의 이익**뿐만 아니라** 타인을 위한 그리스도의 이익 **또한** 바라본다. 성부, 성자, 성령이신 하나님의 존재는 바울과 세네카 사이의 근본적인 차이다. 세네카에게서 신은 인간 존재에게서 분리할 수 없는 요소이지만, 바울에게서 하나님은 인간관계를 근본적으로 재구성하는, 분리 가능한 존재자다. 하나님의 현존은 모든 것, 특히 우리 현대인들이 선물 교환에 있어서 자기 이익, 의무, 상호성에 대해 생각하는 방식을 변화시킨다.

세네카와 바울의 유사점과 차이점

세네카, 『베풂의 즐거움』	바울, 빌립보서와 로마서
세네카는 착취적인 자기 이익과 타인-지향적인 자기 이익을 구분한다.	바울은 하나님을 두려워하지 않는 자기 이익과 타인-지향적인 자기 이익을 구분한다.
세네카는 선물-베풂에서 의무가 유덕한 요소라고 상정한다.	바울은 선물-베풂에서 의무가 경건한 요소라고 상정한다.
세네카는 선물의 상호성이 좋은-기능을 하는 사회를 만드는 데 매우 결정적이라고 믿는다.	바울은 선물의 상호성이 교회의 안녕을 위해 필수적이라고 믿는다.

| 세네카는 일방적인 베풂을 의심의 눈초리로 본다. 왜냐하면 이는 선물의 목표인 관계를 결코 이루지 못하기 때문이다. | 바울은 일방적인 베풂을 결코 지지하지 않는다. 왜냐하면 그리스도 안에 있는 공동체(*koinōnia*) 관계는 베풀고 받는 관계이기 때문이다. |
| 세네카는 타인-지향적인 자기 이익을 긍정하지만 이는 이성과 본성에 근거한 다양한 행동에 그 뿌리를 두고 있다. | 바울은 타인-지향적인 자기 이익을 긍정하지만 이는 하나님의 은혜에 그 뿌리를 두고 있다. |

더 읽을거리

1차 자료

Seneca. *De Beneficiis*. Translated by J. W. Basore. Cambridge, MA: Harvard University Press, 1935.

2차 자료

Barclay, John M. G. *Paul and the Gift*. Grand Rapids: Eerdmans, 2015.

Briones, David E. *Paul's Financial Policy: A Socio-Theological Approach*. LNTS 494. London: Bloomsbury, 2013.

Dodson, Joseph R. "New Friends and Old Rivals in the Letters of Seneca and The Epistle of Diognetus." *Perspectives in Religious Studies* 45.4 (2018): 389–405.

Engberg-Pedersen, Troels. "Gift-Giving and Friendship: Seneca and Paul in Romans 1–8 on the Logic of God's Χάρις and Its

Human Response." *HTR* 101 (2008): 15-44.

Griffin, Miriam. "*De Beneficiis* and Roman Society." *JRS* 93 (2003): 92-113.

―――. "Seneca's Pedagogic Strategy: *Letters and De Beneficiis.*" In *Greek and Roman Philosophy, 100 BC – 200 AD,* edited by Richard Sorabji and Robert W. Sharples, 89-113. London: Institute of Classical Studies, 2007.

―――. *Seneca on Society: A Guide to De Beneficiis.* Oxford: Oxford University Press, 2013.

Inwood, Brad. "Politics and Paradox in Seneca's *De Beneficiis.*" In *Reading Seneca: Stoic Philosophy at Rome.* Oxford: Clarendon Press, 2005.

토론 질문

1. 여러분은 이 장에서 논의된 **타인-지향적인 자기 이익**을 어떻게 설명할 것인가?

2. 바울은 어떤 방식으로 자기 이익을 추구할 자격을 갖추었는가?

3. [받은 것에 대한] 감사함을 모르는 것을 사회의 가장 큰 부도덕이

라고 평가하는 세네카의 이러한 평가는 적절한가? 적절하다면
왜 그러하며 적절하지 않다면 왜 그러한가?

4. **타인-지향적인 자기 이익적** 선물 베풂에서 의무의 삼각관계를
인지하는 것은 왜 중요한가?

제10장
다른 어떤 신도 할 수 없는 일:
바울과 철학자들의 삶과 내세

제임스 P. 웨어(James P. Ware)

(진리는 존재하지 않는다는 진리 주장을 포함하여) 수많은 철학적 체계들과 진리 주장들로 가득 차 있는 고대 세계에서, 바울은 예수 그리스도를 유일한 참된 길이라고 선언했다. 수많은 신들과 여신들의 세계에서, 바울의 복음은 유일한 참 하나님의 계시라고 주장했다. 바울의 복음은 복음을 듣는 이들에게 "우상으로부터 하나님께로 [돌이켜] 살아 계신 참된 하나님을 섬기라"(살전 1:9)고 요구했다.[1] 바울의 복음이 지닌 이러한 배타적인 주장은 때때로 우리가 살아가는 현대 사회에서 잘못된 것으로, 혹은 모욕적인 것으로 간주된다. 다른 신들과 여신들도 동일하게 유효한 구원의 길을 제공한다는 사실을 부정하는 것은 바울의 편협한 태도가 아니었을까? 그러나 이러한 일반적인 견해는 근본적인 오해, 즉 바울의 복음은 고대에

---

1. 이 장에서 제시된 성경 구절은 저자 개인의 번역이다.

숭배되던 신들과 철학자들의 신들이 제공한 것들과 유사하게 육체의 죽음 이후에 뒤따르는 영적 구원에 대한 또 하나의 약속을 제공한다는 오해에 기초해 있다. 앞으로 살펴보겠지만, 이는 잘못된 생각이다. 바울의 복음이 전해졌던 세상에서, 바울이 자신의 첫 청중들에게 제공해 주었던 희망은 이전에는 알려지지 않았던 것이다. 이 희망은, 바울이 그들에게 전한 '복음'(good news)의 핵심이었다.

고대의 죽음과 신들

바울의 복음이 전파된 이교도 세계의 평범하고 일상적인 사람들 사이에는 몸이 죽은 후 영혼의 생존과 관련한 다양한 종류의 믿음이 존재했다. 어떤 종류의 내세도 거부하거나 지하 세계에서 유령과 같은 존재가 있을 것이라고 전망하는 일, 영혼의 환생 이후에 천국에서 복을 받으며 살아갈 것이라는 기대는 모두 흔하게 드러난다(키케로, 『투스쿨룸 대화』 1.27-38; 베르길리우스, 『아이네이스』 6.703-51). 그러나 모든 사람은 **부활**—몸이 불멸의 생명으로 회복되어 죽음을 역전시키는 것—이 불가능하다는 것에 동의했다. 전형적인 고대의 무덤 비문에는 "죽은 사람은 누구도 여기에서 일어나지 못한다"라고 쓰여 있다(IGUR 3.1406). 『오디세이아』에서 아테나 여신이 텔레마코스에게 설명했듯이, 신들조차도 정복할 수 없는 죽음의 힘 앞에서는 무능력하다. "신은 원한다면, 심지어 아주 멀리 떨어져 있다 하더라도 살아 있는 사람을 쉽게 구할 수 있다. … 그러나 분명히 신들조차도, 심지어 신들이 사랑하는 사람이라 할지라도, 모든 사람들이 공통으로 지니고 있는 운명인 죽음으로부터 구할 수는 없다"(『오디세이아』 3.229-38). 아이스킬로스의 비극, 『에우메니데스』에서 아폴론 신은 이렇게 주장한다. "사람이 죽고, 흙이 그의 피를 받아 내면, 부활은 있을 수 없다. 신의 막강한 힘으로 다른 모든 것을 할 수 있고, 또 힘들이지 않고 수월하게 없던 일로 되돌릴 수도 있다. 그러나 죽음에 대해서만큼은 내 아버지 제우스조차도 어떤 신적인 마법을 쓸 수가 없다"(『에우메니데스』 647-49). 모든 유한한 인간에게서 피할 수 없는 죽음의 운명은 신들조차도 바꿀 수 없는 필연적인 것이었다.

죽음과 내세에 관한 철학자들의 입장

일반 대중과 마찬가지로 철학자들도 죽음 이후의 삶의 가능성에 관한 다양한 관점들을 가지고 있었다. 에피쿠로스주의자들은 영혼이 몸과 함께 소멸된다고 믿었다(루크레티우스, 『사물의 본성에 관하여』 3; 필로데모스, 『죽음에 관하여』 1, 19, 20, 26, 28-32). 플라톤과 그의 제자들은 죽음 이후의 영혼은 완전히 새로운 사람의 몸의 일부가 되고, 무한한 시간에 걸쳐 죽음과 환생이라는 순환 혹은 톱니바퀴를 통해 수없이 많은 다른 사람들(혹은 동물들)의 몸의 일부가 된다고 주장했다(예, 플라톤, 『파이드로스』 247-49; 또한 『바가바드 기타』 2.12-22; 고타마 붓다, 『앙굿따라 니까야』[= 『증일아함경』] 3.58-61, 103-5을 보라). 스토아 철학자들은 다른 입장을 취했다. 스토아 철학자들 중 몇몇 이들에게는 몸의 죽음 이후에도 영혼이 살아남는지 아닌지의 여부가 해결되지 않은 문제였다(예, 세네카, 『서한집』 102). 그러나 대부분의 스토아 철학자들은 영혼이 단지 제한된 시간만큼만 천상의 세계에서 살다가 나중에는 소멸한다고 주장했다(키케로, 『투스쿨룸 대화』 1.77; 디오게네스 라에르티오스, 『유명한 철학자들의 생애와 사상』 7.157).

　　그러나 (평범한 사람들과 마찬가지로) 철학자들은 부활—몸의 죽음에서 영원한 체화된 삶으로 되돌아가는 것—의 불가능성에 동의했다. 철학자들 사이에서 부활 개념과 가장 유사한 것은 스토아 철학자들의 '회귀'(recurrence) 교리였다. 이 교리는 창조 질서 전체가 불에 의해 주기적으로 파괴되고 그에 따른 동일한 형식으로의 재생을 요청한다(에픽테토스, 『담화집』 3.13.4-7; 키케로, 『신들의 본성에 관하여』 2.118; 세네카, 『서한집』 9.16; 36.10-11; 71.11-16). 스토아 철학의 가르침에 따르면, 체화된 삶과 각 개인의 죽음 또한 끝없는 순환으로 (그러나 자신의 전생을 의식적으로 인식하는 일 없이) 반복될 것이다. 그러나 이 회귀 개념은 부활에 대한 소망과는 완전히 다르다. 부활은 동일한 사람의 육체적 삶으로 기적처럼 되돌아오는 것, 다시는 죽지 않는 것, 개인적-육체적 정체성의 의식적인 갱신과 지속을 포함한다. 회귀 교리는 우주적 계획에서 죽음의 영원한 역할을 단언한다.

이는 육체의 죽음이 더 이상 없을 때를 상상하지 않는다. 우주의 미래에 관한 다른 고대 철학적 관점에서와 마찬가지로, 스토아 철학의 가르침에서 죽음은 우주의 영구적인 고정물이며, 모든 사람들에게 죽음은 되돌릴 수 없는 것이자 영원한 것이다.

철학자들이 죽음을 다루는 태도

고대 세계의 사람들은 죽음을 무관심(indifference)하게 여기지 않았다. 그 반대로, 시인 루크레티우스는 동시대 사람들에게 죽음에 대한 두려움이 "인간의 모든 삶을 뒤엎고, 모든 것을 죽음의 암흑으로 오염시키며, 어떤 즐거움도 걱정으로부터 자유로워질 수 없고, 또 순수해질 수 없게 한다"(『사물의 본성에 관하여』 3.37-40)는 사실을 알려 준다. 철학자는 이러한 두려움에 대응하여 체계적이고 합리적인 방식을 찾았다는 점에서 보통 사람과 달랐다.

(바울과 동시대 사람이었던) 스토아 철학자 세네카는 이를 위해 철학자들이 추구한 방식을 하나의 예로 들었다. 세네카는 지혜로운 사람의 주된 목적은 "모든 인간 존재자가 공유하고 있는 죽음에 대한 두려움"을 제거하는 것이었다고 믿었다(『서한집』 82; 또한 4.3-9; 22.14-17; 24.6-18; 26.5-10; 30.3-17; 54.4-7; 91.18-21을 보라). 죽음에 대한 두려움을 제거하는 것이 그의 저작 『섭리에 대하여』의 주된 목적이었다. 이 저작의 제목이 함축하듯, 스토아 철학자들은 신의 섭리를

믿었다. 신에 대한 스토아 철학자들의 이해는 범신론과 다신론이 섞여 있었다. 스토아 철학자들은 고대 다신교 예배의 신들을 인정했지만, 많은 신들 가운데서 이성과 지혜를 가지고 모든 것을 통치하는 최고의 유일신이 있다고 생각했다. 그러나 스토아 철학자들은 이 유일신을 자연과 우주 바깥에 있는 것으로 생각하지 않고, 오히려 신을 물질적인 우주와 각 사람 안에 있는 이성적 인간 영혼과 동일시했다(키티온의 제논, 『고대 스토아학파의 단편』 1.163에 수록된 글; 세네카, 『서한집』 92.30; 120.14). 『섭리에 대하여』의 절정에 이르는 구절에서 이 신은 인류에게 이렇게 말한다.

> 나는 네 안에 모든 좋은 것을 두었다. 너의 행운은 행운을 필요로 하지 않는다. 너는 "그러나 수많은 슬픈 일들, 무서운 일들, 견디기 어려운 일들이 우리에게 일어납니다"라고 말할 것이다. 왜냐하면 나는 그런 고난들이 네게 닥쳐오는 것을 막지 못했기 때문이다. 그러나 나는 이 모든 것들에 맞서도록 무장시켰으니 용감하게 견뎌 내라! 이것은 네가 신보다 우월하게 될 수 있는 방법이다. 곧, 신성은 고난 없이 존재하는데, 너는 고난 위에 있다. 빈곤함을 무시하라. 누구도 태어났을 때처럼 가난하게 사는 사람은 없다. 고통을 무시하라. 고통은 사라지거나 너를 데려갈 것이다. 죽음을 무시하라. 죽음은 너를 끝내거나 다른 곳으로 데려갈 것이다. 행운을 무시하라. 나는 행운에게 너의 영혼을 공격할 수 있는 어떤 무기도 주지 않았다. 무엇보다도 나는 네가 원하지 않는

다면 어떤 것도 네 삶을 얽매지 않도록 주의했다. 출구는 열려 있다. … 자연을 버리는 것이 얼마나 쉬운 일인지, 자연이 주는 생명의 선물을 그 얼굴에 다시 밀어 넣는 것이 얼마나 쉬운 일인지 모든 시간, 모든 장소에서 배우게 하라! (『섭리에 대하여』 6.5-8)

『섭리에 대하여』 6.5에 나오는 신의 말은 죽음에 대처하려는 노력에 있어서 스토아적인 근본적인 신념, 즉 고통과 죽음은 악한 것이 아니라는 신념을 나타낸다. 지혜로운 사람에게 고통과 죽음은 무차별(indifference)의 문제다. 그러나 6.6에서 이어지는 신의 말, "**내가** 너희를 이러한 고난들로부터 지켜 줄 **수 없었기** 때문에, 나는 이 모든 고난에 맞서도록 무장시켰다"라는 말은 중요한 한계점을 반영한다. "내가 ~할 수 없었다"라는 말은 신성의 힘과 창조의 선함에는 분명한 한계가 있다는 개념을 반영한다. 스토아적인 사유에서 육체적 체현(embodiment)의 필연성은 내재적 부패성을 고려해 볼 때 신의 섭리와 능력에도 제한을 가한다(에픽테토스, 『담화집』 1.1.10-12; 세네카, 『서한집』 58.27; 107.9-10을 보라). 물리적 악, 고난, 죽음은 비록 창조에 있어서 신의 목적은 아니지만, 그 목적에 수반되는, 혹은 불가피한 부산물이다. 우주에 대한 이러한 관점은 고통과 죽음이 우주의 구조에 필연적으로 짜여 있어서 가장 높은 신조차도 막을 수 없는, 궁극적으로 비극적인 관점이다.

죽음에 직면하여, 신의 무능력함이라는 이러한 개념이 실제로 함축하는 것은 무엇인가? 고통과 죽음의 기원에 대한 신의 설명에 뒤따르는 "용감하게 견뎌 내라!"는 명령은 세네카의 관점을 파악하는 데 매우 중요하다(『섭리에 대하여』 6.6). 세네카는 죽음을 고결하게 **감수**하거나 **묵인**하라고 충고하는데, 이는 최고신조차 바꿀 수 없었던 필연성이다(또한 세네카, 『서한집』 4.5; 30.4; 36.11; 49.10; 71.16; 91.18; 94.6-8; 107.9-10을 보라). 스토아 철학의 가르침은 단순한 묵인을 넘어 죽음을 적극적으로 받아들이는 경우가 많았다. 세네카와 그의 동료 스토아 철학자들은 적절한 상황에서 자살을 인정하며, 심지어 권장하기도 했다(세네카, 『서한집』 70; 77; 120.14-15; 키케로, 『최고선악론』 3.60-61; 에픽테토스, 『담화집』 1.2.25-28). 우리는 위의 『섭리에 대하여』 6.8에서 자살을 통해 "자연을 버리는 것이, 자연이 주는 생명의 선물을 그 얼굴에 다시 밀어 넣는 것"이 얼마나 쉬운 일인지를 극찬하는 것을 볼 수 있다.

세네카에게서 죽음은 영원한 슬픔이며, 지혜로운 사람은 죽음을 고결하게 감수하거나 적극적으로 받아들임을 통해 이러한 현실에 순응한다. 고대의 주요한 철학적 관점과 마찬가지로 세네카의 스토아 철학에서도 고통과 죽음은 우주의 중요한 본질에 속하는 것으로, 우주적 질서의 돌이킬 수 없고 영원한 특성으로 이해되었다. 고대의 이교도 세계에서 신들은, 그것이 철학자의 신이든 대중들의 예배를 받는 신이든, 정복할 수 없는 죽음의 힘 앞에서 무력했다.

다른 신과 그의 약속된 승리

이러한 고대의 문맥에서 유대인들이 드리는 예배의 대상인 유일신은 다른 신이었을 뿐만 아니라 완전히 다른 **종류**의 신이었다. 왜냐하면 이교도 세계의 다양한 신들은 (스토아주의와 같이) 우주와 동일시되거나, (고대의 다신론, 에피쿠로스주의, 불교와 같이) 우주의 산물 혹은 우주의 측면으로 간주되거나, (플라톤주의와 같이) 독립적이고 영원한 질료적인 세계(material realm)와 함께 공존한다고 믿었기 때문이다. 따라서 고대 숭배의 신들과 철학자의 신들은 모두 그들의 능력에 한계가 있었다.

가장 대조적으로, 고대의 유대인들은 그들의 신, 즉 이스라엘의 하나님이 초험적인(transcendent: 감각 경험을 넘어서 있다는 뜻—역주) 창조주라고 믿었다(사 40:12-31; 렘 10:1-16; 암 5:8; 시 33:6-9; 95:1-7; 124:8). 하나님은 그의 능력에 제한이 없으셨으며(창 18:14; 렘 32:17; 시 135:5-6), 우주는 하나님의 선하고 완전한 작품이었다(창 1-2장; 시 104편; 148편). 죽음은 피조물에게 불가피한 부산물이 아니라 타락과 저주의 결과였다(창 3장). 그리고 유대인들은 이스라엘의 하나님이 오직 전능한 창조주 하나님만이 하실 수 있는 일들—그분은 **죽음을 영원히 물리치실 것이다**—을 행하심으로써 스스로를 유일한 참 하나님으로 드러냈을 때, 하나님 나라와 통치가 오기를 기다렸다. 이사야서는 하나님께서 모든 민족을 구원하시기 위해 시온 산에, 거룩한 도시 예루살렘에 오시는 것을 상상한다.

그리고 만군의 주님께서 이 산에서 모든 나라를 위해 풍성한 음식과 숙성된 포도주로, 그것도 가장 엄선된 음식과 포도주로 잔치를 준비하실 것입니다. 그리고 하나님께서는 모든 민족을 덮는 수의와, 모든 나라를 가리는 수의용 베일을 이 산에서 삼켜 버리실 것입니다. 즉, 하나님께서는 죽음을 영원히 삼켜 버리실 것입니다! 그리고 주님이신 하나님은 모든 이들의 얼굴에서 눈물을 닦아 주실 것이며, 온 땅에서 자기 백성의 수치를 없애 버리실 것입니다. 왜냐하면 주님께서 말씀하셨기 때문입니다. 그리고 그날에 이렇게 말할 것입니다. "보십시오, 여기에 우리 하나님이 계십니다! 우리는 희망을 하나님께 두었고, 하나님께서는 우리를 구원하셨습니다. 여기에 주님이 계십니다! 우리는 희망을 하나님께 두었습니다. 하나님의 구원을 기뻐하고 즐거워합시다." (사 25:6-9)

게다가, 유대교의 성경은, 늑대가 양과 뛰어놀며, 물이 바다를 덮음과 같이 주님의 은혜가 온 땅을 가득 채울 때 모든 피조물의 회복을 예언한다(사 11:6-9; 65:25; 66:22-24; 암 9:13). 신들조차도 죽음의 영역에 대해 어떠한 권한도 가지고 있지 못하다고 믿었던 고대 세계의 한가운데서 유대인들은 죽음을 없던 일로 되돌리며, 모든 창조 질서가 회복되고 새롭게 될 하나님의 새로운 움직임을 기다렸다.

바울의 부활 복음

바울이 이 세상에 "예수와 그의 부활에 관한 기쁜 소식"(행 17:18)을 전했던 것은 이 때문이었다. 바울은 "그리스도께서는 죽음으로부터 다시 살아나셨다"(고전 15:20)고 선포했다. 바울은 예수께서 부활하셨다고 선포하면서 단순히 예수의 죽음 뒤에 어떤 종류의 내세가 뒤따라 나왔다고 주장하지 않는다. 대신에 예수의 죽음은 죽고 나서 장사된 지 사흘 만에 완전한 육체적 삶으로 회복됨으로써 **역전됐다**. 한때 죽었던 예수의 몸, 즉 무덤에 누워 있던 살과 뼈로 이루어진 몸이 살아났으며, 이는 영원한 것이 되었다. 바울의 복음은 목격자들의 증언을 통해 입증된 시공간 내의 우주적 사건, 즉 **십자가에 못 박힌 예수의 몸이 다시 살아난 것**을 선포했다.

> 내가 받은 것을 처음부터 여러분에게 전하였는데, 이는 성경대로 그리스도께서 우리 죄를 위하여 죽으시고 장사 지낸 바 되었다가 성경대로 사흘 만에 다시 살아나사 베드로에게 보이시고 그 후에 열두 사도에게 보이셨으며 그 후에 오백 명이 넘는 형제자매들에게 동시에 보이셨는데 그중에 지금까지 대다수는 남아 있고 어떤 사람들은 잠들었습니다. 그 후에 야고보에게 보이시고 그 후에 모든 사도에게와 그리고 맨 나중에 달이 차지 못하여 난 자와 같은 나에게도 모습을 나타내셨습니다. (고전 15:3-8)

이 구절은 예수 부활에 대한 바울의 이해의 핵심과 바울 복음의 중심부로 우리를 인도한다. 바울의 "기쁜 소식"에 따르면, 예수는 "우리를 위하여" 고난당하고 죽으셨을 뿐만 아니라(살전 5:10; 참조, 빌 2:14), "우리를 위하여" **다시 살아나셨다**(고후 5:15; 참조, 롬 4:24-25; 8:34). 그러므로 **예수께서 죽음에서 다시 살아나셨을 때, 모든 인류를 대신하여 죽음을 정복하셨다.** 예수께서는 이스라엘의 하나님이 다가오는 그의 왕국과 통치의 때에 행할 것이라고 선지자들이 약속했던 일을 행하셨다. 예수께서는 고대의 저주를 푸셨다. 예수께서는 "죽음을 무효로 하셨으며, 기쁜 소식을 통해 생명의 빛과 썩지 아니할 빛을 우리에게 비추셨다"(딤후 1:10). 바울의 복음은 예수의 부활 안에서 인류의 가장 거대한 적인 죽음 자체가 창조주 하나님에 의해 정복됐다는 사실을 선포했다.

그러나 이제 그리스도께서는 죽음에서 부활하셨으며, 잠자는 이들의 첫 열매가 되셨습니다. 죽음이 한 인간을 통해 들어왔기 때문에, 죽은 자의 부활도 한 인간을 통해 왔습니다. 마치 아담 안에서 모든 이들이 죽은 것처럼, 그리스도 안에서 모든 이들이 살 것입니다. 그러나 각자의 순서에 따라 그렇게 될 것입니다. 먼저는 첫 열매가 되신 그리스도이며, 그다음은 그리스도께서 오실 때 그리스도에 속한 이들입니다. 그다음에는 끝이 오리니, 그때는 그리스도께서 왕국을 아버지 하나님께 바칠 때이자 반대되는 모든 통치와 모든 권세와 모든 권력을 멸하시는 때입니다. 예수

는 아버지께서 만물을 그 발 아래 두실 때까지 왕으로서 다스리
셔야 하기 때문입니다. 마지막으로 없어질 적은 죽음입니다. (고전
15:20-26)

이 구절에서 바울은, 예수의 부활을 통해 약속된 죽음을 정복
하는 일이 이제 이루어졌지만, 두 가지 별개의 상 또는 단계를 포
함하는 방식으로 이루어졌다고 선포한다. 첫째 단계는 예수 자신
의 "부활"이다. 예수는 추수의 "첫 열매"이시며, 도래할 완전한 수
확을 기대하게 한다(15:20). 그리고 바울의 복음에 따르면, 그리스
도의 부활 생명의 능력은 이미 믿는 사람들 안에서 역사하고 있
다. 예수의 죽음과 부활에 참여하는 세례를 통해, 신자들은 하나님
의 아들과 초자연적이고 변화시키는 연합을 맺고, 죄의 힘과 악마
의 노예가 되는 일에서 해방된다(롬 6:1-11; 고전 6:9-11; 고후 3:17-18; 엡
4:17-24; 빌 3:9-10; 딛 3:3-7). 그리스도 안에서 죽은 자들은 단지 "잠들
어"(고전 15:20) 있고, 그들의 몸은 그리스도의 날에 깨어나기를 기
다리고 있으며, 또 그 사이에 그들의 영혼이나 정신은 하늘에서
"그리스도와 함께"(빌 1:20-24) 있을 것이고, "육신으로부터는 떠나
지만, 주님과 함께 현존하게" 된다(고후 5:6-8). 그러나 생명을 주는
예수 부활의 완전한 성취는 둘째 단계, 즉 그리스도께 속한 모든
사람이 썩지 않는 육체적 생명으로 부활하게 될 영광의 미래를 기
다리고 있다(고전 15:23-26).
　　고린도전서 15:20-26은 세네카와 바울의 사유 사이에 있는 결

정적인 차이를 드러낸다. 우주와 동일시되는 세네카의 제한된 능력을 지닌 신과는 대조적으로, 바울의 하나님은 이스라엘의 하나님, 곧 무로부터 만물을 창조하신 전능하신 창조주이시다(또한 롬 1:20-23; 4:17; 고전 8:4-6; 엡 3:9; 골 1:16-17; 딤전 6:13을 보라). 우주는 신이 아니라 하나님께서 주신 것이며, 거룩한 창조주의 직접적인 창조 행위이므로 지울 수 없는 선함과 신성함을 부여받았다("땅과, 땅에 가득 찬 것이 주님의 것입니다", 고전 10:26). 그러나 바울은 또한 창조의 역사 속에서 이 선한 창조 질서가 비극적으로 붕괴되는 사건이 일어났다고 믿는다. 인류의 반란으로 인해 죽음이 우주에 들어왔고 (고전 15:21-22), 세상은 하나님을 대적하고 인류에 적대적인 사악한 영적인 힘의 노예가 되었다(고전 15:24-25).

우리는 여기서 세네카와 바울의 사유 사이에 놓여 있는 결정적인 차이점을 발견한다. 세네카에게서 육신의 죽음은 창조 질서 내에서 비극적이지만 불가피한 결함이며, 피조물 자체가 지닌 필연적인 부산물이고, 최고신의 힘으로도 되돌릴 수 없는 것이다. 바울의 복음에 따르면 악, 고난, 죽음은 전능하시고 선한 창조자이신 하나님에 대한 제한 때문이 아니라, 우주와 인간의 반역으로 인해 선한 창조에 불법적으로 침입한 **원수**다(고전 15:25-26). 세네카에게 우주는 필연적으로 잘못 만들어진 세계이고, 바울에게 우주는 손상되고 파괴되고 망가진 것이지만 선한 세계다. 그러나 예수의 부활을 통해 창조주께서는 이제 그의 피조물을 되찾으셨다. 피조물을 악으로 물들게 하는 죽음은 생명을 창조하는 예수의 부활을 통

해 완파당했으며, 주님이 영광 중에 오실 때 죽음은 폐기될 것이
다(고전 15:20, 23, 26).

부활의 시작과 완성

바울의 복음은 예수의 부활을 창조주 하나님께서 죽음으로부터
승리하셨다는 성경적 약속의 성취로서 선포했을 뿐만 아니라, 또
한 하나님께서 그 승리를 온전히 완성하실 그날을 희망하며 고대
했다.

> 보십시오, 나는 여러분들에게 신비를 말합니다. 우리 모두는 잠
> 들지 않고 변화될 것입니다. 눈 깜짝할 사이에, 마지막 나팔이 울
> 리는 그 순간에 말입니다. 나팔 소리가 들려오면, 죽은 사람이 썩
> 지 않고 되살아나며, 우리도 그렇게 변화될 것입니다. 왜냐하면
> 이 썩어질 몸은 썩지 않을 것을 입어야 하며, 이 죽을 몸은 죽지
> 않을 것을 입어야만 하기 때문입니다. 썩어질 몸이 썩지 않을 것
> 을 입고, 또 죽을 몸이 죽지 않을 것을 입을 때, 그때 "죽음이 승
> 리에 삼켜졌다!"라고 기록된 말씀이 이루어질 것입니다. (고전
> 15:51-54)

위의 이 구절에서 바울의 마지막 말인 "죽음이 승리에 삼켜졌

다"라는 구절은 이전에 이사야가 말했던 구절을 인용한 것으로, 이사야는 죽음을 절멸하시기 위해, 하나님을 대적하는 악인들을 심판하시기 위해, 그리고 고통과 슬픔을 종식시키시기 위해 하나님께서 오실 것을 고대하고 있다. 게다가 바울의 복음에 따르면, 그리스도의 부활을 완전히 성취하는 것은 창조주 하나님께서 창조 질서 전체를 새롭게 회복하시겠다는 성경의 약속을 성취하는 것이다.

> 그러나 우리가 하나님의 자녀라면, 우리는 또한 상속자입니다. 즉, 우리가 그리스도와 함께 영화롭게 되기 위하여 그리스도와 함께 고난을 받는다면, 우리는 하나님의 상속자이자, 그리스도와 함께한 상속자입니다. 왜냐하면 나는, 현세의 고난은 우리에게 드러나게 될 영광과 비교할 가치가 없다고 생각하기 때문입니다. 피조물은 하나님의 자녀가 나타나기를 간절하게 바라며 기다립니다. 창조 질서는 허무함의 지배를 받지만, 이는 자의에 의한 것이 아니라, **피조물 자체가 부패의 노예에서 자유롭게 되어, 하나님 자녀들의 영광의 자유를 공유하기를 희망하시는 하나님의 의지 때문입니다.** (롬 8:17-21, 강조는 저자의 것)

바울의 복음은 다가올 종말에는 만물이 새롭게 될 것이며, 죽음은 승리 가운데 삼켜질 것이며, 모든 피조물은 주님의 영광으로 가득하게 될 것이라고 선포했다. 세네카의 철학에서 죽음은 피조

물의 불가피한 부산물이며 만물의 영속적인 순환 회귀 속에서 영
원히 존재할 것이다. 바울의 가르침에서 죽음은 선한 피조물의 끔
찍한 왜곡이지만, 이제 예수가 죽음에서 부활함으로써 전복됐으
며, 예수께서 영광 중에 오실 때에는 더 이상 죽음이 존재하지 않
을 것이다. **삶에 부정적**이었던 세네카의 철학(그리고 플라톤과 에피쿠
로스의 철학)과는 대조적으로, 예수의 부활이라는 바울의 기쁜 소식
은 **삶에 긍정적**이다. 예수의 부활은 **이** 세계와 **이** 몸의 초험적
(transcendent) 가치, 선함, 신성함, 영속성을 긍정한다. "이 몸은 성적
인 문란을 위한 것이 아니라, 주님을 위한 것입니다. 그리고 주님
은 몸을 위해 계십니다. 하나님께서 주님을 살리셨고, 그의 힘으로
우리도 살리실 것입니다"(고전 6:13-14). 이는 죽음에 대한 삶의 궁극
적인 승리를 확언한다. 예수는 동정녀 마리아에게서 나신 당신의
인간 육신을 벗어던지지 않으셨다(롬 1:3-4; 갈 4:4). 오히려, 부활로
예수의 몸은 **영화롭게 되셨으며**(롬 6:4; 빌 3:21), 예수의 몸의 영화로
움은 전체 창조 질서의 영광과 최종 완성을 위한 첫 열매다(고전
15:20-28).

  이 모든 것은 세네카와 바울이 자신들의 독자들에게 요구하는
현재 삶의 특성에 두드러진 차이를 가져온다. 세네카에게서 죽음
은 궁극적 실재이며, 지혜로운 사람의 주된 목적은 자신이 맞이할
죽음에 대한 두려움을 없애는 것이자, 용감하게 감수하며 죽음과
대면하는 것이다. 바울의 편지들에서는 죽음과 관련하여 감수와
묵인이라는 고대 철학의 어법이 눈에 띄게 부재한다. 그 대신에

우리는, 죽음에서 부활하신 예수에 의해 야기되는 새롭고 산 소망을 중심으로 놀라울 정도로 만연해 있는 **희망, 기대, 기쁨, 감사**라는 어휘들을 발견한다(롬 5:2-5; 8:24-25; 12:12; 15:13; 빌 4:4-7; 살전 5:8, 16-18).

결론: 기쁜 소식과 부르심

고대인들에 의해 예배를 받는 신들과 철학자들의 신들이 지닌 능력으로써는 정복할 수 없는 죽음이 영원한 슬픔이었던 고대 세계에, 십자가에서 못 박힌 예수의 몸이 무덤에서 부활했다는 사실은 창조주 하나님께서 죽음으로부터 승리하셨다는 기쁜 소식을 드러냈다. 죽음을 극복함으로써 예수는 이교도 세계의 신들 중 누구도 할 수 없었고, 심지어 그렇게 하겠노라고 주장되지도 않았던 그 일을 행하셨으며, 결국에는 스스로를 참으로 살아 계신 하나님으로 드러내셨다. 따라서 바울의 복음은 기쁜 소식의 선포인 동시에 거짓 신들로부터 벗어나 유일하신 참된 하나님을 향해 회심하라는 부르심이었다. 이 복음은 결정과 반응을 요구했다. 부활절은 바울의 복음이 전해진 이교도 세계의 영원한 슬픔을 부활의 기쁜 소망으로 대체하는 좋은 소식이었을 뿐만 아니라, 유일하신 참 하나님의 정체성을 드러내는 날이었다.

더 읽을거리

1차 자료

Cicero. *Tusculan Disputations*. Translated by J. E. King. LCL. London: Harvard University Press, 2001.

Seneca. *Moral Essays*. Translated by John W. Basore. LCL. London: Harvard University Press, 2003.

2차 자료

Malherbe, Abraham. *Paul and the Popular Philosophers*. Minneapolis: Fortress, 1989.

Mansfeld, Jaap. "Providence and the Destruction of the Universe in Early Stoic Thought." In *Studies in Hellenistic Religions*, edited by J. Vermaseren, 160-88. Leiden: Brill, 1979.

Ware, James P. *Paul's Theology in Context: Creation, Incarnation, Covenant, and Kingdom*. Grand Rapids: Eerdmans, 2019.

————. "Paul's Understanding of the Resurrection in 1 Corinthians 15:36-54." *JBL* 133 (2014): 809-35.

————. "The Salvation of Creation: Seneca and Paul on the Cosmos, Human Beings, and their Future." In *Paul and Seneca in Dialogue*, edited by Joseph R. Dodson and David E. Briones, 285-306, Ancient Philosophy and Religion Series 2.

Leiden/Boston: Brill, 2017.

Wright, N. T. *The Resurrection of the Son of God.* Minneapolis: Fortress, 2003.

토론 질문

1. 이 장에 따르면, 예수의 부활에 대한 바울의 복음은 그의 청중들을 위한 새로운 메시지였는가? 왜 그렇게 생각하는가? 혹은 왜 그렇지 않다고 생각하는가?

2. 고린도전서 15장과 세네카의 『섭리에 대하여』 사이에 어떤 차이점이 여러분들에게 가장 눈에 띄었는가?

3. 바울의 메시지는 어떤 면에서 기쁜 소식의 선포였으며, 동시에 도전이자 호출 신호였는가?

4. 이 장에서 밝혀진 것처럼, 바울의 복음이 들어온 고대 이교도 세계의 맥락은 당신이 바울의 복음을 더 잘 이해하는 데 도움이 되었는가? 그렇다면, 어떤 방식으로 도움이 되었는가?

제11장
무지개 너머 어딘가:
플라톤, 키케로, 바울의 천국에 대한 환상

조셉 R. 닷슨(Joseph R. Dodson)

사도 베드로는 바울이 이해하기 어렵고, 해석하기 힘든 글을 썼다고 인정한 적이 있다(벧후 3:16). 비록 베드로는 자신이 어떤 난해한 구절을 염두에 두고 있는지 말하지는 않았지만, 고린도후서 12:1-8이 적절한 좋은 예시가 되었을 것이다. 바울은 이 단락에서 자랑하지만 실제로는 자랑하지 않고, 자랑하지만 단지 **겸손하게** 자랑할 뿐이라고 썼다.

나는 계속해서 자랑해야 합니다. 비록 내가 얻을 것이 전혀 없겠지만, 나는 주님께서 주신 환상과 계시를 말하고자 합니다. 나는 그리스도 안에서 한 사람을 알고 있는데, 그는 14년 전에 셋째 하늘까지 이끌려 갔던 사람입니다. 그 일이 육체를 입은 상태에서 이루어진 것인지, 아니면 육체를 버린 상태에서 이루어진 것인지는 내가 알지 못하지만, 하나님께서는 아십니다. 그리고 나는 이 사람이—그가 육체를 입었는지, 아니면 육체를 버렸는지를 나는 알지 못하지만, 그러나 하나님께서는 아시는 이 사람이—낙원에 이끌려 갔으며, 누구도 그에 대해 말하는 것이 허락되지 않은, 이루 말할 수 없는 것을 들었다는 것을 압니다. 나는 그런 사람을 자랑할 것입니다. 그러나 내 자신에 대해서는, 내 약점에 대한 것 말고는 자랑하지 않을 것입니다. 비록 내가 자랑하고자 하더라도 어리석은 사람이 되지는 않을 것입니다. 왜냐하면 나는 진실을 말할 것이기 때문입니다. 그러나 나는 내가 받은 엄청난 계시로 인해 내가 행하거나 말함으로써 보증했던 것보다 어느 누구도 나에 대해 더 생각하지 않도록 삼갈 것입니다. 그러므로 내가 교만하게 되지 않게 하기 위해 내 몸에 가시, 즉 사탄의 사자를 주셨으니, 이는 나를 고통스럽게 하는 것입니다. (고후 12:1-7)

먼저 이 "그리스도 안에 있는 사람"은 누구인가? 바울은 자기 자신에 대해 말하고 있는 것인가 아니면 다른 누군가에 대해 말하고 있는 것인가? 만약 바울이 자기 자신에 대해 말하는 것이라면, 왜 바울은 3인칭으로 이야기하는 것인가? 그 사람이 "육신에" 사로잡혀 있는지 여부가 중요한가? 만약 그렇지 않다면, 왜 바울은 이를 두 번(2, 3절)이나 언급하는 것인가? 또한, 그 사람은 왜 자신이 들은 것을 말할 수 없는가? 애초에, "이루 말할 수 없는"이라는 단어가 나온 이유는 무엇인가? 그 말은 일종의 천국의 언어로 되어 있었는가? 그렇다면 "몸 안의 가시"는 어떠한가? 왜 바울은 우리에게 그것이 무엇인지 (혹은 그가 누구인지) 말하지 않는가? 잠깐, 그렇다면 하나님께서는 정말로 바울을 고통스럽게 하기 위해 **사탄**의 사자를 보내셨는가? 질문해야 할 것이 많다.

이 본문은 바울에게 있어서 독특한 것이기는 하지만, 유사한 경우가 없는 것은 아니다. 구약과 다른 유대 문헌들에는 특별한 사람이 하늘로 들려 올라가 초자연적인 환상을 경험했다는 수많은 예시가 있다. 그중에서 당신에게 가장 친숙한 것은 아마도 요한계시록일 것이다. 요한계시록과 같은 저작들과 고린도후서 12:1-8과 같은 특정 구절들은 종종 종말론적 본문이라고 불린다.

학자들이 '종말론적'이라는 말을 정확히 어떻게 정의할 것인지를 지속적으로 논쟁하고 있기는 하지만, 그들 중 다수는 바울이 어떻게 정의하든 종말론적 논의를 탐구하는 구절을 해독하는 데 도움이 되는 유대의 유사한 문헌들을 검토한다. 그리고 당연히 그래야 한다! 나는 이러한 학자들이 유대적 배경의 측면에 비추어 바울의 서신들을 보다 잘 이해하는 데 얼마나 많은 도움을 주었는지 이루 말할 수 없다. 그러나 유대 종말론만이 바울의 사유를 분명하게 밝혀 주는 유일한 유사점은 아니다. **게다가** 바울의 이 구절들과 고대 세계의 두 철학적 거물인 플라톤과 키케로 사이에 닮은 점이 있다. 이들은 놀라운 환상을 보고 신비한 메시지를 듣고는 천국으로 들어 올려진 사람들에 관한 이야기로 자신들의 주요 저작들을 장식한다. 이보다 더 좋은 비교 부분은 없을 것이다.

플라톤과 키케로의 저작들은 적어도 고린도 교회의 몇몇 성도들에 의해 알려졌다(당신의 교회에서 얼마나 많은 사람들이 도로시가 오즈를 만났던 이야기[『오즈의 마법사』를 가리킨다—편주]에 친숙한지와 비슷할 것이다). 의도했든 아니든, 이러한 이야기들은 원래의 독자들이 바울의 서신들을, 그중에서도 고린도후서 12:1-8을 해석하는 데 영향을 미쳤을 수 있다. 따라서 바울의 경험과 비교하기 전에, 천국에 들려 올라간 사람들에 대한 두 가지 고대의 해석을 살펴보도록 하자.

플라톤의 『국가』와 에르 신화

N. T. 라이트에 따르면, 플라톤의 저작들은 고대 헬레니즘 세계의 신약성경과 같다.[1] 이 '헬레니즘 신약성경' 안에서 플라톤은 자신의 저서인 『국가』의 결론부 가운데 에르(Er) 신화를 말한다. 철학자 플라톤은 사람들이 올바르게 살고 정의를 실천하는 일이 얼마나 중요한지를 설명하기 위해 에르 신화 이야기를 사용한다(플라톤, 『국가』 10.614d-619b). 플라톤은 의로운 사람이 이 땅에서 받을 수 있는 상, 선물, 보상이 아무리 크다 하더라도, 죽음 이후에 그들을 기다리는 것과는 그 수와 규모 면에서 비교할 수 없다는 것을 입증하려고 시도한다(10.614a).

---

1.   N. T. Wright, *The Resurrection of the Son of God* (Minneapolis: Fortress, 2003), 32, 47-48 [= 『하나님의 아들의 부활』, CH북스, 2014].

이야기에 따르면, 에르는 전쟁에서 죽음을 맞이하는 용맹한 전사다. 에르가 살해된 후, 에르의 친구들은 그의 시신을 찾아 집으로 옮겨 주고 장례를 준비하는 데 12일이 걸린다. 마지막 날에, 에르가 사랑했던 사람들은 에르의 시체를 장작더미 위에 올려놓고 불로 태워 화장하려고 한다. 그러나 그들이 불을 붙일 준비를 하고 있을 때, 에르가 일어난다. 에르는 다시 살아나서 군중들을 놀라게 한다. 당신은 나사로나 야이로의 딸이 각자 죽음에서 돌아온 후 사랑하는 사람들에게 뭐라고 말했는지 궁금한 적이 있는가? 아, 이러한 성경의 예시들과는 대조적으로, 에르는 실제로 그가 '저승에서' 보았던 것을 상세하게 설명한다.

에르에 따르면, 사후 세계에서 12일간의 여정이 시작될 때, 재판관들이 그를 세상을 떠난 다른 영혼들과 함께 심판대 주위에 모았다고 한다. 그러나 나머지 영혼들과 달리, 에르의 영혼은 통과하게 된다. 재판관들은 죽은 자들 가운데 남아 있기보다는, 돌아가서 죽은 자들의 운명에 대해 인류에게 보고할 수 있게 주변을 둘러보고 기록하도록 에르에게 지시한다. 그 후 에르는 재판관들이 악한 영혼들과 의로운 영혼들을 왼쪽과 오른쪽으로 분리하는 것을 본다(10.614c-d). 오른쪽으로 보내진 의로운 영혼은 천국을 여행하며, 천국에서 천 년 동안 형언할 수 없는 기쁨과 끊임없는 즐거움을 경험한다. 낙원에 있는 의로운 영혼들과는 대조적으로, 왼쪽에 있는 불의한 영혼들은 이 땅 아래에서 평생 동안 자신이 지은 죄를 열 배로 갚는 악몽 같은 고통을 겪는다(10.615a-616a). 에르가 자신의 몸으로 되돌아왔을 때, 그는 사람들로 하여금 의를 구하여 한편으로는 지옥의 고통을 피하고 다른 한편으로는 하늘의 보상을 받도록 설득하기 위해 자신이 보았던 것을 선포한다(10.619e; 621c-d).

　아래에서 살펴보겠지만, 에르에 관한 이 이야기는 또 다른 철학의 거장인 마르쿠스 툴리우스 키케로에게 깊은 인상을 남겼다.

키케로의 『국가』와 스키피오 장군의 꿈

플라톤이 자신의 책을 에르 신화로 마무리했던 것처럼, 키케로는 스키피오의 꿈으로 자신의 『국가』를 마무리한다. 플라톤은 사람들이 정의를 추구하도록 격려하기 위해 그렇게 한 반면, 키케로는 로마의 지독한 정치적 환경으로 인해 불만을 품은 동료들이 그들의 공직을 버리지 않도록 만류하기 위해 스키피오의 이야기를 사용한다.[2] 역사가 계속해서 보여 주듯, 키케로는 필연적으로 뒤따르게 될 허영심 많은 황제 대신 시민에 의해 통치되는 국가를 지키기 위한 싸움에서 패배하고 있었다. 그러나 키케로에게는 로마의 영혼을 잃어버리는 것보다 더 위태로운 일이 있었다. 키케로의 환상은 국가를 통치할 책임을 상실한 사람들은 다가올 시대에서의 불멸성에 대한 희망도 함께 상실할 것이라고 경고한다.

　예수가 무덤에서 임박한 부활을 설명하기 위해 요나가 물고기

2.　Pheme Perkins, *Resurrection* (New York: Doubleday, 1984).

배 속에서 사흘 만에 살아난 이야기를 언급하는 것과 비슷하게, 스키피오는 자신의 하늘의 환상을 설명하기 위해 에르가 하늘로 들어 올려진 이야기를 사용한다. 키케로는 에르와 스키피오의 경험을 바탕으로 천국 교리와 영혼 불멸 교리가 경시되어서는 안 된다는 사실을 보여준다. 이는 웃어넘길 우화나 동화가 아니라, 깊이 숙고해야 할 합리적인 가르침이다. "영혼 불멸과 천국에 대해 이야기되는 것들은 꿈꾸는 철학자들의 허구나 에피쿠로스주의자들이 조롱하는 것과 같은 허황된 이야기가 아니라 의식 있는 사람들의 추측입니다"(키케로, 『국가』 6.3).

스키피오의 이야기는 그가 군사 원정 중 꿈에 아프리카누스라는 죽은 전쟁 영웅이 어떻게 나타났는지를 이야기하면서 시작한다. 유령을 본 스키피오는 두려움에 벌벌 떨었지만, 아프리카누스는 곧바로 본론으로 들어간다. 아프리카누스는 이렇게 말한다. "용기를 내십시오, 스키피오여, 두려워하지 마십시오. 내가 당신에게 하려는 말을 당신의 기억 속에 새기십시오"(6.10, 저자의 번역).

그런 다음 아프리카누스는 로마에 대한 스키피오의 미래 승리를 예언하며 국가가 이기적인 정치가들에 의해 어떻게 어지럽혀지는지를 예견한다. 아프리카누스는 계속해서 스키피오에게 이렇게 말한다.

이를 확신하십시오. 그러면 당신은 공화국을 지키는 데 열심이 될지도 모릅니다. 곧, 하늘에는 조국을 보호하고 돕거나 확장한

모든 이들을 위해 준비된 특별한 공간이 있는데, 그곳에서 그들
은 영원히 행복한 삶을 누리게 될 것입니다. 온 우주를 통치하시
는 최상의 신께서 이 지상에 있는 모든 것 중에 정의로운 사람들
의 집회와 모임보다 더 기뻐하시는 것은 없기 때문입니다. (6.13,
LCL)

　그러나 아프리카누스를 앞에 두고도 스키피오는 죽음 이후의
삶이 정말로 존재하는지에 대해 여전히 의구심을 품는다. 아프리
카누스는 이렇게 대답한다. "확실히, 당신이 죽었다고 생각하는
이들은 모두 살아 있습니다. 감옥에 갇힌 죄수처럼, 그들은 육신의
굴레로부터 벗어났던 것입니다. 그러나 그에 반해서, 당신이 '삶'
이라고 부르는 것은 사실 죽음입니다"(6.14, 저자의 번역). 다시 말해,
스키피오의 현재 생물학적인 삶은 앞으로 다가올 영혼의 삶에 비
하면 죽음이다. 의로운 이는 죽어야만 참된 삶을 얻을 수 있다.
　스키피오의 회의를 없애기 위해, 아프리카누스는 스키피오의
죽은 아버지 파울루스를 소환하여 그들과 합류하게 한다. 스키피
오는 그의 아버지가 자신을 안아 주려고 다가올 때 눈물을 터뜨린
다(6.15). 이제 자신의 아버지와 재회한 스키피오는 더 이상 지상으
로 되돌아가고 싶지 않다. 그는 아버지에게 자신이 하늘에서 영원
히 아버지와 함께 있을 수 있도록 이 세상을 떠나게 해 달라고 간
청한다. 파울루스는 스키피오에게 생명의 창조주이신 신만이 지
상에서의 의무를 잠시 쉬게 하는 특권을 가지고 계시므로 반드시

자신의 몸으로 돌아가야 한다고 엄숙히 알린다(6.15). 따라서 스키피오는 자신의 국가에 대한 자신의 책임을 회피할 수 없다. 오히려, 스키피오는 이 세상에서 정의를 이뤄 냄으로써 자신의 아버지를 본받아야만 한다. 그러나 기쁜 소식은 스키피오가 지상에서 자신의 선의와 의로움을 펼치게 되면, 그가 "죽을" 때 하늘로 되돌아가 의로운 사람들과 함께 영원히 살 수 있다는 것이다(6.16).

이 지점에서 스키피오는 자신이 하늘에서 보았던 모든 것을 상세하게 설명하기 시작한다. 스키피오는 눈이 닿는 곳 어디에서나 놀랍도록 아름답고 빛난 광경을 묘사한다. 결국 스키피오는 지구를 내려다보며 훑어보다가 은하수에 비해 지구가 얼마나 왜소한지에 깜짝 놀라게 된다(6.16). 그렇게 자신과 가장 가까이 있는 행성과 별들을 보며 경이로워하다가, 스키피오는 가장 인상적인 것이 무엇인지를 알아차리지 못한다. 결국, 아프리카누스는 스키피오의 시선을 "하늘의 아홉 가지 영역"으로 향하게 한다. 그 영역들 중 가장 마지막 영역은 "최고신이 거하는 곳"이다(6.17).

그러나 아프리카누스는 스키피오를 신의 알현실로 안내하는 대신 설교하기 시작한다. 아프리카누스는 신, 역사, 별들과 같은 세상의 거대한 구조에 비추어 볼 때 사람들이 명성을 추구하는 일이 얼마나 어리석은 일인지를 상세히 설명한다. 우주의 불과 땅의 홍수가 모든 것을 없애 버릴 것이기 때문에, 그 누구도 오랫동안 지속될 영광이나 영원한 명성을 얻지 못할 것이다. 세상이 끝나고 별들이 본래의 별자리로 되돌아올 때, 인간의 모든 자랑은 잊혀질 것이다(6.23-24). 이런 이유로 스키피오는 헛되고 덧없는 영광을 구하기보다는, 위에 있는 것들을 구하고 천국에 자신의 마음을 두어야만 한다. 그곳에서 스키피오는 영원한 보상을 받을 것이다(6.20-25). 스키피오가 자신의 마음을 마지막 안식처에 고정시키면, 그는 주위의 저속한 무리들을 무시할 수 있게 되며, 그 결과 덕이 그를 **참된** 영광으로 이끌 수 있게 될 것이다(6.25). 그러므로 이러한 희망에 비추어 스키피오는 자신이 추구해야 할 최선의 것에 전념하여야만 하며, 지상의 세속적인 기쁨으로부터 그 스스로를 분리해야만 한다. 천국에 집중하면서 정의를 위해 싸우다 보면, 오래지 않아 스키피오는 영혼의 본향으로 올라갈 것이다(6.29).

스키피오의 환상이 끝나기 전에, 그는 유덕한 삶을 살지 못하게 될 때 겪게 될 결과를 엿보게 된다. 비참한 자들이 죽으면 천국으로 날아가는 대신 땅에 묶여 인간과 신의 법을 어긴 대가를 치르기 위해 오랜 시간 동안 가장 엄청난 고통을 견뎌야 한다(6.29).

요컨대, 우리가 지금까지 보았던 것처럼, 플라톤과 키케로는 에르 신화와 스피키오의 꿈을 사용해 유덕한 영혼은 죽으면 천국에 올라가는 반면 사악한 영혼은 자신의 죄로 인해 끔찍한 고통에 시달릴 것임을 강조했다. 두 이야기 모두에서 주인공은 생물학적 실존을 넘어서서 더 높은 형태의 삶을 경험하게 된다. 재판관은 에르로 하여금 심판―천국과 지옥―에 관하여 그가 본 것을 기록하게 했고, 스키피오는 아프리카누스와 파울루스를 만나 미래에 대해 예언하고 별들을 구경했다.

플라톤과 키케로 그리고 바울

고린도후서 12:1-8을 스키피오와 에르의 이야기와 구체적으로 비교하기 전에, 바울 서신 전반에 비추어 이들 사이의 몇몇 유사점과 차이점을 살펴보도록 하자. 예를 들어, 플라톤, 바울, 키케로, 이 세 저자들 모두는 죽음 이후의 더 나은 삶에 대한 희망을 나타낸다. 이러한 희망의 근거는 승천 이야기에 기초한다. 우리가 위에서 살펴본 것처럼, 플라톤은 의로운 사람들이 이 세상에서 받는 보상과 유익이 다음 세상에서 받게 될 축복과 비교하면 얼마나 미미한지를 강조하기 위해 에르의 이야기를 사용한다(플라톤, 『국가』 10.614a). 마찬가지로 아프리카누스에 따르면, 유한한 인간이 고려하는 삶은 하늘에서 유덕한 사람을 위해 예비된 영광스러운 삶에 비하면 사실 죽음에 불과하다.

이는 성도들이 다음 시대에 온전히 공유하게 될, 영원하고 막중한 하나님의 영광과 비교하면 우리의 일시적인 삶과 그 모든 고통은 가벼울 뿐이라고 말하는 바울의 선포와 어느 정도 일치한다(고후 4:17; 롬 8:16-18). 그러나 가장 큰 차이점 중 하나는, 플라톤과 키케로가 **육체적 죽음**의 순간에 받게 될 보상을 기대하는 반면, 바울은 **육체적 부활**의 날에 대한 성도의 희망에 집중한다는 점이다. 그리고 영원한 삶에 대한 플라톤과 키케로의 희망은 개인의 덕에 의지하지만(만약 당신이 충분히 선하다면, 이를 이루어 낼 수 있을 것이다), 바울의 희망은—우리의 행위가 아닌—예수 그리스도의 의로운 행위에 중심을 두고 있다는 점도 중요한 차이점이다. 주님의 단 한 번의 의로운 행위의 결과로 모든 사람이 생명을 얻었고, 주님의 단한 번의 순종으로 많은 사람이 의롭게 될 것이다(롬 5:18-19).

이 점과 관련하여, 플라톤과 키케로는 에르와 스키피오의 이야기를 통해 영혼의 내세에 대한 이해를 이끌어 낸 반면, 바울은 영원한 생명에 대한 믿음의 기초를 메시아의 부활에 두었다(고전 15:20). 신자들은 세례를 받음으로써 그리스도와 함께 죽었기 때문에, 그리스도께서 부활하심으로 그리스도와 함께 연합할 것을 확신한다(롬 6:1-11). 그러므로 스키피오의 희망과 비슷하게, 신자들은 머지않아 세상을 떠난 사랑하는 사람들을 다시 보게 될 것이다(살전 4:14). 곧 그리스도 안에서 죽은 사람은 무덤에서 일어나 하늘로 올라갈 것이다(4:13-14). 그 후에, 나머지 신자들도 하늘에서 그리스도를 만나기 위해 먼저 하늘로 올라간 사람들을 따라갈 것이다(4:17). 성령께서는 죽을 수밖에 없는 우리의 몸에 생명을 주실 것이며(롬 8:11), 그 몸은 눈 깜짝할 사이에 변화될 것이다(고전 15:51-52). 이는 바울과 철학자들 사이의 또 다른 근본적인 차이점을 우리에게 알려 준다. 플라톤과 키케로는 **개인**이 죽을 때의 운명에 관심을 두지만, 사도 바울은 **큰 집단**, 즉 마지막 부활을 준비하는 신자들의 공동체 전체에 집중한다.

자신의 몸에서 벗어나 천국에서 아버지와 함께 있기를 바라는 스키피오의 갈망과 유사하게, 바울은 주님과 함께 있기 위해 육신을 떠나 있는 것이 더 좋다고 고백한다. 스키피오가 로마의 이익을 위해 남기로 결정하는 반면, 사도 바울은 교회를 위해 단념하고 육신에 남아 있기로 한다(빌 1:23-25). 다른 한편으로, 스키피오와 에르와 마찬가지로 바울은 모든 사람이 자신의 몸으로 행했던 행동들에 대해 해명해야 할 것이기 때문에 사람들로 하여금 의롭게 살라고 격려한다(롬 14:10-12; 고후 5:9-10). 그러나 또 다른 대조로, 바울은 인간의 행위뿐만 아니라, 그들의 은밀한 생각과 동기까지도 심판받을 것이라고 믿는다(롬 2:16; 고전 4:5).

플라톤과 키케로와 마찬가지로 바울은 의인에게 천국의 보상을 약속하고 하나님의 뜻을 위반한 사람들과 범법자들에게 다가올 심판에 대해 경고한다. 그러나 철학자들이 악인들에 대한 사후(死後)의 고통을 구체적으로 언급하는 반면, 바울은 실제로 불의한 죽은 자들에 대한 부활을 결코 언급하지 않으며, 이미 세상을 떠난 부패한 영혼에게 무슨 일이 일어났는지도 상세하게 설명하지 않는다. 그보다도 사도 바울은 악인이 왕국을 물려받지 못할 것이라고 말하는 것으로 만족하는 것처럼 보인다. 결과적으로 하나님의 진노가 **이미** 하늘에서 악한 이들에게 드러나고 있으며, 곧 파멸이 그들을 휩쓸 것이다(롬 1:17-18; 고전 6:9-11; 살전 5:3). 따라서 사도 바울은 우리가 에르의 이야기에서 보았던 것처럼 천 년간의 고통스러운 감금이나 스키피오의 꿈에 대해 읽었던 것처럼 이미 사망한 범법자들이 셀 수 없이 많은 시간 동안 고난받는다는 것에 대해 언급하지 않는다. 이는 우리를 고린도후서 12장의 흥미로운 구절로 되돌아가도록 우리를 안내한다.

결론: 에르, 스키피오, 그리고
고린도후서 12장에서 언급된 그리스도 안에 있는 사람

플라톤과 키케로의 이야기와 유사하게, 바울은 하늘로 들어 올려 졌던 사람에 대한 이야기를 들려준다(고후 12:1-4).[3] 스키피오와 에르 의 경우에서처럼, "사람"이 하늘로 승천하는 것은 도래할 세상을 미리 보여 준다. 그러나 이와는 극명하게 대조적으로, 플라톤과 키 케로는 간접적인 이야기—즉, 그들에게 전해져 내려오는 이야기— 에 의존한다. 하지만 일반적인 합의가 옳다면, 바울은 **목격자의 이 야기**를 제공한다. 즉, 대부분의 학자들은 "그리스도 안에 있는 사 람"이란 표현이 비록 우회적인 방식이기는 하지만, 바울이 스스로 를 언급한 것이라고 믿는다. 따라서 천국에 들어 올려졌던 사람은 바울 자신이다. 바울이 이런 식으로 말하는 것이 우리에게는 이상 하게 보일 수 있지만, 이는 자랑하지 않으면서 자랑하려는 바울의 전략이다.[4]

---

3.   이 장의 아이디어는 Joseph R. Dodson, "The Transcendence of Death and Heavenly Ascent in the Apocalyptic Paul and the Stoics" in *Paul and the Apocalyptic Imagination*, edited by Ben C. Blackwell, John K. Goodrich, and Jason Maston (Minneapolis: Fortress, 2016), 168-70에서 확장됐다.

4.   이러한 종류의 자랑에 대한 고대의 비-기독교적인 예시가 있다. 『공격적이 지 않은 자기-칭찬에 대하여』(*On Inoffensive Self-Praise*)에서 플루타르코스 는 사람들이 올바른 방식과 올바른 이유로 자랑하는 한, 사람들에게 자랑해 도 괜찮다고 말한다. 그들은 다른 사람들이 자신의 모범을 따르도록 격려하 고 악을 모방하거나 나쁜 철학을 받아들이지 않게 하기 위해 자신의 덕을 자 랑할 수 있다. 그럼에도 불구하고 이러한 종류의 자랑은 하나님을 신뢰하고,

위에서 언급한 것처럼, 이 구절의 또 다른 특이한 점은 바울이 자신이 육체 안에 있었는지 없었는지 여부에 관해 반복적으로 모른다고 언급한다는 점이다. 플라톤과 키케로와 비교할 때, 바울의 계시는 (육체 안에 있는) 스키피오의 꿈과 더 비슷했을 수도 있고, 어쩌면 (육체 밖에 있는) 에르의 사후 경험과 더 비슷했을 수도 있다. 만약 에르의 이야기와 비슷하다면, 바울의 계시는 아마도 바울 자신의 임사 체험 중 하나의 결과였을 수도 있다. 예를 들어, 해당 본문 바로 이전에, 바울은 고린도후서 11:23에서 자신이 겪은 수많은 고통을 열거하며, 자신이 여러 번 죽음에 노출됐다는 사실을 언급한다.

바울이 어떻게 낙원에 올라갔는지는 확실하지 않지만, 한 가지 확실한 것은 그가 그곳에 있었을 때 들었던 것을 반복할 수 없다는 것이다. 그러므로 로마를 섬기는 노력을 배가하도록 박차를 가하고자 하는 스키피오의 환상의 목적과 달리, 표면적으로 바울의 계시는 어떤 목적이나 의도도 드러내지 않는 것처럼 보인다. 사도 바울은 자신이 보았던 것을 상세하게 설명할 수 없다. 아마, 자신이 들었던 것을 말하려고 해도, "이루 말할 수 없는 말들"로 인해 그는 말할 수 없었을 것이다. 결과적으로, 에르와 스키피오의 승천 이야기는 내세에 대해 더 많은 것을 알고자 하는 사람들의

청중들을 칭찬하며, 개인적인 결점을 인정하는 간접적인 것이어야 한다. 사람들은 고린도후서 12장에 나오는 바울의 자랑과 많은 유사점을 쉽게 발견할 수 있다.

영적인 갈급함을 채우는 것인 데 반해, 바울의 이야기는 단순히 전채 요리(hors d'oeuvre), 시작일 뿐이다.

더욱이 하늘의 중재자는 종말론적인 이야기에서 흔히 볼 수 있는 특징이었다. 이처럼 에르는 자신을 만나 지시를 내린 재판관들을 언급하며, 스키피오는 자신의 여정을 도운 두 천상의 안내자가 있었다(심지어 요한도 요한계시록에서 그를 인도하는 천사가 있다). 그러나 바울은 이러한 인물에 대해 어떤 언급도 하지 않는다. 낙원에도 바울에게 낙원에 대한 것들을 자세히 설명해 줄 누군가가 있었는가? 만약 그렇다면, 바울이 들은 것을 알리지 못하도록 금지한 사람은 바로 이 언급되지 않은 조력자였는가(계 10:4을 보라)? 바울이 상세한 설명을 제공하기를 거부했기 때문에, 플라톤과 키케로에 익숙한 이들은 사도 바울의 신비한 환상이 신적인 신비, 왕국의 미래와 세계의 종말, 이기적인 지도자들에 대한 위협, 영원한 영광과 삶을 얻는 방법에 대한 설명과 관련이 있다고 추정했을지도 모른다. (아마, 그들이 옳을 것이다. 이러한 것들이 바울이 본 환상의 특징이었을 가능성이 꽤 높다.)

고린도후서 12장의 맥락은 플라톤과 키케로의 저작들의 맥락과는 매우 다르지만, 이들 셋 모두는 그들의 반대자들과 맞서고 있다는 점에서 공통점이 있다. 플라톤은 그리스 시인들의 나쁜 신학을 바로잡는 것을 목표로 하였고, 키케로는 에피쿠로스주의자들이 내세를 부정한 것과 논쟁한다. 바울 역시도 선동가들을 반박하기 위해 자신의 승천 이야기를 사용한다. 바울은 이단적인 시인들 혹은 경쟁 관계에 있는 철학자들과 논쟁하는 대신, 아마도 바울에게서 멀리 떨어져 있을 바울의 교회를 이끌기 위해 자신들의 권위를 정당화하고자 받은 계시에 호소한 "지극히 크다는 사도들"(고후 11:5; 12:11—편주)과 대결한다. 이에 대해, 사도 바울은 끊임없이 지속되는 고난 가운데서도 겸손, 봉사, 은혜라는 그리스도인 리더십의 진정한 본질을 확립하기 위해 자신이 받은 계시를 내세우지 않는다.

지극히 크다는 사도들이 자신의 환상 이야기에 호소하여 검증을 받는다면, 플라톤과 키케로는 죽음 이후의 삶을 주장하기 위해 하늘로 승천한 이야기에 호소한다. 그러나 여기서 깜짝 놀랄 결말은, **"바울은 어느 쪽을 위해서든 승천 이야기를 필요로 하지 않는다"**는 것이다.[5] 다시 말해, 바울은 지극히 크다는 사도들과 달리, **자신이** 하늘로 들려 올려졌던 것을 근거로 사역의 정당성을 추구하지 않았다. 바울 사역의 정당성은 그리스도께서 무덤에서 부활하셨던 사건에 근거해 있다. 그리고 플라톤과 키케로와 비교해 볼 때, 불멸에 대한 바울의 확신은 에르나 스키피오, 심지어 자기 자신에 대한 것이 아니라 죽음에서 되살아나 생명의 창조주이신 완전하신 하나님 우편으로 승천하신 분에 관한 승천 이야기에 근거하고 있다. 바울은 셋째 하늘로 올려지기 전에 이미 다메섹 도상에서 높이 들려진 신성한 분을 직접 눈으로 보았다(행 9:1-6).

---

5.   Dodson, "The Transcendence of Death," 170.

더 읽을거리

1차 자료

Cicero. *The Republic*. Translated by Clinton W. Keyes. LCL. London: Harvard University Press, 1928.

Plato. *The Republic*. Translated by Chris Emlyn-Jones and William Preddy. LCL. London: Harvard University Press, 2013.

2차 자료

Blackwell, Ben C., John K. Goodrich, and Jason Maston, eds. *Paul and the Apocalyptic Imagination*. Minneapolis: Fortress, 2016.

Collins, John J. *Seers, Sibyls and Sages in Hellenistic-Roman Judaism*. Leiden: Brill, 2001.

Dodson, Joseph R. "Elements of Apocalyptic Eschatology in Seneca and Paul." In *Paul and the Greco-Roman Philosophical Tradition*, edited by Joseph R. Dodson and Andrew Pitts, 33-54. LNTS. London: Continuum, 2017.

————. "The Transcendence of Death and Heavenly Ascent in the Apocalyptic Paul and the Stoics." In *Paul and the*

Apocalyptic Imagination, edited by Ben C. Blackwell, John K. Goodrich, and Jason Maston, 157-76. Minneapolis: Fortress, 2016.

Morray-Jones, C. R. A. "Paradise Revisited (2 Cor 12:1-12): The Jewish Mystical Background of Paul's Apostolate. Part 2: Paul's Heavenly Ascent and its Significance." *HTR* 86, no. 2 (1993): 265-92.

Reynolds, Benjamin E., and Loren T. Stuckenbruck, eds. *The Jewish Apocalyptic Tradition and the Shaping of the New Testament*. Minneapolis: Fortress, 2017.

Stuckenbruck, Loren T. "Posturing 'Apocalyptic' in Pauline Theology." In *The Myth of Rebellious Angels: Studies in Second Temple Judaism and New Testament Texts*, 240-56, WUNT 335. Tübingen: Mohr Siebeck, 2014.

Thrall, Margaret E. *The Second Epistle to the Corinthians*. Vol. 2. ICC. London: T&T Clark, 2004.

토론 질문

1. 플라톤, 세네카, 바울에게서 낙원으로 들어 올려진 사람들의 이야기 사이에는 어떤 공통점과 차이점이 있는가?

2. 바울과 키케로는 고린도후서 12:1-8에서 드러나는 바울의 경험을 어떻게 읽었을까?

3. 바울의 이야기를 특별하게 만드는 것이 있다면, 그것은 무엇인가?

4. 위에서 말했듯이, 몇몇 철학의 거장들은 의로운 사람은 죽으면 곧장 하늘에 간다고 했다. 당신은 우리가 죽을 때 우리에게 즉각적으로 일어나는 일을 바울이 어떻게 여겼다고 생각하는가? 철학자들의 생각과 바울의 생각을 비교해 보라(참조, 빌 1:21-23; 고후 5:1-6; 살전 4:13-18).

5. 아마도 바울의 발언과 에르와 스키피오의 이야기 사이의 가장 큰 전반적인 차이는, 사도 바울이 그들의 이야기와 비교했을 때 얼마나 상세한 설명을 놓치고 있는지에 대한 것이다. 그렇다면 왜 바울은 자신의 승천 이야기에서 상세한 설명을 배제했는가?

제12장
고된 인생:
고통에 대한 바울과 세네카의 관점

브라이언 J. 탭(Brian J. Tabb)

사도 바울의 사역은—그리고 그의 육신은—그리스도를 위한 고통으로 점철되어 있었다. 여러 도시에서 바울은 예수가 십자가에 못 박히신 구세주요 부활하신 주님이라고 선포했다는 이유로 욕을 먹고, 블랙리스트에 오르고, 얻어맞고, 결박당하며, 쫓겨나곤 했다. 그러나 사도 바울은 자신의 고통을 기뻐했고, 자신의 연약함을 자랑했으며, 또 자신의 고통과 속박이 그리스도를 위한 것이었음을 강조했다(고후 12:9; 갈 6:17; 빌 1:13; 골 1:24). 그러한 어려운 상황에서도 그가 기쁨과 만족을 누릴 수 있었던 비결은 무엇이었는가? 바울의 고통은 그의 사역의 본질과 목적에 어떤 실마리를 던져 주는가?

바울은 고린도후서 11:23-28에서 매우 광범위하게 자신이 겪은 노역과 시련을 하나하나 이야기하는데, 그곳에서 바울은 자신의 사역을 거짓 사도의 사역과 대조한다.

> 그들이 그리스도의 일꾼입니까? 내가 정신 나간 사람처럼 말합니다만, 내가 더욱 나은 일꾼입니다. 나는 훨씬 더 많은 수고를 했으며, 훨씬 더 많이 감옥에 갇혔으며, 셀 수 없을 만큼 맞았으며, 자주 죽음에 가까운 일을 겪었습니다. 나는 유대인들의 손에 마흔에서 하나를 뺀 채찍을 맞은 것이 다섯 번입니다. 내가 매를 맞았던 것은 세 번입니다. 한 번은 돌로 맞았습니다. 내가 난파되었던 것도 세 번인데, 나는 밤낮으로 바다에 표류했습니다. 잦은 여정에서는 강물의 위험과 강도들의 위험, 동족의 위험과 이방인들의 위험, 도시에서 겪었던 위험, 광야에서 겪었던 위험, 바다에서 맞이한 위험, 거짓 형제들로부터의 위험을 겪었습니다. 노역과 고초에 시달리고, 수많은 밤을 잠들지 못하여 지새우고, 굶주림과 목마름을 견디고, 자주 먹을 것이 없어 굶고, 추위와 체온 저하를 견뎠습니다. (고후 11:23-27 ESV)

비슷하게, 고린도전서 4:9-13과 고린도후서 6:3-10에서도 사도 바울은 자신의 큰 인내와, 여러 어려움과, 외관상의 어리석은 일을 강조함으로써 자신의 사역을 칭찬한다. 이 본문들은 많은 사람들로 하여금 바울이 겪은 고통의 목록들을 고통과 관련한 그리스-로마의 철학적 글들과 비교하게 했다.

　바울과 동시대 사람인 스토아 철학자 세네카는 자신의 고통과 타인의 역경을 자주 한탄했다. "나는 아픕니다. 그러나 이는 내 운명의 일부입니다. 내 노예들은 병들었으며, 내 수입은 줄었고, 내 집은 곧 무너져 내릴 듯하며, 나는 손실과 사고, 노역과 두려움에 시달렸지만, 이는 흔한 일입니다"(『서한집』 96.1). 다른 곳에서 세네카는, 지혜로운 사람은 궁핍과 치욕과 대중들의 혐오와 사랑하는 사람들의 죽음과 기타 다양한 불행들을 견딜 것이라고 쓴다(『섭리에 대하여』 4.5-6).

바울과 세네카가 고통의 본질과 목적을 논의하는 것을 고려하면서, 우리는 세네카의 『섭리에 대하여』와 바울이 고린도후서 11장 및 기타 관련 구절들에서 자신의 고통을 다룬 내용을 비교할 것이다.

고통받는 스토아의 현자

세네카는 『섭리에 대하여』에서 악과 고통의 문제에 대한 친구의 질문에 다음과 같이 답변한다. "루킬리우스, 당신은 내게 만약 섭리가 이 세계를 통치한다면, 왜 수많은 악이 선한 사람들에게 닥치는 일이 여전히 일어나는지를 물었습니다"(1.1). 달리 말하면, 만약 주권적인 신이 실존한다면, 왜 선한 사람에게 나쁜 일이 일어나는가? 이 스토아 철학자 세네카는 섭리의 참된 계획과, 고난의 참된 본성과, 그리고 현자의 참된 선을 고려함으로써 이 질문에 체계적으로 답변한다.

첫째로, 세네카는 '섭리가 세계를 통치하는지'의 여부와 방법을 다룬다. 이 철학자는 친구 루킬리우스의 진짜 문제는 섭리의 실존에 대한 믿음이 아니라, 섭리가 작동하는 방식에 대한 불만이라고 단언한다(1.4). 세네카는 신(유피테르)을 자녀들의 참된 선을 염려하여 엄격하게 훈육하는 영예로운 부모에 비교한다. "유피테르는 선한 사람을 버릇없는 애완동물로 만들지 않습니다. 그분은 선한 사람을 시험하고 연단하여 신을 섬기는 일에 적합하게 합니다"(1.6). 이러한 교육은 고통이라는 학교에 입학할 때 이루어진다. 신은 사람들을 경기장에 내보내 "시험"하여 가공할 만한 적에 직면하게 함으로써 그들의 참된 성품이 어떠한지를 보여 준다(3.3). 폭풍은 선장의 기량을 보여 주며, 피비린내 나는 전투는 전사의 용기를 입증한다(4.4-5). 마찬가지로 역경은 그 사람의 참된 성품을 독특하게 시험하고 입증한다. 선한 사람은 고난을 경험함으로써, 그리고 반대편에서는 상처받지 않고 빠져 나와 더 강해짐으로써 "연단된다." 선한 사람은 용감하게 고난을 인내한 사람으로서, 다른 사람들을 위한 유덕한 삶을 가르치고 체현하는 일에 적합하다(6.2-3).

둘째로, 세네카는 흔히 "악"으로 간주되는 재앙이 "실제로는 악이 아님"을 명료하게 밝힌다(3.1). 스토아 철학자들은 모든 것을 선한 것과 악한 것, 그리고 무차별적인(indifferent) 것으로 분류한다(『서한집』 117.9). 덕은 선하다. 그리고 비도덕적인 사유와 행동들은 악하다. 그리고 나머지 모든 것들은—즉, 연회장에서 비스듬히 기대어 누워 있든, 아니면 고문하는 형틀에 누워 있든 간에—사람들의 참된 행복이나 고통에서 무차별적이거나 바깥에 있다(66.18-20).
역주11 따라서 세네카는 '수많은 악이 선한 사람들에게 닥쳐온다'는 루킬리우스의 주장을 거부한다. 좋고 편리한 환경이나 나쁘고 불편한 환경은 본질적으로 선도 악도 아니다. 오히려, 사람들은 덕과 악덕을 드러냄으로써 자신의 환경에 대응한다(6.1).

셋째로, 철학자 세네카는 루킬리우스에게 고난을 견디고 있는 선한 사람에게 연민을 느끼지 말라고 권고한다. "왜냐하면 그는 [다른 사람들로부터] 비참하다고 불릴 수는 있지만, [실제로] 비참하게 될 수는 없기 때문입니다"(3.1). 이 점은 앞에서 언급된 스토아적 논리 두 가지로부터 뒤따라 나온다. 철학자 세네카는, 기꺼이 추방을 인내한 헌신적인 스토아주의자인 루틸리우스, 소름 끼치는 고문들을 명예롭게 견뎌 낸 로마의 전쟁 영웅인 레굴루스, 악한 통치자에게 자신의 신념을 타협하기보다 오히려 자신의 생명을 내놓음으로써 참된 스토아적인 자유를 체현한 용감한 장군 마르쿠스 카토를 포함한 도덕적 덕의 오래된 사례에 호소한다(3.4-14). 이러한 위대한 사람들—스토아의 현자로 불리는 자들—은 그들이 고통을 겪었기 때문에 불행한 것이 아니다. 오히려, 역경의 불길은 본받을 가치가 있는 그들의 흠결 없는 덕을 드러낸다. "그들은 모범이 되기 위해 태어났습니다"(6.3). 게다가, 스토아적인 신은 본성적으로 유덕하며, 또 악에 영향을 받을 수 없는 존재인 반면에, 현

자는 고통을 견뎌 냄으로써 자신의 도덕적 덕을 정확하게 입증한
다(6.6). 따라서 선한 사람들에게 나쁜 일이 일어나는 것처럼 보일
수도 있지만, 실은 그렇지 않다. 오히려, 선한 사람은 고통을 견디
고 받아들임으로써만 자신의 도덕적 덕을 배우고 발휘한다.

고통받는 사도

스토아 현자와의 유사점

그 자신의 고통과 타인의 고통에 관한 바울의 저작은 세네카의 저
작과 몇몇 지점에서 개념적으로 유사한 점이 있다. 예를 들어, 세
네카는 자신의 고통에 흔들리지 말라고 독자들에게 호소하는 바
울의 말과(살전 3:3), 또 "고통은 인내를, 인내는 [연단된] 성품
(character)을 낳는다"는 바울의 가르침(롬 5:3-4 ESV)에 동의할 것이
다. 게다가 사람들은 "나는 어떤 상황에 처해 있든지 만족하는 법
을 배웠습니다"라고 말하는 스토아의 현자를 상상할 수 있다(빌
4:11-12 ESV; 참조, 『지혜로운 사람의 견고함에 대하여』 5.4). 세네카는 마찬가
지로 "오 죽음아, 너의 승리는 어디에 있느냐? 오 죽음아, 너의 독
침은 어디에 있느냐?"(고전 15:55 NIV)라는 바울의 조롱을 받아들이
는 용감한 영웅 마르쿠스 카토를 제시할 것이다.

바울의 고난 목록은 세네카에게서 현자가 겪었다고 하는 고통
의 본질 및 목적과 적어도 다섯 가지 유사점을 공유한다. 첫째로,

바울과 세네카 모두에게서, 고통은 사람들의 도덕적 용기와 내적 평화를 드러낸다. 세네카의 현인은 "역경 중에도 행복하며, 폭풍 가운데서도 평화"(『서한집』 41.4)로운 반면, 바울은 자신이 낙담하지 않고 고통 가운데 즐거워한다고 강조한다(롬 5:3; 고후 4:16).

둘째로, 사람들은 고통을 잘 견디는 사람들에게서 배우고, 또 이들을 본받아야만 한다. 세네카는 독자들에게 그들의 두려움에 직면할 것을 요구하며, 또 위대한 스승들의 도덕적 용기를 본받으라고 말한다. 세네카는 카토를 "모든 덕의 살아 있는 이미지"라고 생각하며, 그래서 자신의 독자들에게 "그러므로 카토를 선택하며 … 그를 항상 여러분의 보호자, 혹은 여러분의 모범으로 떠올리십시오"라고 격려한다(『마음의 평온함에 대하여』 16.1; 『서한집』 11.10). 세네카는 자신의 모범적인 지위를 알고, "이후의 세대들에게 지지를 받기를" 열망하며, "역사의 이상적인 전형에 포함되기를" 바란다 (『서한집』 21.5; 98.13). 유사하게 바울은 자신이 박해와 치욕, 불편함과 비방을 어떻게 견뎌 냈는지를 이야기하며, 신자들로 하여금 자신을 본받으라고 권면한다(고전 4:16).

셋째로, 역경은 무작위로 일어나는 것이 아니라, (비록 스토아학파의 저자들과 기독교의 저자들이 '신'을 같은 의미로 사용하지는 않지만) 신의 계획에 의해 다스려지는 것이다. 세네카는 선한 사람을 "신의 제자요, 모방자요, 참된 자손"이라고 부르는데, 신은 이러한 선한 사람을 시험하고, 연단시키며, 신을 섬기도록 준비하게 한다(『섭리에 대하여』 1.5-6). 바울은 "하나님께서는 사도인 우리들을 사형 선고를 받은 사람들처럼 모든 사람들 중에 가장 마지막에 남은 사람으로 드러내셨습니다"(고전 4:9 ESV)라고 쓰고, "하나님을 사랑하는 사람들, 곧 하나님의 목적에 따라 부르심을 받은 사람들에게는 모든 것이 합력하여 선을 이룹니다"라고 주장한다(롬 8:28 ESV).

넷째로, 고난 가운데서도 선생의 모범적인 행동은 그의 인격적 완전성을, 또 위선자에 반하여 자신의 가르침의 타당함을 입증한다. 세네카는 이렇게 쓴다. "우리 스토아주의자들은 이 선생들이 현명한 사람들이라고 선언했습니다. 왜냐하면 이들이 투쟁에 굴복하지 않았고, 쾌락을 경멸하는 사람이었으며, 또 모든 두려움을 넘어선 승리자였기 때문입니다"(『지혜로운 사람의 견고함에 대하여』 2.1). 마찬가지로 바울의 고통은 그를 진정한 사도이자 그리스도의 종으로 인정하며, 그의 성실함과 진실됨을 드러내며, 고린도 교회 성도들에 대한 그의 리더십과 사역을 세워준다(고후 6:3-10; 11:23; 갈 6:17).

다섯째로 바울과 진정한 철학자는 역경에 의해 정복되지 않으며, 오히려 역경을 정복한다. 세네카는 "만약 내가 고문을 당하더라도 용감하게 이를 견뎌 내면 이는 괜찮은 것이다. 내가 죽더라도 용감하게 죽는다면 이 또한 괜찮다. … 만약 내가 화형당하게 되더라도, 나는 패배하지 않을 것이다"(『서한집』 67.15-16). 바울은 환난과 곤고함, 박해, 기근, 헐벗음, 위협, 칼 속에서도 성도들은 "우리를 사랑하는 이로 말미암아 넉넉하게 이깁니다"라고 대담하게 선포한다(롬 8:35-37 ESV).

스토아 현자와의 대조

그러나 이러한 유사점에도 불구하고 바울의 고난 목록을 세심하게 살펴보면 고통받는 현자에 대한 세네카의 서술과 상당한 차이가 드러난다. 첫째로, 스토아주의자들에게서 신은 "고통 바깥에" 있으며, 고통 중에서도 자신이 고통보다 "더 우월하다"는 사실을 입증하는 불굴의 정신을 지닌 카토와 같은 위대한 영혼을 존경한다(『섭리에 대하여』 6.6; 참조, 2.9). 이와는 대조적으로, 바울은 하나님의 아들이 "자기를 낮추시고 죽기까지 복종하셨으니 곧 십자가에 죽으심이라"고 선언하며, 사도는 "그의 고통에 참여하여, 그의 죽으심을 본받기"를 갈망한다(빌 2:8; 3:10 ESV).

둘째로, 스토아적인 현자는 역경을 인내할 때 자신의 자기-충족, 도덕적 강인함, 우수한 이성을 보여 준다. 현자는 끊임없이 파도에 부딪혀도 움직이지 않는 바다 속의 외로운 바위다(『행복한 삶에 대하여』 27.3). 그 대신에, 바울은 자신의 이성으로가 아니라 그리스도의 사랑과 능력으로 승리하는데, 그리스도의 사랑과 능력은 그의 약함 가운데서 완전하게 된다(롬 8:37; 고후 12:9-10). 스토아의 현자는 단호하며, 고난에 영향을 받지 않는 반면, 사도 바울은 자신의 약함과 정서적 고통, 그리고 교회들에 대한 지속적인 염려를 인정한다(고후 11:28-30).

셋째로, 철학자 세네카는 사람이 자신의 잠재력을 발휘할 수 있도록 시험하고, 연단하며, 준비시키는 고난의 교육적 가치를 강조한다. 카토와 같은 도덕적 모범은 삶과 죽음에서 따라야 할 가치 있는 모범을 제시하며, 사람들이 죽음에 대한 두려움을 극복하도록, 그리고 가장 끔찍한 상황에 용기 있게 맞서도록 가르치고 격려한다(『섭리에 대하여』 6.3; 『서한집』 24.9). 그러나, 바울은 자신이 **그리스도를 위해**, 즉 그리스도를 알리기 위해 고통받는다고 주장한다. 그러므로 바울의 고통에는 기독론적이며 선교적인 계획이 있다. 바울은 고통당하는 구세주를 선포하며, 그리고 예수처럼 고통을 당함으로써 이 메시지의 실재성을 몸소 보여 준다(고후 4:10; 갈 3:1; 6:17; 골 1:24-25).

넷째로, 세네카는 우리가 미래의 고통을 대비해야 하지만, 미래의 재난을 **두려워하**거나 더 나은 환경을 **희망할** 필요가 없다고 조언한다(『서한집』 5.7-9). 세네카는 희망을 "순전히 불확실한 축복의 이름"(10.3)이라고 부르며, 현자는 "항상 현재에 만족하고, 미래에 대해서는 개의치 않는 삶을 산다"고 주장한다(『행복한 삶에 대하여』 26.4). 이와는 대조적으로, 미래에 대한 사도 바울의 확신은 현재의 고난에 대한 그의 관점을 근본적으로 형성한다. 바울은 이렇게 주장한다. "이 현재의 고통은 우리에게 드러나게 될 영광과 족히 비교할 수 없습니다"(롬 8:18 ESV). 인류의 기본적인 문제는 고통이 아니라 죄이지만, 인류가 죄에 빠진 이후 피조물이 허무감에 굴복하였기 때문에 고통과 죽음이 세상에 들어왔다(롬 8:20; 참조, 창 3:17-19). 그러므로 바울은 고통이 '무차별적'(indifferent)이라는 세네카의 입장에 동의하지 않는다. 죄가 세계에 들어오기 이전에는 고통이 없었으며, 하나님이 모든 것을 회복시킬 때도 고통이 없을 것이다 (롬 8:21-23). 그리스도인들은 현재의 고통 가운에서도 기뻐하고 희망을 유지해야 한다. 왜냐하면 하나님께서 예수를 죽음으로부터 살리셨으며, 또 언젠가 그와 함께 우리도 살리실 것이기 때문이다 (롬 5:2-3; 고후 4:14). 신자들은 현재의 고통에 뒤이어 미래의 부활 생명을 경험하지만, 우리는 또한 "그리스도와 함께 다시 살리심"을 받았으며(골 3:1), 생명을 주시는 성령에 의해 날마다 새로워지고 변화되고 있다(고후 3:18; 4:16; 골 3:10).

결론

바울의 고난 목록은 세네카의 저작에서 나타나는 현자의 고통 목록과 여러 방식에서 유사하다. 바울과 세네카는 고통이 개인의 참된 특성을 드러내며, 자신들의 가르침을 정당화한다는 것에 동의한다. 게다가, 사람들은 신이 자신의 고통을 외면한다고 불평해서는 안 되며, 삶이 고통스러울 때조차도 신이 여전히 통치하고 계시다는 것을 기억해야만 한다. 고통을 경험하는 사람들은 또한 고통을 잘 견뎌 낸 사람을 본받을 만한 가치가 있는 모범으로서 생각해야 한다.

동시에, 예수 그리스도의 사도와 그와 동시대 사람인 스토아주의자는 고통의 계획과 고통이 인간 존재자와 신에 관해 무엇을 보여 주는가에 대해 다른 강조점을 두고 있다. 바울의 고난은 그리스도의 종으로서 그의 사역의 본성과 목적을 조명한다. 바울의 몸에 새겨진 흉터들과 또 고통 가운데에서 그가 느낀 기쁨은, 죽으시고 다시 살아나신 고통받는 구세주에 대한 바울의 메시지와 일치한다. 바울은 개인적인 웅변을 통해서 스스로를 칭찬하지 않으며, 오히려 "고통과 고난과 재난과 얻어맞음과 감옥에 갇히는 가운데 많이 참음으로써" 스스로를 칭찬한다(고후 6:4-5 ESV). 사도의 고통은 그를 비방하는 사람들에게는 약함과 어리석음으로 보였으며, 바울은 이에 대한 준비된 대답을 가지고 있다. 즉, 사회적 통념에 따르면 십자가에서 못 박히신 구세주가 어리석고 연약한 것처럼 보이지만, 그리스도는 "하나님의 능력이요 하나님의 지혜"이시다(고전 1:24 ESV). 마찬가지로, 바울의 명백한 어리석음과 연약함은 그리스도의 모든-충분한 지혜와 힘을 드러낸다(고후 12:9).

세네카에게 고통은, 어떤 사람에게는 도덕적 향상과 자제력을 위한 기회를 제공한다. 군인은 오직 전쟁에서만 자신의 용감함을 보여 주고, 선장은 폭풍 가운데 배를 항해함으로써 자신의 기량을 입증하며, 운동선수는 대회에서 경쟁한 후 월계관을 받는다(『섭리에 대하여』 4.2-5). 카토, 레굴루스, 그리고 다른 모범자들은 고통과 슬픔과 일찍 닥쳐온 죽음을 견뎌 냈기 때문에 "불행한" 것도 "혹사당한" 것도 아니었다(3.5-14). 이 영웅들은 희생자가 아니라 승리자다. 그들은 죽음을 경멸함으로써 자신들이 어떻게 살아야 하는지를 참으로 알고 있었음을 보여 주었다(『서한집』 77.18). 놀랍게도, 고통과 분투 그리고 학습을 통해 덕을 얻은 현자는 어떤 의미에서 본성적으로 유덕하며, 고통을 면제받은 신보다 도덕적으로 더 우수하다(『섭리에 대하여』 6.6; 『서한집』 124.14).

만약 신이 이 세계를 통치한다면, 왜 선한 사람에게 나쁜 일이 일어나는가? 세네카와 바울은 각각 이 질문을 재구성했다. 세네카는 고난이 실제로는 전혀 "나쁜 것"이 아니며, 오히려 우리의 참된 행복과는 무차별적이라는 사실을 강조한다(『섭리에 대하여』 3.1). 올바른 (스토아적) 관점에서 보자면, 고통은 현자가 되고자 하는 사람이 선을 배우는 교실이며, 또한 자신의 참된 덕을 보여 주는 무대다. 사도 바울은 루킬리우스의 질문에 고통을 그리스도와, 자신의 사도적 사명과, 회복의 시대의 도래 및 기대와 연결함으로써 대답할 것이다. 바울은 의심의 여지없이 유일하게 참으로 선한 분이신 그리스도께서 연약하고 경건하지 못한 사람들을 구원하기 위해 기꺼이 고통당하셨던 피 묻은 로마 십자가에 우리의 시선을 돌렸을 것이다(롬 5:6-8). 바울은 십자가에 못 박히신 주님이 겪으신 것과 같은 고통을 수반하는 그리스도의 사도로서의 부르심을—즉, 그리스도의 죽음과 부활에 관한 복음은 바울이 직접 체현한 복음임을—설명할 것이다. 그리고 마지막으로 바울은 하나님께서 예수를 죽은 자 가운데서 살리심으로써 하실 일을 이미 시작하셨던 것처럼 모든 것을 회복시키실 것이기 때문에, 고통이 어떻게 그리스도인들을 희망 안에서 기뻐하게 만드는지를 설명한다. 그리스도와 함께 고통을 받는 사람들은 이제 언젠가 그리스도와 함께 영화롭게 될 것이며, 몸의 구원을 경험하게 될 것이다(롬 8:17, 23).

마지막으로, 스토아의 현자는 고통 안에서 자기-통제를 입증하지만, 고통받는 사도는 그가 그리스도에 의해 다스려지고 있음을 보여 준다. 고통은 사람들이 무엇을 믿고, 가치 있게 여기며, 희망하는지를 독특하게 드러낸다. 사도 바울에 따르면, 고통당하는 그리스도인들은 궁극적인 구원에 대한 하나님의 약속을, 그리고 우리의 약함 가운데 함께하시는 그리스도의 강한 임재를 희망하고 즐거워해야 한다. 우리가 약할 때, 우리는 그리스도를 통해 강해진다(고후 12:10).

스토아 현자와 바울의 유사점과 차이점

스토아 현자의 고통	사도 바울의 고통
고통당하는 현자는 고통에 영향을 받지 않는 신보다 도덕적으로 우수하다.	사도 바울은 자기 백성들을 위해 고통당한 하나님의 아들과 동일하게 고통당한다.
고통은 현자의 자족과 우수한 이성을 입증한다.	고통은 인간의 연약함 안에서 능력이 완전해지는 그리스도의 충분성과 우월성을 입증한다.
고통에는 교육적인 계획이 있다. 고통은 사람들이 잠재력을 발휘할 수 있도록 시험하고, 연단하며, 준비시킨다.	고통에는 선교적인 계획이 있다. 사도의 고통은 그리스도의 십자가에 대한 메시지를 분명하게 보여 준다.
현자는 두려워하거나 희망하지 않으며, 어떤 환경이든지 관계없이 현재에 만족한다.	부활과 회복에 대한 사도의 희망은 그로 하여금 현재의 고통을 인내하고 즐거워하도록 동기를 부여한다.

더 읽을거리

1차 자료

Seneca. *Moral Epistles*. Translated by Richard M. Gummere. 3 vols. LCL. Cambridge, MA: Harvard University Press, 1917–1925.

————. *Moral Essays*. Translated by John W. Basore. 3 vols. LCL. Cambridge, MA: Harvard University Press, 1928–1935.

Tacitus. *Annals, Books 13–16*. Translated by John Jackson. LCL. Cambridge, MA: Harvard University Press, 1937.

2차 자료

Edwards, Catharine. "The Suffering Body: Philosophy and Pain in Seneca's Letters." In *Constructions of the Classical Body*, edited by James I. Porter, 252-68. Ann Arbor: University of Michigan Press, 1999.

Fitzgerald, John T. *Cracks in an Earthen Vessel: An Examination of the Catalogues of Hardships in the Corinthian Correspondence*. SBLDS 99. Atlanta: Scholars Press, 1988.

Hine, Harry M. "Seneca, Stoicism, and the Problem of Moral Evil." In *Ethics and Rhetoric: Classical Essays for Donald Russell on His Seventy-Fifth Birthday*, edited by Harry M.

Hine et al., 93-106. Oxford: Oxford University Press, 1995.

Plummer, Robert L. "The Role of Suffering in the Mission of Paul and the Mission of the Church." *SBJT* 17 (2014): 6-19.

Tabb, Brian J. "Paul and Seneca on Suffering." In *Paul and Seneca in Dialogue*, edited by David E. Briones and Joseph Dodson, 88-108, Ancient Philosophical Commentary on the Pauline Writings. Leiden: Brill, 2017.

————. *Suffering in Ancient Worldview: Luke, Seneca, and 4 Maccabees in Dialogue*. LNTS 569. London: Bloomsbury T&T Clark, 2017.

토론 질문

1. 세네카와 바울 사이에 있는 유사점과 차이점 중에서 여러분은 어떤 지점이 가장 명확하다고 생각했는가?

2. 철학자 세네카는, '만약 신이 세계를 통치한다면 왜 선한 사람에게 나쁜 일이 일어나는가'를 묻는 친구의 질문에 어떻게 대답하는가?

3. 왜 바울은 사람들에게 고통의 시간 가운데 희망을 가지라고 말

하는가? 그리고 왜 세네카는 그렇게 하지 않는가?

4. 바울의 고통은 그의 사역의 본질과 목적을 어떻게 조명해 주는
   가?

제13장
바울에게 놀라다:
철학자와 시인 가운데 있는 사도

R. 딘 앤더슨(R. Dean Anderson)

당신은 설교자가 대중문화를 언급하거나, 다른 종교의 경전을 인용하면서 자신의 논의를 뒷받침하는 설교를 듣고 놀랐던 적이 있는가? 만약 그렇다면, 당신은 사도행전 17장에서 바울의 연설을 처음 들은 일부 사람들이 그가—모세나 시편, 혹은 선지서에서 논의를 끌어내는 대신—아라투스의 이교 시를 인용했을 때 얼마나 깜짝 놀랐을지 짐작할 수 있을 것이다. 사도행전 17:28-29에서 바울은 선포한다.

> "우리는 그분[하나님] 안에서 살고, 움직이며, 존재합니다." 심지어 여러분들의 시인들 중 몇몇이 말했듯이,
> **"우리 역시도 그분의 자손이기 때문입니다."**
> 우리가 하나님의 자손이기 때문에, 우리는 하나님이 금이나

은, 혹은 돌과 같이, 유한한 인간의 예술이나 상상력으로 인해 형성된 형상이라고 생각해서는 안 됩니다. (행 17:28-29 NRSV, 강조는 저자의 것)

아레오바고('마르스 언덕'[Mars Hill]으로도 알려져 있음) 공의회에서 행한 바울의 연설 전체는 수많은 책과 논문의 주제였지만, 이 장에서 나는 바울이 28절에서 인용한 상당히 놀라운 내용, 즉 "우리 역시도 그분의 자손이기 때문입니다"라는 구절에 초점을 맞추고자 한다.

그러나 연설의 맥락을 아는 것은 도움이 된다. 사도행전의 저자인 누가는, 바울이 아테네에 있는 동안 이곳에서 에피쿠로스 철학과 스토아 철학의 지지자들을 만났다고 우리에게 말한다. 비록 이 두 철학 학교가 바울의 시대에 가장 영향력 있는 철학 학교였음에도 불구하고, 스토아 철학은 교육받은 사람들 사이에서 단연 가장 많은 지지자와 가장 큰 영향력을 가졌다. 그리고 바울이 아레오바고 연설에서 바로 이 스토아 철학을 분명히 드러냈는데, 여기서 바울이 기억에 의지하여 아라투스의 스토아적인 시 「현상」(*Phaenomena*)의 도입부에 있는 이 구절을 인용한 것으로 보인다.

아라투스와 그의 「현상」

아라투스는 주전 3세기 초 아테네의 철학자들과 시인들 사이에서 학생 시절을 보낸 후 주전 276년 마케도니아 궁정으로 소환됐다. 거기에서 아라투스는 천문학자 에우독소스의 학문을 더 이해하기 쉽고, 또 더 쉽게 기억할 수 있도록 시로 표현하는 것을 목표로 「현상」을 집필하라는 의뢰를 받았다. 약 1154행으로 쓰인 이 시는 즉각적인 성공을 거두었으며, 특히 주전 1세기에서 주후 1세기까지 엄청난 인기를 얻었다. 고대에는 이 시에 관해 적어도 27개의 주석서가 쓰였다.

「현상」은 "아버지 제우스"의 선물인 하늘의 지도와 천체를 도표화하여 독자가 일상생활을 어떻게 세워 나가야 하는지를 알려 주기 위해 시작되었다. 이 시의 전반적인 내용을 파악하고자 한다면, 신에게 바치는 시에 농부의 책력, 점성술, 천문학 서적을 섞어 만든 「뉴욕 타임스」 베스트셀러를 상상해 보라. 정말 흥미진진한 책일 것이다! 고대 천문학과 점성술, 수학에 관심이 없는 사람들을 위해 다행스럽게도 바울은 단지 「현상」의 헌정 서문만을 인용한다(1-15행. 바울이 인용한 구절은 강조 표시했다).

우리 인간이 결코 입 밖에 내지 않는 제우스로부터 시작해 봅시다. 모든 도로와 사람들이 만나는 모든 장소가 제우스로 가득 차 있으며, 바다와 항구도 제우스로 가득 차 있습니다. 모든 상황 속에서 우리 모두는 제우스에게 의지합니다. **우리도 제우스의 자녀들이니**, 제우스는 자비롭게 인간에게 도움이 되는 징조를 주시고, 사람들에게 생계를 상기시키며 일하도록 격려하시고, 소와 곡괭이에게 땅이 가장 좋은 시기를 알려 주시며, 나무를 심고 모든 종류의 씨앗을 뿌리기에 좋은 계절이 언제인지를 알려 주십니다. 하늘의 징조들을 고정해, 그것으로 뚜렷한 별자리로 만드는 분, 그리고 한 해 동안의 별들을 정리하여 사람들에게 순환하는 계절의 신호들을 가장 명료하게 정의하여 주시는 분, 그래서 모든 것이 실패 없이 자라날 수 있게 하시는 분이 바로 제우스 자신이었습니다. 그래서 사람들은 항상 처음과 마지막에 제우스에게 경의를 표합니다. (키드[Kidd]의 번역)

아라투스는 스토아 시인이 당면한 주제에 대한 논의를 시작하기 전에, 제우스에게 짧은 기도를 드리며 이 헌사를 잇는다. 이 헌사와 기도의 형식은 헤시오도스로부터 나온 교훈시의 일반적인 계보를 따른다. 그러나 여기서 묘사된 제우스는 헤시오도스의 성난 신화 속 제우스가 아니라, 인류를 돕고 유익하게 하기 위해 별들을 창공에 고정시킨 인류의 아버지인 스토아적 제우스다. 모든 곳에 만연해 있는 스토아의 신 앞에서 오래된 신들은 물러난다. 이 제우스는 (제우스의 전통적인 영역인) 시장을 다스릴 뿐만 아니라, (전통적으로 아폴로의 영역인) 도로와 (포세이돈의 영역인) 바다까지도 다스린다. 헤시오도스의 신들과는 대조적으로, 유대인들은 스토아의 신에 대한 이러한 묘사를 훨씬 더 편안하게 느낄 수 있었다.

아리스토불로스와 그의 「현상」 인용

사실, 주전 2세기의 유대 철학자 아리스토불로스[1] 또한, 바울이 몇
세기 이후에 인용했던 시의 이 부분을 인용했다. 그러나 아리스토
불로스는 편의상 원래의 "제우스"를 "신"으로(즉, **디오스**[*Dios*]를 **테오
스**[*Theos*]로) 바꾸어 놓았으며, 그 결과 운율은 그대로 유지하면서
신학을 유대인의 사상과 일치시켰다. 아리스토불로스에게서 이는
순조로운 전환이었는데, 왜냐하면 토라에서 신성시되는 구절들에
이스라엘의 하나님이 인류의 유익을 위해 해, 달, 별들을 하늘에
배정하여 날짜와 계절을 표시했다고 선포되어 있기 때문이다(창 1

---

1. 이집트(아마도 알렉산드리아)에서 유대인 사제로서 살았던 아리스토불로스
는 소년-왕 프톨레마이오스 6세 필로메토르(주전 184-145년)에게 헌정한 여
러 권의 책을 썼다. 남아 있는 단편으로 판단해 볼 때, 그것은 소년-왕 프톨레
마이오스 6세와 아리스토불로스 자신이 나눈 대화 형식으로 구성된, 주로
모세오경에 나오는 구절들을 주해한 것으로 보인다. 이 저작의 연대는 아마
도 주전 170년대로 추정된다. 남아 있는 단편들에 대한 분석은 아리스토불로
스가 스토아 철학에 상당히 많은 영향을 받았음을 시사해 준다. 아리스토불
로스가 "페리파토스 학파"(즉, 아리스토텔레스주의자)였다는 알렉산드리아
의 클레멘스의 주장은 아마도 『단편』 5.10에 기록된, 아리스토불로스가 "페
리파토스 학파"를 언급하는 대목에서 유래한 오해일 수 있다(C. R. Holladay,
Fragments from Hellenistic Jewish Authors, vol. 3: Aristobulus [Atlanta:
Scholars Press, 1995], 72).

장을 보라). 아리스토불로스는 그리스 철학자들과 시인들이 히브리인들에게서 그들의 지혜를 얻었다고 주장함으로써, 유대인들의 고대 문화를 보호하려는 변증적 목적의 일환으로 이 시를 인용한다.

아리스토불로스는 바울보다 수 세기 전에 아라투스의 서문을 인용했기 때문에, 사도 바울이 사도행전 17장에서 「현상」을 직접 인용한 것인지, 아니면 순전히 아리스토불로스의 인용을 다시 인용한 것인지에 대한 의문이 생긴다. 이는 당신이 "돈으로 모든 것을 살 수는 없다"고 말하는 것과 비슷하다. 왜냐하면 당신이 어렸을 때 설교에서 자주 들었던 말이기 때문이다—비록 당신이 그 말이 나온 루소(Rousseau)의 글(『학문과 예술에 대하여』[*Discours sur les sciences et les arts*, 1750년]—편주)을 읽어 본 적이 없다 하더라도 말이다. 그러므로 바울 역시도 이교의 원본 자료가 아니라 단지 그의 동족인 아리스토불로스의 책을 읽었을 수도 있다. M. J. 에드워즈(M. J. Edwards)는 바울이 아라투스의 말을 원문 형태로 인용한 적이 결코 없었을 것이라고 주장하는데, 그 이유는 아라투스의 원문은 제우스가, 심지어 스토아의 제우스조차도, 이스라엘의 하나님의 다른 이름일 뿐이라고 말하는 것과 같기 때문이다. 에드워즈는 바울이 (우리가 위에서 언급했던 것처럼) "제우스"를 "신"으로 바꾸어 「현상」을 인용한 아리스토불로스의 변증적인 저작으로부터 아라투스에 대한 지식을 얻었을 가능성이 더 높다고 생각한다.

물론, 우리는 바울이 아리스토불로스로부터 아라투스에 대한 지식을 얻었는지, 아니면 「현상」에 대한 개인적인 식견으로부터 지식을 얻었는지 확실히 알 수는 없다. 그럼에도 불구하고, 적어도 바울이 아라투스를 직접 인용했을 가능성이—그 이상은 아니더라도—있다. 다시 말해, 바울이 단지 아리스토불로스를 읽음으로써만 아라투스를 알았다는 생각은 가능성이 희박해 보인다. 에드워즈가 바울의 아라투스 직접 인용 가능성을 반박하는 이유는 바울이 제우스에게 바쳐진 시를 사용하기 어려웠다고 생각하기 때문이다. 그러나 이것이 우리가 알고 있는 바울과 일치하는가? 바울은 사람들에게 복음을 전할 때 자신의 유연성을 의식적으로 말한다(고전 9:19-23). 그리고 사도행전 17장의 연설에 대한 사도 바울의 전체적인 접근 방식은 이를 입증한다. 바울은 이교도 제단의 비문의 알 수 없는 신에 대한 언급에서 출발하지 않는가?(행 17:23—편주). 그렇다면 바울이 하나님의 본질에 대한 그 시인들의 사유를 인용했음을 인정하는 것은 그리 무리한 일이 아닌 것 같다. 이 설명 방식에서 바울은 의도적으로 유대 경전의 자료가 아닌 **그들의** 자료를 사용하고 있다.

게다가 당신이 아리스토불로스의 남아 있는 다섯 개의 단편을 살펴본다면, 그와 바울 사이의 유일한 실제 연결 지점은 아라투스의 인용문이라는 것을 발견하게 될 것이다. 양 저자는 스토아주의자들이 신에 대해 말하는 방식을 논하고 있다(바울의 첫째 인용인 "우리가 그분 안에서 살고, 움직이고, 존재합니다"를 보라. 행 17:28 GNT). 그러나 아리스토불로스는 "하나님의 능력이 만물을 통해 존재한다는 것이 분명하게 입증되었다"(저자의 번역)고 결론짓기 위해 아라투스의 시를 인용하는 반면, 바울은 금, 은, 혹은 돌로 하나님의 형상을 만드는 일에 반대하여 논증하기 위해 아라투스를 사용한다.

> 우리가 하나님의 자손이기 때문에, 우리는 하나님을 금이나 은, 혹은 돌과 같이, 유한한 인간의 예술이나 상상력으로 인해 형성된 형상이라고 생각해서는 안 됩니다. (행 17:29 NRSV)

사실, 사도행전 17:26에서 바울은 이미 하나님께서 "인류의 모든 족속을 하나로부터 만드셨다"고 진술했다(RSV). 비록 바울의 말 자체는 하나님께서 한 민족으로부터 인류의 모든 민족을 만드셨다는 의미일 가능성을 열어 놓고 있지만, 유대인으로서 바울은 분명히 "한 사람으로부터 [만드셨다]"는 것을 의미하고 있으며, 이는 아라투스의 인용문에도 반영되어 있다. 아라투스가 우리는 신의 자손이라고 말했을 때, 그는 신과 신의 피조물을 구별하고 있다. 이것이 바울의 요점이다. 우리는 신적인 존재자가 사람에 의해 만들어진, 유형의 형상과 유사하다고 생각해서는 안 된다(행 17:29). 따라서 바울이 아라투스를 인용하면서 아리스토불로스가 했던 것과는 상당히 다른 주장을 하고 있는 것은 분명하다.

그러나 바울이 굳이 아라투스의 시를 읽을 동기가 있었을까? 아라투스의 시에는 진정한 신학이 없다. 만약 바울이 스토아 철학을 알고자 했다면, 쉽게 다른 몇몇 저작들을 선택할 수도 있었을 것이다. 바로 이 지점에서 우리는 왜 이 시가 바울 시대에 그토록 큰 인기를 얻었는지 기억할 필요가 있다. 식물을 심을 시기, 수확할 시기, 바다에서 폭풍이 올 시기 등을 예견하기 위해 별들을 읽어 내는 능력은 사실상 모든 사람들에게 필수적인 것이었다. 유대인들도 예외는 아니었고, 우리는 또한 히브리 성경에서 밤하늘의 별자리 인식에 의존하는 것을 볼 수 있다(예, 욥 9:9; 38:31-32; 암 5:8을 보라). 바울이 본래 (아마 그가 회심하기 이전에) 아라투스를 연구한 것은 매우 다른 이유 때문이었을 것이다. 그럼에도 불구하고 바울이 아라투스의 헌사로부터 인용한 대목은 아레오바고에서 연설하는 동안 매우 유용했다.

바울의 「현상」 인용

바울이 아레오바고에서 한 연설은 사도행전에서 유대인들에게 한 그의 다른 설교들과는 상당히 다르다. 바울이 구약성경을 넌지시 언급하기는 하지만, 여기 마르스 언덕에서는 성경을 인용하는 일이 없다. 아브라함이나 다윗과 같은 성경 속 인물은커녕, 고대 이스라엘, 왕국, 메시아에 대한 언급도 없다. 바울은 자신이 절대적인 기본이라고 생각하는 것으로 되돌아간 다음 스토아 철학에 대한 인식된 동의를 끌어들이는 것처럼 보인다. 스토아 철학에 익숙하지 않은 사람들은 이러한 (적어도 겉보기에는) 일관된 지점을 놓칠

수 있다. 스토아 철학자들이 세상을 돌보는 아버지로서의 섭리와
신/제우스에 대해 말하는 방식은 유대교(그리고 나중에는 기독교)의
말하는 방식과 매우 가까울 수 있으며, 바울은 자신이 말하는 방
식에서 이를 활용한다. 본질적인 차이는 스토아주의자들에게서
이 신은 범신론적이었다는 점이다. A. A. 롱(A. A. Long)은 스토아주
의자들의 입장을 이렇게 요약한다.

> [스토아주의자들은] 모든 현상과 생명체를, 제우스, 신, 이성, 원인,
> 마음, 그리고 운명이라고 불리는 원리에 의해 구성되고 이행되는
> 우주적 질서의 관찰 가능한 최종적인 결과로 간주한다. 이 원리
> 는 신성하기는 하지만 초자연적인 것이 아니라 하늘의 움직임,
> 광물의 구조, 동식물이 지닌 생명의 특성과 같은 다양한 것들로
> 표현된 자연 그 자체다. 발생하는 모든 것은 궁극적으로 '질료'에
> 작용하여 우주 전체로 확장되어 하나의 거대한 유기체를 만드는
> 이 단일 원리의 표현이다.[2]

그러나 그러한 정의가 반드시 신에게 드리는 기도나, 신이 개
인의 기도를 들으신다는 생각을 막는 것은 아니었다. 제우스는 모
든 인류의 아버지이며 돌보는 존재였지만, 이것이 범신론을 거부
했다는 것은 아니다. 다시 말해, 스토아적인 신은 피조물을 완전히

---

2. A. A. Long, *Epictetus: A Stoic and Socratic Guide to Life* (Oxford: Oxford
    University Press, 2002), 20-21.

초월하지 않는다. 사실, 스토아 학파도 제우스라는 하나의 신적인 원리를 상징적으로 표상하기는 했지만, 신을 복수형으로 말할 수 있게 하고, 기존의 신전 체계와 신전 숭배를 인정할 수 있었던 것은 범신론이었다(참조, Diogenes Laert., 7.147-48). 완전히 동일하지는 않지만, 범신론은 모든 종교가 동일한 신을 숭배하며, 단지 다른 사람들이 그(녀)를 다른 이름으로 부른다는 현대의 생각과 유사하다.

다신론적인 맥락에서 바울은 청중들의 종교성을 칭찬함으로써, 청중들의 호의를 얻기 위한 전형적인 수사학적 전략을 가지고 시작한다. 그러나 그 칭찬은 이중적인 의미일 수 있다. 유대인을 지칭하는 이례적인 단어, **데이시다이모네스테루스**(*deisidaimones-terous*)는 "(신들을) 지나치게 두려워하는" 혹은 "상당히 종교적인"을 의미할 수 있다.[3] 문맥상 긍정적인 의미를 시사하지만, 바울 자신은 다른 뜻으로 사용했을 수도 있다. 새로운 신들을 소개한다는 몇몇 사람들의 비난을 받은 바울은 계속해서 "알려지지 않은/알 수 없는 신을 위한" 제단을 언급한다. 그러므로 바울이 선포하는

---

3. **데이시다이모니아**(*deisidaimonia*)에 대한 번역어로 종종 "미신적인"이라는 단어가 제시되지만, 사실 이는 너무 지나친 표현이다. 부정적인 의미에서의 **데이시다이모니아**에 대한 당대의 설명들은 미신을 함의하지 않는다. 그 설명들은 그 자체로 평범하지 않은, 사소한 의례들과 신들에게 주목하도록 제안한다. 의례들의 여러 세부 사항에 계속해서 주목하게 되면 신들(*deisidai-mōn*)을 지나치게 두려워하게 된다. 참조, Theophrastus, Char. 16 and the commentary in J. Diggle, *Theophrastus: Characters*, CCTC (Cambridge: Cambridge University Press, 2004).

신은 새로운 신이 아니라, 비록 알지 못한다 하더라도, 이미 그들이 숭배하고 있는 신이다. 바울이 이 신에 대해 묘사하는 것은 스토아주의자들이 본질적으로 그에 동의할 수 있을 정도로 충분히 모호하다. 바울에게 있어서 하나님이 세상을 "만드신다"는 언급은 창세기 1장의 창조 이야기를 반영한다. 그러나 바울이 사용한 "만들다"는 세상이 제우스에 의해 만들어진 생명체를 제공하기 위해 땅, 물, 하늘의 영원한 요소들로부터 "형성"됐다는 개념을 스토아주의자들에게 단순히 암시하는 것일지도 모른다. 실제로, 하나님이 모든 사람에게 생명, 호흡, 만물을 주셨다는 부가적인 개념은 스토아적인 사유와 긴밀하게 잘 맞아떨어진다. 신이 물질적인 신전에 거하지 않는다는 논증조차도 신전과 또 다른 신들에 대한 숭배가 대중들의 연약함을 조장한다는 스토아적인 사유를 반영한다.

모든 사람이 한 사람의 자손이라는 바울의 주장이 전형적인 스토아적 사유가 아니라는 사실은, 위에서 이미 언급했지만, 바울이 아라투스의 스토아적인 시를 인용하여 뒷받침하려는 점이다. 바울은 더 나아가 이 인용을, 신의 조각상이 완전히 부적절하다는 생각의 발판으로 사용한다. 그러나 여기서 그는 스토아적인 사유에서 근본적으로 벗어난다. 그는 우상 숭배를 회개할 것을 요구하며, 여태까지 하나님께서 무지의 시대를 못 본 척하고 넘어가셨지만, 심판의 날이 다가오고 있다고 주장한다. 그리고 그 사실에 대한 증거는 예수 그리스도의 부활이다. 누가는 이 시점에서 바울의 연설이 꽤 많은 조롱으로 인해 중단되었다고 넌지시 말한다. 그리스인들은 일반적으로 육체의 부활이 바람직하지 않으며 또 불가능하다고 여겼기 때문에 조롱은 당연한 결과였다.

바울의 거부는 근래에 아레오바고가 그 도시에 머물면서 젊은 이들과 대화를 계속하도록 초대한, 키케로의 친구인 크라티푸스와 극명한 대조를 이룬다(플루타르코스, 『키케로의 생애』 24.5). 크라티푸스와는 달리, 육체의 부활에 대한 '터무니없는' 약속을 한 바울은 그런 초대를 받지 못했다. 그럼에도 불구하고 바울이 스토아적인 시를 인용하는 것만큼이나 놀랍게도, 누가는 아레오바고의 청중 중 몇몇이 사도와 함께 예수 그리스도를 믿는 신자가 되었다고 끝마치고 있다. 따라서 바울은 아테네에서 그날 승리하지 못했을지도 모르겠지만 "아레오바고의 재판관 디오누시오와 다마리라는 이름의 여인, 그리고 그 밖에 다른 사람들"(행 17:34 NRSV)을 포함한 일부 지지자들을 얻었다.

결론

이 장에서 시인들과 철학의 거장들 가운데서 바울을 조사하며 우리가 발견한 사항들은 바울이 어떻게 모든 사람들에게 모든 것이 되었는지, 그리고 사도가 복음을 위해 가능한 한 많은 사람들에게 다가가기 위해 그가 쓸 수 있었던—이교도의 스토아적인 시를 포함하여—모든 도구들을 어떻게 사용했는지에 대해 훨씬 더 생생한 그림을 제공해 준다. 이는 또한 바울이 각각의 요점을 설명하기 위해 그리스 시인들과 철학자들을 사용한 최초의 유대인이 아니었음을 우리에게 보여 준다. 아리스토불로스와 바울, 이 두 유대인은 그 시인들을 악마로 치부하거나 그들의 철학을 폐기하는 대신 이 시인들과 철학자들을 재-정의하고 재-맥락화했다. 그러나 **아리스토불로스는 비유대인들 앞에서 자신의 민족과 그들의 오래된 지혜의 타당성을 옹호하기 위한 변증 전략의 한 부분으로써 그렇게 했던 반면, 바울은 복음을 더 많이 전파하기 위한 전략에서 그렇게 했다.** 바울은 철학자들에게 하나님께서 죽은 자 가운데서 살리신 분을 소망하고 신뢰하도록 설득하기 위해 그들의 시인들을 사용했다. 대부분의 아테네 철학자들에게는 바울의 메시지가 절대적인 어리석음으로 여겨졌겠지만, 적어도 아레오바고 군중 중 일부는 이 연설을 구원의 기쁜 소식, 믿는 모든 자들—심지어 철학자들까지도 포함한—을 위한 하나님의 능력과 지혜로 들었다.

더 읽을거리

1차 자료

Holladay, C. R. *Fragments from Hellenistic Jewish Authors*. Vol. 3:

Aristobulus. Atlanta: Scholars Press, 1995.

Kidd, Douglas. *Aratus: Phaenomena, Edited with an Introduction, Translation and Commentary*. Cambridge: Cambridge University Press, 1997.

Long, A. A., and D. N. Sedley, eds. *The Hellenistic Philosophers*. 2 vols. Cambridge: Cambridge University Press, 1987.

2차 자료

Anderson, R. D. *Aratus: Phaenomena (Excerpts) including notes on Acts 17:16-34: A Greek Reader*. Available at http://anderson.modelcrafts.eu/pdfs/Greek/Aratus.pdf (accessed June 15, 2018).

Brunschwig, J., and D. Sedley. "Hellenistic Philosophy." In *The Cambridge Companion to Greek and Roman Philosophy*, edited by D. Sedley, 151-84. Cambridge: Cambridge University Press, 2003.

Edwards, M. J. "Quoting Aratus: Acts 17,28." *ZNW* 83 (1992): 266-69.

Gee, E. *Aratus and the Astronomical Tradition*. Oxford: Oxford University Press, 2013.

Jipp, Joshua. "Does Paul Translate the Gospel in Acts 17:22-31? A Critical Engagement with C. Kavin Rowe's *One True Life*."

Perspectives in Religious Studies 45.4 (2018): 361-76.

Rowe, C. Kavin. *World Upside Down: Reading Acts in the Graeco-Roman Age*. Oxford: Oxford University Press, 2009.

Sharples, R. W. *Stoics, Epicureans and Sceptics: An Introduction to Hellenistic Philosophy*. London: Routledge, 1996.

토론 질문

1. 이 장의 어떤 내용이 당신에게 새로웠는가?

2. 이 구절에서 바울이 스토아적인 사유와 다른 지점은 무엇인가?

3. 바울이 아라투스를 사용하는 것과 관련하여 우려되는 지점이 있는가? 왜 우려되는가? 그리고 우려되지 않는다면 그 이유는 무엇인가?

4. 바울이 아라투스의 시를 사용한 것은 그리스도인들이 문화에 참여하는 방식에 대해 어떤 의미를 갖는가?

제14장
우주에서 우주로:
바울과 거장들을 비교하는 도전

크리스토퍼 L. 레드먼(Christopher L. Redmon)

"만약 당신이 무에서(from scratch) 애플파이를 만들고 싶다면, 먼저 우주부터 만들어야 한다."[1] 구운 과자보다 훨씬 더 깊은 진리를 추구했던 위대한 천문학자이자 우주론자인 고(故) 칼 세이건(Carl Sagan)이 한 말이다. 세이건의 요점은 인간의 유한성, 즉 우리는 진정 '무에서" 아무것도 만들 수 없다는 말이었다. 우리가 파이와 같은 것을 우리의 '창조물'(creation)이라고 부를 수는 있지만, 우리가 그 파이와 그 재료를 **무에서**(ex nihilo) 만들어 냈다는 뜻은 아니다. '창조물'(creation)은 대신 '재조립', 즉 이미 그것을 포함하고 있는 우주에서 재료를 결합하고 재결합하는 것으로 밝혀졌다.

하지만 세이건의 말을 조금 더 자세히 들여다보면, 우리는 훨

---

1.   Carl Sagan, *Cosmos* (New York: Random House, 1980), 218 [= 『코스모스』, 사이언스북스, 2006].

씬 더 심오한 현실을 깨닫게 된다. 실제로, 애플파이를 진정 '무에서' 만들기 위해서는 아무 우주가 아니라, 특정 이야기를 가지고 있는 특정 종류의 우주가 필요하다. 사과를 구성하는 데 적합한 요소를 갖춘 우주와 식물의 생명이 지탱할 수 있는 조건을 갖춘 우주가 필요하다. 다른 과일이 아닌 사과를 생산한 진화의 역사를 필요로 하며, '파이'가 하나의 요리 범주로 발전한 전체 문화적, 언어적 세계가 필요하다. 그리고 계속 말할 수 있지만 여기까지 하겠다. 밝혀진 것처럼, '애플파이'는 현재 그것에 의미를 부여하는 물리적, 생물학적, 사회적 이야기 전체와 결합되어 있는 매우 놀랄만큼 복잡한 것이다. 이러한 이야기가 없다면, 우리가 '애플파이'라고 알고 있는 것은 결코 존재하지 않을 것이다.

그러므로 세이건의 진술은 우리의 삶이—파이와 다른 모든 것들도—세계 내에 얼마나 깊게 뿌리박혀 있는지에 대한 교훈을 담고 있다. 이는 물질과 언어 모두에 해당한다. 우리는 대상(object)과 단어(word)를 구체적이고 자기-폐쇄적인(self-enclosed) 독립체로 생각하고 싶어 하지만, 그것들은 언제나 어디서나 더 넓은 맥락과 연결되어 있다. 대상에게는 존재할 우주가 필요하다. 단어는 작동할 언어적 세계가 필요하다.[역주12] 다른 규칙들과 다른 역사를 가진 다른 세계에 한 단어를 떨어뜨린다면, 그것은 다른 어떤 것을 의미하게 되거나, 혹은 어떤 것도 의미하지 않게 될 것이다.[역주13]

그렇다면 파이와 언어의 역학은 우리가 현재 다루고 있는 주제, 즉 그리스-로마 철학과 바울의 삶 및 저작의 교차점과 어떤 관련이 있는가? 놀랍게도 많은 관련이 있다. 신중한 독자들은 수 세기 동안 바울의 문헌과 철학자들 사이의 유사점에 주목했던 것에 반해, 보다 최근의 신약학계에서는 철학자들과 바울이 애당초 서로를 완전히 이해할 수 있었는지를 묻는 방향으로 전환하고 있다. 바울과 철학자들의 서로 크게 다른 개념적 '우주'가 소통할 수 있을까? 그리스-로마의 개념을 기독교적 의미 체계로 가져올 수 있을까? 혹은 이것이 사과가 없는 세상에 '애플파이'를 묘사하는 것과 같은 것일까? 언어와 삶의 복잡성을 고려할 때, 우리는 그리스 철학이 기독교적 전통에 미친 영향에 대해 어떻게 이야기해야 할까?

이 장의 목적은 이러한 질문들을 해결하는 것이 아니라, 단순히 이 질문들의 중요성을 확인하고 한 학자가 이 질문들을 해결하는 방식을 성찰하는 것이다. 고려 중인 학자는 C. 카빈 로웨(C. Kavin Rowe)로, 그의 최신의 연구서는 특히 스토아주의와 관련된 이러한 이슈들을 제기했으며, 그의 제안은 바울과 그의 철학적 동시대인들에게 관심이 있는 사람이라면 누구나 주목할 가치가 있다.[2] 여기서 매우 단순화된 주장이 성공할지 여부를 결정하는 것은 독자들의 몫이다. 그렇다 하더라도, 비교 연구 프로젝트 전체에 시사하는 바가 있기 때문에 로웨의 제안은 씨름해 볼 가치가 있다. 로웨는 우리가 철학자들 옆에서 바울을 읽을 때 무엇을 하고 있다고

---

2.   C. Kavin Rowe, *One True Life: The Stoics and Early Christians as Rival Traditions* (New Haven, CT: Yale University Press, 2016).

생각하는지 멈춰서 생각해 보라고 요청한다.

언어와 맥락

한마디로, 로웨의 기여는 **맥락**에 관한 것이다. 로웨는 무엇보다도 독자들에게 고대 철학의 밀도 높은 맥락을 고려하도록 초대한다.[3] 이는 각 철학이 스스로 선언한 내용, 즉 삶의 총체를 설명하고, 준비하고, 살아가는 참된 방식을 인식함을 의미한다. 달리 말하자면, 고대 철학—그중에서도 스토아주의와 기독교—은 모든 것에 대한 참된 설명이 있다고 주장하며 전체가 서로 경쟁하는 사상과 삶(thought-and-life)의 우주이자 생기가 넘치는 공동체였다.[4] 이는 우리가 두 가지 철학(즉, '전통')을 동시에 연구하는 방식에 시사하는 바가 있다고 로웨는 주장한다.

철학자들과 바울에 대한 분석에서 우리는 종종 '로마서의 믿

---

3. Rowe의 프로젝트는 초기 기독교와 스토아주의에 초점을 맞추고 있지만, 그가 발견한 것은 우리가 모든 고대 철학 학파를 비교하는 방법에 시사하는 바가 있다. Rowe의 견해에 따르면, 다양한 철학적 전통은 진리에 대한 상충되는 설명과 참된 삶의 방식에 대한 상충되는 기술을 나타낸다.

4. Rowe는 이러한 방식에서 스토아주의와 기독교를 사유하는 데 도움을 주기 위해 철학자 Alasdair MacIntyre의 저작들에 의지한다. Rowe가 차용한, 고대 세계에 존재했던 스토아주의와 기독교를 MacIntyre는 **전통**이라고 부른다. Rowe, *One True Life*, 182-84; Alasdair MacIntyre, *Three Rival Versions of Moral Inquiry: Encyclopaedia, Genealogy, and Tradition* (Notre Dame, IN: University of Notre Dame Press, 1988)을 보라.

음', '플라톤의 본성', '에픽테토스의 로고스' 등과 같은 특정한 단
어들이나 개념들을 뽑아낸다. 이러한 방식으로 고대의 인물을 연
구하는 것은 확실히 필요하고 또 자주 도움이 되지만, 이 접근 방
식은 오해를 불러일으킬 수도 있다. 충분한 단어들과 개념들을 분
리하게 되면, 우리는 그러한 것들을 의미의 변화 없이 더 넓은 틀
에서 떼어 낼 수 있는 별개의 구체적인 독립체로 상상하기 시작한
다. 우리는 같은 단어들을 사용했지만 서로 다른 전통에 서 있는
두 저자가 동일한 것을 의도했다고 추정할 수 있을 것이다. 그러
나 그 저자들이 정말로 그러했는가?

로웨가 보기에, 언어에 관한 진실은 훨씬 더 복잡하다. 단어들
은 의미를 부여하는 더 넓은 맥락에서 그렇게 쉽게 추출되지 않는
다. 실제로 스토아주의나 기독교와 같은 전통에 속한 모든 개념
('은혜', '본성', '신')은 항상 서로 상호작용하고, 서로에게서 의미를 도
출하며, 그 결과 하나의 개념의 완전한 의미는 전체 배열에 비추
어 볼 때에만 이해할 수 있다.[5] 이는 전통들을 비교하는 것을 어렵
게 만든다. 왜냐하면 저자들이 비슷한 단어들을 사용할 때에도 그
단어들은 궁극적으로 서로 다른 의미를 부여하는 서로 다른 맥락

---

5. Rowe는 언어에 관한 이러한 관찰을 처음 발견한 사람이 아니다. Samuel
Sandmels, "Parallelomania," *JBL* 81 (1962): 1-13을 보라. 또한, Ludwig
Wittgenstein, *Philosophical Investigations*, trans. G. E. M. Anscombe, P. M. S.
Hacker, and Joachim Schulte (Malden, MA: Wiley-Blackwell, 2009), 8-22
을 보라.

에 내재되어 있기 때문이다.[6] 예를 들어, 바울과 세네카의 '죽음'과 '죽는다는 것'에 대한 연설을 생각해 보자.

바울에게 '죽음'은 '생명의 중단'과 같은 단순하고 보편적인 정의로 축소될 수 있는 것이 아니다. '죽음'의 의미는 처음부터 끝까지 기독교 내러티브 전체와 복잡하게 얽혀 있다. 죽음은 바울의 창조 이야기와 창조 후의 타락 및 악의 세력에 대한 노예화와 연결되어 있다(롬 5:12-14; 6:20-21; 8:21). 죽음은 바울이 죄에 대해 말하는 방식(6:7, 16, 21, 23)과 그가 토라에 대해 말하는 설명(7:1-6, 9-10)과도 연결되어 있다. 죽음은 예수의 십자가 처형과 부활을 통해 이스라엘의 하나님과의 관계에 의해 결정적으로 형성되었고(5:6-8), 곧 사라지게 될 패배한 원수가 되며(8:38; 고전 15:26, 54-55), 그동안에 기독교적 실천(롬 6:3-4; 고전 11:26; 15:29-32)과 실제적 추론(롬 6:2, 7, 11; 고전 15:56-58)을 암시한다. 바울에게 있어서 죽음을 분리 가능한 **관념**이라고 생각하는 것은 결국 인위적이다. 죽음은 촘촘한 관념들의 망으로 짜여져 있다. 우주를 먼저 만들어 내지 않고는 세이건의 애플파이를 만들 수 없는 것과 마찬가지로, 우리는 바울의 내러티브 세계 전체를 소환하지 않고서는 죽음에 대한 바울의 관점을 이해할 수 없다.

세네카의 저작들에서도 '죽음'은 중요하지만, 그 의미는 철학자의 삶에 대한 전반적인 이야기에 따라 달라진다.[7] 첫째로, 죽음

---

6. Rowe, *One True Life*, 260-61.

7. '이야기'라는 단어를 가지고 Rowe가 의미하고자 하는 것은 스토아주의나 기

은 우주에 대한 세네카의 설명에서 영구적으로 고정되어 있다. 죽음은 죽음 자체의 기원이나 운명, 도덕적 지위를 갖지 않으며, 오히려 단순히 자연의 영원한 리듬의 일부일 뿐이다(『서한집』 49). 따라서 죽음은 세네카가 말하는 "인간 존재자"의 의미에 내재해 있으므로 예외 없이 인간은 죽는다(78.6). 죽음은 우리가 알고 있는 육체적 정체성의 종말─즉, 태어나기 전의 존재로 돌아가는 일종의 회귀(54.5)─을 완수할 것이지만, 그것이 살아 있는 사람에게는 실질적인 위협이 되지 않는다.[8] 그렇다 하더라도 인간 존재자는 모든 비참함의 중심에 있는 죽음을 비합리적으로 두려워한다(4). 죽음에 대한 두려움은, 이 두려움을 조종하는 운명의 여신의 변덕과 더불어, 사람들에게 끔찍한 고통을 가져다주곤 한다(4.7). 그러나 적절한 훈련을 통해 인간 존재자는 죽음이라는 문제를 극복할 수 있는 자질을 갖게 된다. 스토아적으로 훈련하는 삶은 더 이상 비합리적인 불안에 종속되지 않도록 사람들의 지각을 재구성할 수 있다(53.9; 61). 따라서 세네카에게서 자유를 구성하는 것은 죽음을 피할 수 없는 운명에 대한 올바른 태도다.[9]

바울과 세네카의 죽음에 대한 이야기를 전체 맥락에서 나란히

독교와 같은 전통을 알아볼 수 있고 이해할 수 있게 만드는 내러티브의 토대와 같은 것이다. Rowe, *One True Life*, 206-7을 보라.

8. 세네카는 살아 있는 동안에는 완전히 식별할 수 없다는 모호한 의미에서 영혼이 살아남을 가능성, 즉 영혼이 우주의 더 넓은 움직임에 재통합될 수 있다는 가능성을 기꺼이 받아들인다(『서한집』 102.26-27).

9. Rowe, *One True Life*, 14-21.

놓고 보면 주목할 만한 차이를 보여 준다. 바울과 세네카의 이야기에는 죽음이 다른 기원, 다른 운명, 그리고 다르게 이해되는 인류에 대한 다른 의미를 가진다는, 서로 경합하는 설명이 등장한다. 죽음은 인생에서 변하지 않는 사실인가, 아니면 이스라엘의 하나님에게 패배한 원수인가? 육체적인 정체성은 죽음을 견뎌낼 수 있는가, 아니면 견뎌낼 수 없는가? 한 인간 예수의 죽음에는 특별한 점이 있는가? 여하튼, 죽음은 무엇이 문제인가? 인간 존재자는 자신의 고유한 방식으로 죽음을 극복할 수 있는가? 이러한 점에 있어서는 바울과 세네카의 이야기가 일치할 수 없다. 따라서 죽음을 바울과 세네카가 공유하는 단순한 '개념'이라고 생각하거나, 바울이 기본적인 의미의 변화 없이 죽음에 관한 세네카의 말들을 자신의 틀로 옮길 수 있었다고 상상하는 것은 옳지 않다. 보다 섬세한 접근 방식은 스토아 학파와 기독교인들이 공유했던 단어들조차도 각자의 우주에 얼마나 깊이 맥락화되어 있는지를 기억하는 데 있다.

지식과 삶

기독교와 그리스-로마 철학이 그토록 맥락적으로 밀접하게 연관되어 있다면, 바울과 철학자는 어떻게 소통할 수 있었는가? 바울과 철학자의 말들이 서로 다른 것을 의미했다면, 이들은 대화 속에서 서로를 이해할 수 있었는가?

로웨는 비관적이다. 물론 어느 정도 인내심을 가진 스토아주의자나 그리스도인은 다른 전통의 내적 작용을 배우려고 시도할 수 있다. 로웨는 전통을 관찰하는 사람들과 대화하고 그들의 문헌들을 연구하면서, 그들의 관점을 이해하기 위해 최선을 다했다. 그러나 정신적 노력은 지금까지 사람만 얻을 수 있다고 로웨는 말한다. 고대의 의미에서의 지식은 이론적인 것 이상으로 실제적이기도 했기 때문이다.[10] 지식은 생활 방식과 밀접한 연관이 있었기 때문에 사람들은 전통 속에서 살아야만 그 전통의 사고방식을 배울 수 있었다.

다시 한번, 세네카와 바울의 예를 들어 보겠다. 세네카는 스토아주의자로서 어떻게 살고 죽는지를 밝히기 위해서는 평생의 수련이 필요할 것이라고 주장했다(『인생의 짧음에 대하여』 7.3). 역설적이게도 사람들은 스토아주의자가 된다는 것이 최종적으로 무엇을 의미하는지를 알기 위해 **스토아적 삶 전체**를 살아야만 했다.[11] 마찬가지로, 바울도 오직 실천하는 그리스도인만이 이해할 수 있는 것들이 있다고 생각했다. 바울은 오직 성령에 의해서만 죄가 마음을 좀먹는 영향을 치료하기 시작할 수 있으며, 그리스도 없이는 사람들이 어둠 속에서 이유를 찾는다고 말한다(엡 4:17-24).[12] 그리스

---

10. Rowe, *One True Life*, 235.

11. Rowe, *One True Life*, 235.

12. Rowe, *One True Life*, 235.

도인의 삶은 스스로 계시하는 하나님을 알아 가는 과정이다(1:17-19). 이 지식은 교제와 신앙이라는 역동적인 삶 바깥에서는 접근하기 어렵다.

그러므로 바울과 스토아주의자들 모두, 자신들을 이해하기 위해서는 자신들에 동참해야만—그리고 자신들처럼 살아야만—한다고 말한다. 그러나 누구도 동시에 두 가지 삶을 살 수는 없기 때문에, 두 가지 전통 모두가 요구하는 조건으로 동시에 두 전통을 이해할 수 있는 사람은 없다고 로웨는 추론한다.[13] 우리가 바랄 수 있는 최선은 외부인이 한 전통을 다른 전통의 수행자(practitioner)로 인지하는 것이다.

로웨에게 있어서 만약 바울과 고대 철학자들이 내부자의 지식을 가지고 있다는 주장이 참이라면, 이는 근대 학문의 관습에 직접적으로 도전하는 것이다. 근대 학자들은 지식이 순전히 이론적이라는 가정하에 연구를 진행하고 있으며, 지식과 삶을 나란히 보았던 고대의 관점을 암묵적으로 거부한다.[14] 그러나 만약 고대인들의 말이 옳다면, 그리고 우리가 알 수 있는 것이 실제로 우리가 살아가는 방식에 의존한다면, 우리는 자신의 것이 아닌 철학을 분석할 때 매우 겸손해야 한다. 그렇다고 해서 우리가 철학을 분석하는 일을 멈춰야 한다는 뜻은 아니다. 그러나 우리가 말할 수 있는 것을 규정하는 것은 결국 맥락—살아 있고, 실제적인 맥락을 포함

---

13. Rowe, *One True Life*, 245-58.
14. Rowe, *One True Life*, 243-44.

한 맥락—이라는 사실을 직시해야 한다는 것을 의미한다.

영향 및 역사

만약 로웨가 옳다면, 우리가 그리스-로마가 초기 기독교에 미친 영향에 대해 말하는 이 모든 방식이 의미하는 것은 무엇인가? 초기 그리스도인들이 철학자들을 알았고 그들에게서 차용한 것이 사실이 아닌가?[역주14]

다시 말하지만, 로웨는 상황이 복잡하다고 말한다. 우리는 바울이 세네카의 몇몇 글을 우연히 발견했다면 세네카의 특정한 말들(sayings)을 높이 평가했을 것이라고 쉽게 상상할 수 있다.[15] 그러나 바울은 세네카가 자신의 평가 기준 체계 안에서 그랬던 것처럼 세네카의 말을 높이 평가하지는 않았을 것이다. 바울은 자신의 전통의 귀로 세네카를 듣고, 또 세네카가 자신의 전통에서 깊이 울리는 것을 발견하면서, 기독교적으로 세네카를 인정했을 것이다.[16]

예를 들어, 바울은 친구의 죽음에 대해 "울되", "통곡하진 말

---

15. 물론 후기 기독교인들은 바울과 세네카가 주고받은 (분명히 거짓된) 서신을 상상하면서 정확하게 이렇게 했다.

16. Rowe는 심지어 스토아주의에 대한 자신의 논의가 기껏해야 "그리스도인으로서 읽는 그리스도인의 이야기"라고 인정한다. "… 나는 실제로 내가 어떤 스토아적인 것을—아마 핵심적인 추론 방식조차도—이해할 수 없다는 것을 인정해야만 한다"(*One True Life*, 205).

라"는 세네카의 조언을 지지했을지도 모른다(『서한집』 63.1). 실제로
바울은 데살로니가 교인들에게 비슷한 느낌의 단어들을 썼다(살전
4:13). 그러나 우리는 바울과 세네카가 비슷한 조언을 한다고 해서
본질적으로 동일한 것을 의미한다고 생각해서는 안 된다. 그 단어
들에 의미를 부여했던 것은 바울의 기독교적 내러티브였다. 바울
은 부활에 대한 확고한 믿음, 즉 신자들이 곧 "그리스도 안에서"
죽은 사람들과 재회할 것이라는 믿음 때문에 과도한 슬픔을 억누
를 수 있었다. 반면 세네카는 죽음 이후에 되살아나는 것에 대한
전망에 관심이 적었다. 비록 죽은 자들이 "잃어버린" 것이 아니라
모든 이들의 운명인 실존에서 단지 우리보다 앞서 있는 사람이라
는 의미가 있지만(『서한집』 63.16), 이는 직접 재회할 것이라는 바울
의 희망과는 다르다. 세네카가 말하는 과도한 슬픔의 문제는 오히
려 죽음에 대한 공포와 죽음에 대한 공포를 휘두르는 변덕스러운
운명의 여신의 힘의 노예화를 나타낸다는 것이다.

그러므로 표면적인 유사성은 극심한 차이를 드러낸다. 결국
로웨의 관점에서 기독교적-스토아적 영향은 관념들을 분명하게
번역하는 것—마치 개념들이 분리되어 스토아적인 삶에서 기독교
적인 삶으로 옮겨질 수 있는 것처럼—이 아니라 오히려 단어들의
변형일 뿐이다. 로웨에게서 초기 기독교인들은 스토아적 언어가
그리스도인으로서의 삶에 깊이 울리는 것을 발견하고 그것을 자
신들의 것으로 주장했으며, 필연적으로 사유와 삶의 새로운 맥락

으로 옮겨 그 의미를 재구성했다.[17]

결론

로웨의 작업은 자극적이고 논란의 여지가 있지만, 초기 기독교를 연구하는 사람이라면 무시할 수 없는 문제를 제기한다. 로웨는 바울과 철학을 연구하는 동시대인들의 복잡다단한 면모를 우리에게 정확히 올바르게 보여 준다. 바울과 철학자들의 삶은 관념들의 느슨한 모음들이 아니라 광대하고 통합된 전체였으며, 모든 사유와 행동은 역동적인 관계 속에 존재했다. 우리의 근원들을 그렇게 존중하려고 노력하는 것은 정당한 일이다.

　물론 이렇게 하려면 많은 인내와 주의가 필요하다. 이는 언어에 대한 지나친 단순화를 피하고, 모든 곳에서 언어에 의미를 부여하는 사유와 삶의 더 넓은 상황에 계속해서 주의를 기울이는 것을 의미한다. 이는 우리 자신의 맥락에도 단호하게 이름을 붙이고 그것이 독자로서 우리를 어떻게 형성했는지—그리고 우리를 어떻게 제한할 수 있는지—를 더 잘 인식하는 것을 의미한다. 이는 심지어 우리 자신이 먼저 그 안에서 살아 보지 않고는 결코 다른 세계를 온전히 이해할 수 없다는 것을 인정하는 의미일지도 모른다.

---

17. Rowe, *One True Life*, 260-61.

더 읽을거리

Hadot, Pierre. *Philosophy as a Way of Life: Spiritual Exercises from Socrates to Foucault.* Edited by Arnold Davidson. Translated by Michael Chase. New York: Blackwell, 1995.

————. *What Is Ancient Philosophy?* Cambridge, MA: Harvard University Press, 2002.

Hays, Richard B. *The Conversion of the Imagination: Paul as Interpreter of Israel's Scripture.* Grand Rapids: Eerdmans, 2005.

————. *The Faith of Jesus Christ: The Narrative Substructure of Galatians 3:1–4:11.* 2nd ed. Grand Rapids: Eerdmans, 2005.

MacIntyre, Alasdair. *Three Rival Versions of Moral Enquiry: Encyclopedia, Genealogy,and Tradition.* Notre Dame, IN: University of Notre Dame Press, 1988.

————. *Whose Justice? Which Rationality?* Notre Dame, IN: University of Notre Dame Press, 1988.

Rowe, C. Kavin. *One True Life: The Stoics and Early Christians as Rival Traditions.* New Haven, CT: Yale University Press, 2016.

Sagan, Carl. *Cosmos.* New York: Random House, 1980.

Sandmels, Samuel. "Parallelomania." *JBL* 81 (1962): 1-13 [= 『병

행구절광증』, 알맹e, 2022].

Stout, Jeffrey. *Ethics After Babel: The Languages of Morals and Their Discontents*. Boston: Beacon, 1988.

Wittgenstein, Ludwig. *Philosophical Investigations*. Translated by G. E. M. Anscombe, P. M. S. Hacker, and Joachim Schulte. Malden, MA: Wiley-Blackwell, 2009.

토론 질문

1. 단어는 어디에서 의미를 얻는가? 그리고 우리가 알고 있는 것에 대해 우리가 살아가는 방식은 무엇을 의미하는가?

2. 기독교와 그리스-로마 철학**이란** 무엇인가?

3. 다른 전통이나 비교 연구 프로젝트에 참여하는 데 제한이 있는가?

4. 로웨의 근본적인 논증을 고려해 볼 때, 당신은 이 책 『바울과 철학의 거장들』이 읽을 가치가 있다고 생각하는가? 왜 그런가 혹은 왜 그렇지 않다고 생각하는가?

역주

1. **에우다이모니아**(*eudaimonia*)는 아리스토텔레스가 제시한 참된 행복을 의미하는 개념으로, 단순히 감각적-신체적 쾌락에서 비롯하는 낮은 단계의 행복을 의미하지 않는다. 통상적으로 아리스토텔레스에게 **에우다이모니아**는 인간의 탁월함, 즉 덕을 가장 온전히 실현했을 때 얻을 수 있는 행복으로 이해할 수 있으며, 아리스토텔레스는 이러한 행복을 최고선으로 설명하기도 한다. 이 점에서 **에우다이모니아**는 일상적으로 받아들여지는 행복과는 그 의미가 다르다는 점에서 "지고한 행복"이라고 의역했다.

2. 에픽테토스의 **프로하이레시스** 개념은 그 개념의 복합성 때문에 특정 번역어로 확정하기 어렵다. 고대 철학 연구자인 전헌상에 따르면, 아리스토텔레스의 **프로하이레시스**가 "영혼에서 일어나는 특정한 활동"이었던 것에 비해, 에픽테토스의 **프로하이레시스**는 "단순한 활동을 넘어서, 특정한 활동을 가능케 하는 능력이나 습성을 포괄"한다(전헌상, "아리스토텔레스와 에픽테토스 윤리학에서의 프로하이레시스─'우리에게 달려 있는 것'과의 연관성을 중심으로", 『서양고전학연구』 43 [2011], 131). 본 논고의 저자는 이러한 **프로하이레시스**를 '자유로운 선택 의지'(volition)로 설명한다. 이는 인간에게 여러 선택지들이 주어졌을 때, 자신이 원하는 선택지를 자유롭게 골라서 선택할 수 있는 능력이 있음을 의미한다. 이 점에서 **프로하이레시스**는 특정한 선택지를 자유롭게 선택하기 위한, '선택-이전'에 존재하는 능력이다.

3. 스토아 철학자들이 말하는 indifferent, '무관심한 것', '무차별적인 것'이란 도덕적 선이나 악이 아닌 모든 것들을 통칭한다. 즉, 도덕적으로 선한 것은 우리가 추구해야만 할 것이며, 도덕적으로 악한 것은 우리가 멀리해야만 할 것이다. 그러나 선도 악도 아닌 것들은 결코 우리에게 어떠한 영향도 미칠 수 없고, 미쳐서도 안 된다. 이 점에서 무차별적인 것이다. 그래서 스토아주

의자들은 연회장에서 음식을 먹는 행위나, 고문 의자에서 고문을 당하는 행위 모두 내게 어떠한 영향도 미칠 수 없는 무차별적인 것이라고 말한다. 이 점에서 스토아주의자들은 무차별적인 것들로부터 어떠한 영향도 받지 않는 무정념의 상태를 **아파테이아**, 즉 최고선의 경지로 설명한다.

4. **아곤**(*agōn*)은 고대 그리스에서 둘 이상의 사람이 서로 경쟁하는 운동 경기 혹은 운동 시합을 의미하는 말이다. 대표적인 **아곤**의 종목에는 경주, 멀리뛰기, 투원반, 투창, 레슬링 등이 있다.

5. **아타락시아**를 스토아 철학의 **아파테이아**와 혼동하기 쉬운데, **아파테이아**가 무정념의 상태라면, **아타락시아**는 무고통의 상태다. 이 둘은 매우 다르다. **아파테이아**가 외부의 어떤 것들에게서도 영향을 받지 않는 잔잔한 마음의 상태라면, **아타락시아**는 아예 모든 고통 자체가 사라져 버린 마음의 상태를 의미한다. 철학자 김상봉은, **아파테이아**를 "폭풍이 몰아치는 바다의 배 위에서 태연하게 잠을 청하는 예수의 모습"에, **아타락시아**를 "구름 한 점 없는 하늘 밝은 태양 아래 눈부시게 빛나는 잔잔한 바다"에 비유하면서 양자를 구분하기도 한다. 김상봉, 『호모 에티쿠스』, 한길사, 2014, 152.

6. 이 장에서는 Good을 유익이 아니라 '좋음'으로 번역할 것이다. 왜냐하면 흔히 알려져 있듯, 아리스토텔레스에게 좋음은 도덕적 선의 측면과 탁월함의 의미를 함께 포함하고 있기 때문이다. 이 점에서 아리스토텔레스에게 탁월한 것은 좋은 것이자, 동시에 선한 것이다. 이러한 복합적인 의미를 함께 담아내기 위해 '좋음'이라는 번역어를 사용하고자 한다.

7. 토가(toga)는 고대 로마 시민이 입던 헐렁한 겉옷을 의미한다. 6미터 가량의 천으로 온 몸을 두르는 식으로 입었으며, 여성이나, 로마 시민이 아닌 사람들은 입을 수 없었다.

8. 아리스토텔레스에게서 **프로네시스**는 실천적 지혜로서, 자기 자신에게 좋은 것들에 관해서 잘 숙고할 수 있는 지혜를 의미한다. **프로네시스**를 가지고 있다는 것은 결국 유덕하다는 것을 의미하며, **프로네시스**를 지닌 사람은 도덕적인 행동을 보다 잘 할 수 있게 된다. 아리스토텔레스에게서 **프로네시스**가 유덕한 도덕적 행동을 할 수 있게 만들어 주는 실천적인 지혜라면, 본문에서 바울이 말하는 **프로네시스**는 예수 그리스도를 본받아 생각하고 행동할 수 있도록 해 주는 실천적인 지혜라는 점에서 유사점과 차이점을 가지고 있다고 이해할 수 있을 것이다.

9. 이에 대한 로버트 퍼트넘의 입장은 국내에도 번역된 그의 저서 『나 홀로 볼링: 사회적 커뮤니티의 붕괴와 소생』, 정승현 역 (서울: 페이퍼로드, 2016)에

보다 분명하게 드러난다. 퍼트넘에 따르면, 신자유주의 물결로 인해 원자화된 개인으로서는 함께 볼링을 칠 친구나 이웃이 없어서 홀로 쓸쓸하게 볼링을 칠 수밖에 없는데, 이는 공동체성이 붕괴된 현대 사회의 단면을 극단적으로 보여 준다.

10. 이를 쉽게 설명하자면, 지식에 해당하는 것은 "세계와 관계하는 지적으로 강한 방식"일 것이다. 즉, "물은 100도에서 끓는다"라는 명제나, "무게를 지닌 물체는 항상 아래로 떨어진다"와 같은 명제들은 우리가 살아가는 세계에서 매우 강력하게, 예외 없이 작동한다는 것을 알고 있다. 그러나 믿음에 해당하는 것은 이처럼 반드시, 필연적으로 작동하거나 발생하지 않는다는 것이다. "나는 내 친구가 6시까지 올 것이라고 믿는다", 혹은 "나는 거래처 사장이 기한 내에 돈을 갚을 것이라고 믿는다"와 같은 명제들의 경우에는, 그럴 수도 있고, 그렇지 않을 수도 있다. 즉, 그 친구는 6시까지 올 수도 있고, 아예 나타나지 않을 수도 있으며, 혹은 약속 시간보다 조금 늦게 도착할 수도 있기 때문이다. 그래서 저자는 이를 "세계와 관계하는 지적으로 약한 방식"이라고 설명한다.

11. 스토아 철학자들은 도덕적으로 선한 것이나 악한 것들 이외에 나머지 모든 행동들은 우리에게 어떤 영향도 줄 수 없는 무차별적인/무관심한 것(indifferent)이라고 생각한다. 즉, 연회장에서 비스듬히 누워 만찬을 즐기는 행동이나 형틀에 묶여 고문당하는 일은, 도덕적 행동도 비도덕적 행동도 아닌 무차별적인 행동이므로, 우리에게 어떤 영향도 미칠 수 없고, 또 미쳐서도 안 된다는 것이다. 이 점에서 스토아 철학자들은 **아파테이아**라는 무정념의 상태, 즉 외부의 어떤 것들로부터 결코 영향을 받지 않아 마음의 고요한 평정을 유지하는 상태를 최고선의 경지로 여긴다.

12. 아마도 이러한 설명은 비트겐슈타인의 그림 이론을 염두에 둔 설명처럼 보인다. 초기 언어분석철학자 비트겐슈타인에 따르면, 세계는 존재자들의 집합이 아니라 사건들의 집합이다. 그러나 우리는 사건 자체를 논의하기 매우 곤란하므로, 그 사건을 그림을 그리듯 그려 내고 지시하는 언어를 분석함으로써만 사건들을 논의하는 것이 가능하다고 본다. 이러한 점에서 사건들의 집합으로서 존재하는 세계, 즉 "존재하는 우주"뿐만이 아니라, 단어들의 집합으로서 단어들이 작동하는 세계, 즉 "언어적 세계" 역시도 존재해야 한다는 것이다.

13. 예를 들어, 현상(Phenomenon)이라는 단어를 생각해 보자. 역사학자들은 이 단어를 역사 속에서 벌어졌던 독특한 역사적 사실과 같은 것으로 생각할 것

이며, 시인이나 소설가는 각기 다른 개인이 부조리한 세계 내에서 독특하게 겪는 갈등이나 사건 같은 것으로 생각할 것이다. 그러나 철학자들에게 현상은 실제로 존재하는 방식과는 다르게 우리에게 나타나는 어떤 것으로 여겨질 것이다. 이를테면, 우리가 물이 가득 담긴 유리잔에 빨대를 꽂으면, 실제로 존재하는 빨대는 일직선상으로 비스듬하게 꽂혀 있겠지만, 우리에게 인식되는 것은 굴절되어 살짝 구부러진 것처럼 보이는 빨대다. 실제로 일직선상으로 꽂혀 있는 빨대가 빨대의 실재(Reality)라면, 구부러져 보이는 빨대는 빨대의 현상(Phenomenon)이 되는 것이다. 또, 사회학자들이 말하는 현상, 생물학자나 화학자들이 말하는 현상은 이와 또 다른 의미들을 지닐 것이다.

14. 통상적으로 초기 기독교는 고대 그리스 철학에, 특히 플라톤주의와 스토아 철학에 많은 영향을 받아 왔다고 알려져 있다. 그러나 만약 이 장의 저자가 말하는 것처럼, 바울의 언어와 철학자들의 언어가 달라 서로 대화하는 것이 불가능했다면, 초기 기독교가 고대 철학의 언어들을 빌려 와 신학을 형성했다는 것은 사실이 아닌 것처럼 보일 수 있다는 것이다.

기고자들

저스틴 레이드 앨리슨(Justin Reid Allison, PhD, Durham University).
Associate Professor of New Testament at Prairie College in Three Hills,
Alberta, Canada.

R. 딘 앤더슨(R. Dean Anderson, ThD, Theologische Universiteit Kampen).
Reverend of the Free Reformed Church, Rockingham, Western
Australia.

도로테아 H. 베르치만(Dorothea H. Bertschmann, PhD, Durham
University). Honorary Fellow at Durham University in Durham,
England, and Tutorial Fellow at the College of the Resurrection in
Yorkshire, England.

데이비드 E. 브리오네스(David E. Briones, PhD, Durham University).
Associate Professor of New Testament at Westminster Theological
Seminary in Philadelphia, Pennsylvania.

티모시 A. 브루킨스(Timothy A. Brookins, PhD, Baylor University). Assistant
Professor of Classics and Biblical Studies at Houston Baptist University
in Houston, Texas.

조셉 R. 닷슨(Joseph R. Dodson, PhD, University of Aberdeen). Associate

Professor of New Testament at Denver Seminary in Denver, Colorado.

벤 C. 둔슨(Ben C. Dunson, PhD, Durham University). Associate Professor of New Testament at Reformed Theological Seminary in Dallas, Texas.

니제이 K. 굽타(Nijay K. Gupta, PhD, Durham University). Associate Professor of New Testament at Portland Seminary in Portland, Oregon.

지네트 하겐 파이퍼(Jeanette Hagen Pifer, PhD, Durham University). Assistant Professor of Biblical and Theological Studies at Biola University in La Mirada, California.

크리스토퍼 L. 레드먼(Christopher L. Redmon, PhD Candidate, Duke University).

E. 랜돌프 리처즈(E. Randolph Richards, PhD, Southwestern Baptist Theological Seminary). Provost at Palm Beach Atlantic University in West Palm Beach, Florida.

브라이언 J. 탭(Brian J. Tabb, PhD, London School of Theology). Associate Professor of Biblical Studies and Academic Dean at Bethlehem College and Seminary in Minneapolis, Minnesota.

제임스 P. 웨어(James P. Ware, PhD, Yale University). Associate Professor of Religion at the University of Evansville in Evansville, Indiana.

| 저자 색인 |